《德国社会法典》第六编：
法定年金保险

李承亮　等◎译

中国社会科学出版社

图书在版编目(CIP)数据

《德国社会法典》第六编：法定年金保险 / 李承亮等译. —北京：中国社会科学出版社，2021.11

（泰康大健康法制译丛）

ISBN 978-7-5203-9331-7

Ⅰ.①德… Ⅱ.①李… Ⅲ.①养老保险—保险法—德国 Ⅳ.①D951.622.8

中国版本图书馆 CIP 数据核字（2021）第 235618 号

出 版 人	赵剑英
责任编辑	梁剑琴
责任校对	王 龙
责任印制	郝美娜

出　　版	中国社会科学出版社
社　　址	北京鼓楼西大街甲 158 号
邮　　编	100720
网　　址	http：//www.csspw.cn
发 行 部	010-84083685
门 市 部	010-84029450
经　　销	新华书店及其他书店

印刷装订	北京市十月印刷有限公司
版　　次	2021 年 11 月第 1 版
印　　次	2021 年 11 月第 1 次印刷

开　　本	710×1000　1/16
印　　张	25.5
插　　页	2
字　　数	429 千字
定　　价	148.00 元

凡购买中国社会科学出版社图书，如有质量问题请与本社营销中心联系调换
电话：010-84083683
版权所有　侵权必究

泰康大健康法制译丛编委会

编委会主任：冯　果　靳　毅
编委会成员：魏华林　史玲玲　张善斌　张荣芳
　　　　　　郭明磊　武亦文　马　微　王　源
　　　　　　李承亮　杨　巍　南玉梅

本书翻译小组成员
(以姓氏拼音为序)

李承亮　李嘉峰　皮　晗　孙鸿亮
谭皓月　杨凤笑

序 一

当今世界面临着百年未有之大变局，新冠肺炎疫情的爆发加速了这一动荡变革的进程。新冠肺炎疫情宛若一块试金石，考验了各国、各地区的政治制度与社会治理能力。在中国共产党的领导下，我国抗击新冠肺炎的狙击战取得了阶段性的胜利，为世界其他国家、地区树立了榜样。与此同时，我国卫生与健康法制的不足之处也暴露出来。这样的经历也促使法学界开始反思我国现有的卫生与健康法制体系是否完备，尤其是否能够充分因应重大公共卫生突发事件。

诚如习近平总书记所强调："没有全民健康，就没有全面小康。"而全民健康目标的实现，有赖于健全的卫生与健康法律制度的支持。作为后发的社会主义国家，卫生与健康法律制度在我国的法律体系中发挥着举足轻重的作用。随着中国特色社会主义法律体系的建成，我国卫生与健康法律体系架构已经基本形成。但"粗线条"的立法导致卫生与健康法领域的各项具体法律制度还存在较大的空白。如何去填补这些空白，是学术界与法律实务界应当携手加以解决的重大问题，不仅关系到大健康法制体系的健全，更关系到社会的稳定、国民经济的发展，关系到老百姓生活的方方面面。如果我们能够把握好填补这些立法空白的历史机遇，那么这些空白将成为先前立法者巧妙的"留白"，我国卫生与健康法的立法也能借此实现"弯道超车"。鉴于此，武汉大学大健康法制研究中心作为武汉大学和泰康保险集团共建的大健康法制研究平台，致力于对域外先进之卫生与健康法律法规以及著作的译介，策划了这套《泰康大健康法制译丛》。

良善的法律制度是整个人类文明的共同财富，对于良善的法律制度，我们也应当加以借鉴。本着"取法乎上，扬弃承继"的理念，本译丛聚焦当今世界卫生与健康法制发达国家的法律制度以及学术著作，视野涵盖且不限于德国、英国等欧洲国家，美国以及日本、韩国等亚洲国家卫生与健康领域立法和学说之演变与最新动态。

  很多法律实务界的同仁也在密切关注着我国的卫生与健康法制，尤其是大健康法制的发展趋势，盖其关乎到未来我国整个社会治理体系的架构。此外，本套译丛亦为卫生学、医学、药学、社会保障学、保险学等其他学科领域的学者以及实务工作者开启了一扇从法学视角看待域外卫生与健康法律制度的窗户。译者也希望借此打破立法与司法实务、法学与其他学科之间的壁垒，促进立法与司法实务的良性互动以及不同学科间的交流，携手共建具有中国特色的大健康法制体系。

  本套译丛的译者具有精深的法学专业知识、丰富的海外学习经历，对国内和域外的法律制度有着深入的了解与研究。译者的专业性保障了本套译丛的质量。"纵浪大化中，不喜亦不惧。应尽便须尽，无复独多虑。"纵使译者非常努力地想向读者呈现一套质量上乘的译作，然囿于学识与时间，篇牍讹误在所难免。由衷希望各界关心我国大健康法制建设的人士不吝赐教、批评斧正！

冯果
2020 年 11 月 1 日于珞珈山

序　二

随着世界老龄人口占比不断增加的趋势日益明显，人类社会逐步迈向长寿时代，开始形成以低死亡率、低生育率、预期寿命持续延长、人口年龄结构趋向"柱状"、老龄人口占比高峰平台期超越 1/4 为特点的新均衡。在百岁人生悄然来临之际，人类的疾病图谱也发生了巨大变化，各类非传染性慢性病正成为人类长寿健康损失的主要原因，带病生存将成为普遍现象，健康产业逐渐成为推动经济发展的新动力。而为了储备未来的养老和医疗资金，个体和社会对财富的需求亦相伴而生。在此背景下，如何充分发挥制度创新、社会创新和商业创新的力量，探寻对养老、健康、财富等社会问题的解决方案，成为需要各界精诚合作、长期投入的事业。

为了探索应对长寿时代需求与挑战的企业解决方案，泰康保险集团在 23 年的商业实践中把一家传统的人寿保险公司逐步改造、转变、转型为涵盖保险、资管、医养三大核心业务的大健康生态体系。作为保险业首个在全国范围投资养老社区试点企业，泰康已完成北京、上海、广州等 22 个全国重点城市养老社区布局，成为全国领先的高品质连锁养老集团之一；同时，秉承医养融合理念，养老社区内配建以康复、老年医学为特色的康复医院，进一步满足长寿时代下的健康需求。在此过程中，国家健康法制体系的建设和完善对泰康的商业模式创新提供了鼓励和保障。近年来，国家颁布了一系列文件鼓励和支持保险企业为社会服务领域提供长期股本融资、参与养老服务机构的建设运营、引领医养领域的改革发展，如 2020 年银保监会联合十三部委颁布的《关于促进社会服务领域商业保险发展的意见》指出，允许商业保险机构有序投资设立中西医等医疗机构和康复、照护、医养结合等健康服务机构；鼓励保险资金与其他社会资本合作设立具备医养结合服务功能的养老机构，增加多样化养老服务供给等等。泰康的经营实践与国家政策的制定颁布实现了相互促进和印证。

他山之石，可以攻玉。无论是国家政策制度的改革还是企业商业模式的创新，都不应是一个闭门造车的过程。正是对国外先进立法经验和商业实践的学习、扬弃，使其真正适应中国社会基因、解决中国现实问题，才让具有中国特色的社会主义制度熠熠生辉，大健康法制领域的学术研究和法制建设概莫能外。《泰康大健康法制译丛》的诞生便由此埋下了伏笔。

2019年，泰康保险集团秉承"服务公众、回馈社会"的理念，践行健康中国战略，与武汉大学共建武汉大学大健康法制研究中心，正式开启有关大健康行业政策与法律的联合研究。2020年，中心首批研究成果陆续问世，其中就包括与中国社会科学出版社合作出版《泰康大健康法制译丛》。本丛书对美国、德国、日本、韩国等国家卫生健康领域的立法和著作进行翻译、引介，为政府、学界和产业界进一步打破国别和学科藩篱、拓展理论与实务视野打开了局面，推动我国大健康法制体系在建设思路和举措上的明晰和完善。

在此，谨代表泰康和中心，对各位专家学者对本领域的持续关注表示诚挚感谢，并衷心希望各界专家积极参与到大健康法律政策的研究中来，汲取人类文明之精华，解决中国发展之问题，为我国大健康法制体系的完善提供坚实的理论基础，为我国在长寿时代下的国家和社会治理构建充分的法治保障，让百岁人生不惧病困、不惧时光，让人们更健康、更长寿、更富足！

陈东升

2020年12月1日于北京

导　　读

一　前法典化时期的德国社会法

德国社会法的历史可追溯至 1881 年 12 月 17 日，威廉一世皇帝（Kaiser Wilhelm Ⅰ）响应帝国宰相俾斯麦（Otto Eduard Leopold von Bismarck）的动议，颁布诏书，决定在德国建立一套劳工保险体制。自此，德意志第二帝国开始承担公民的生存保障，该生存保障建立在以下基本原则之上：

（1）通过参保人事先缴纳的保险费对养老金进行资助；
（2）国家对于社会保险的监控和参与；
（3）劳动者参与到社会保险的缴费之中。

在俾斯麦的领导下，健康保险（Krankenversicherung）法案于 1883 年经国会审议通过，紧随其后的是 1884 年国会审议通过的事故保险（Unfallversicherung）法案。1889 年《伤残与老年保险法》（die Invaliditäts- und Altersversicherung）经国会审议通过。自此，劳动者可以因疾病、年老、伤残而获得社会保障。上述三项法规于 1911 年被汇总为《帝国保险条例》（Reichsversicherungsordnung，RVO）。1911 年第一个针对职员的法律——《雇员保险法》（Angestelltenversicherungsgesetz，AVG）颁布。该法在 1924 年经历了一次修订。《雇员保险法》将社会保险的覆盖面从低收入工人和某些政府雇员逐步扩大至大部分公民。魏玛共和国时期，《就业介绍及失业保险法》（Gesetz über Arbeitsvermittlung und Arbeitslosenversicherung，AVAVG）于 1927 年颁布、生效，失业保险制度才得以建立。相较于欧洲其他国家，德国的失业保险制度起步较晚。尽管如此，德国在第二次世界大战前就已经建成了以健康（医疗）、养老、事故（工伤）、失业四大保险为支柱的社会保险制度。

二 德国社会法的法典化进程

第二次世界大战后,联邦德国(西德)恢复和重建了战前的社会保险制度,《德国基本法》甚至还在宪法层面规定了社会法治国原则。[①] 1954年,联邦内阁做出决议,欲于该次立法会期完成社会法之法典化。1959年,社会民主党纲领指出,对于全部的劳动与社会立法皆应以易于理解之方式,统一于单一之劳动法与社会法典。[②] 遗憾的是,劳动法迄今在德国也未实现法典化,劳动法的法源主要是一些单行法及《德国民法典》第611条以下有关雇佣合同的规定。相较于劳动法法典化进程的不幸"夭折",社会法的法典化则从20世纪70年代有序展开。《德国基本法》第20条第1项所规定的"社会法治国"原则是德国社会法法典化的最高指导原则。

与《德国民法典》"整体一步到位"的制定方式不同,《德国社会法典》采用的是"成熟一编制定一编"的制定方式。也正是因为这个原因,《德国社会法典》目前已经完成的十二编,每一编的生效时间各不相同。在体系上,《德国社会法典》并不是按照完成时间的先后依次编排,而是按照特定的逻辑结构编排。最先完成的《总则》编(1975年12月11日)是《德国社会法典》的第一编,而随后完成的《社会保险总则》编(1976年12月23日)却并非《德国社会法典》的第二编,而是第四编。为避免重复,《德国社会法典》同样采用了提公因式的法典编纂技术,如第一编为整个《德国社会法典》的总则,第四编则为社会保险的总则。

截至2020年年底,《德国社会法典》已经完成总则编和十二个分则编,共十三编。具体如下表所示。

---

① 《德国基本法》(Grundgesetz)第20条第1款规定:"各州的宪法秩序必须遵守本法所指的共和、民主和社会法治国家的原则。"(Die verfassungsmäßige Ordnung in den Ländern muß den Grundsätzen des republikanischen, demokratischen und sozialen Rechtsstaates im Sinne dieses Grundgesetzes entsprechen.)

② 郑尚元:《德国社会保险法制之形成与发展——历史沉思与现实启示》,《社会科学战线》2012年第7期。

《德国社会法典》已经完成的十三编

编	标题	生效时间	内容
第一编	总则	1973年1月1日	包括《德国社会法典》的基本目标以及概念定义和程序的规定
第二编	为求职者提供的基本保障	2005年1月1日	包括对于15—65岁或者67岁标准退休年龄的具有就业能力的人及其亲属的资助，只要他们不具有可供支配的足够的收入
第三编	劳动促进	1998年1月1日	涉及联邦劳动局的服务：职业介绍和失业时的给付
第四编	社会保险总则	1977年1月1日	除了规定关于社会保险缴费总额和社会保险法的基本概念的定义外，还规定了特别是社会保险承担者的章程（组织、社会保险选择、预算和结算）
第五编	法定健康保险	1989年1月1日	涉及法定健康保险公司的组织、保险义务和服务及其其他服务提供者（医生、牙医、心理治疗师等）的法律上的关系
第六编	法定年金保险	1992年1月1日	涉及德国养老金保险承担者的组织和提供的给付（养老金、收入能力下降的年金和遗属抚恤金；医疗、职业和其他康复的给付）
第七编	法定事故保险	1997年1月1日	涉及工商业和农业的同业协作社以及公共部门的针对工伤、通勤事故和职业病的保险事件的事故保险公司的组织、保险义务和给付
第八编	儿童和青少年扶助	1990年10月3日（新联邦州）1991年1月1日（旧联邦州）	涉及公共青年扶助承担者（特别是青年福利局）对于享有请求权或者有扶助必要的儿童和青年及其父母和年轻的成年人的供给和服务
第九编	残疾人的康复和参与	2001年7月1日 2018年1月1日（新版本）	目的是促进残疾人和受到残疾威胁的人的自决和平等地参与到社会生活中来避免或消除歧视
第十编	社会行政程序和社会数据保护	1981年1月1日 1983年1月1日	规定社会法的行政程序、社会数据的保护以及社会服务承担者相互间的合作以及它们与第三人之间的法律关系
第十一编	社会护理保险	1995年1月1日	规定长期护理保险相关的内容
第十二编	社会救助	2005年1月1日	规定有关最低限度的社会保障给付的内容
第十四编	社会补偿	大部分于2024年1月1日生效	将《社会补偿法》编入《德国社会法典》

在内容上，《德国社会法典》最重要的内容是社会保险，占最大篇幅。社会保险部分，除了传统的四大社会保险，《德国社会法典》第十一编还规定了1994年引入德国的社会保险"最年轻成员"——护理保险

(Pflegeversicherung)。除社会保险外，《德国社会法典》还包括由国家税收支持的国家救济、社会救助以及社会促进给付等内容。

在《德国社会法典》之外，仍然存在十一部社会法领域的单行法（参见《德国社会法典》第一编第 68 条）。从长远来看，它们终将被纳入《德国社会法典》之中。从这个意义上讲，德国社会法的法典化仍在进行之中。

三 《德国社会法典》第六编：法定年金保险的借鉴价值

完善的社会保障制度是一个现代文明国家的重要标志。而作为社会保障制度主要支柱的社会保险制度正是为了缓和因偶然事件所导致的国民生活困难而设，其制度运作基础在于互助共济，"平时积攒一滴水，难时拥有太平洋"。与商业保险制度不同，社会保险制度是通过国家公权力的强制介入来保障整个制度的平稳运行。因此，社会保险制度彰显着一个国家以人为本的终极关怀，是一个国家承担社会责任的重要体现。

法定年金保险是德国社会保险制度中非常重要的一个项目，它为参保人提供了抵御由于劳动（收入）能力下降、年老以及死亡等原因造成的财务风险的终身保障。德国于 1889 年颁布《伤残与老年保险法》，在全世界范围内开创了法定年金保险制度，经过不断发展，德国法定年金保险已经涵盖了养老年金、残疾年金以及遗属年金等多个类型的年金，经过一百多年的发展，其体系日臻完善，成为社会保险型养老保障制度的典范，为许多国家所效仿。在养老保障制度方面，我国与德国均采取保险型养老模式，差异在于我国的养老保险制度采取部分积累制的财务模式，即以现收现付为主兼具基金积累制的特征，将"个人账户与社会统筹相结合（统账结合）"，既保持了现收现付制下代际间收入再分配的主导功能，又能通过部分资金积累，减轻现收现付制下当代人的负担，并减低完全基金积累制下货币贬值的风险和资金保值增值的压力，而德国的法定年金保险则采取完全的现收现付制度。在具体制度设计上，德国法定年金保险非常好地平衡了参保人、政府和独立于政府的法定年金保险给付承担者之间的利益，科学地进行了权责配置，既避免了国家公权力直接介入法定年金保险领域，又有效地保障了国家对法定年金保险领域的监督与把控。利益相关方的民主参与以及他们对内部事务的自我决定也是德国法定年金保险制度的一大特色。总体来说，我国的养老保险制度与德国的法定年金保险制度比较接近，从功能角度来说，德国在法定年金保险方面的许多成熟的经验能够为我们所借鉴。

随着中国特色社会主义法律体系的建成，我国的社会保障法律体系也逐渐成形，从1998年的《失业保险条例》、2003年的《工伤保险条例》到2010年的《社会保险法》，我国的社会法体系已经基本建成。但是，包括《社会保险法》在内的社会法仍面临不断出现的新问题，仍有较大的完善空间。他山之石，可以攻玉，《德国社会法典》作为德国社会保障制度一百多年发展经验的总结，其精细的规范设计和高度的法典化程度，对于我国社会法的完善具有重要的参考价值。

虽然《德国社会法典》尚未完工，但仅就已经完成的十二编而言，其篇幅已经太大。此前，本书译者已选取法定健康保险（《德国社会法典》第五编）为突破口，作为《德国社会法典》译介工作的第一步，现再接再厉，将《德国社会法典》第六编的最新全译本呈现给读者。译者衷心希望本书能为我国的养老保险制度，甚至是整个社会保险制度的完善，为推进社会治理体系和治理能力现代化、实现中华民族伟大复兴贡献些许力量。但囿于时间与水平，翻译的工作难免会存在一些讹误，还望读者批评斧正！

体例说明

  1. 在法律法规的德文官方文本中，如果一个条文包含两款或者两款以上，每款前面通常都会用带括弧的阿拉伯数字标明该款的序号。而在有些条文中，款下分句，句下又分项，每项前面通常都会用不带括弧的阿拉伯数字标明该项的序号。但在中文的表述习惯中，不带括弧的阿拉伯数字通常是带括弧的阿拉伯数字的上级序号。为了避免款的序号和项的序号在编码上出现混乱，本书将每款序号的括弧去掉，直接用阿拉伯数字，并且不再在正文中标明款的序号，而是改在每款的左上角标明。

  2. 在修法时，如果需要在现有的法律中加入个别条文，我国的做法通常是按顺序直接添加。例如，需要在第 5 条后面加一条，那么新加的条文就是第 6 条，原来的第 6 条就变成了第 7 条，后面的条文依次类推。而在德国，修法新加条文时会尽量不改变原有条文的序号。这样一来，在一些修改次数比较多的法律中，序号相邻的两个条文有时事实上并不是相邻。如《德国社会法典》第六编：法定年金保险（养老保险）第 15—16 条并不是两个条文，而是三个条文。因为第 15 条后面不是第 16 条，而是第 15a 条，之后才是第 16 条。同理，《德国社会法典》第六编：法定年金保险（养老保险）第 4 条一共有五款，但它们并不是依次编码，而是（1）、（2）、（3）、（3a）、（4）。很显然，在《德国社会法典》第六编：法定年金保险（养老保险）最初的文本中，第 4 条只有四款，第（3a）款是后来修法时新加的。同样是为了保持法律条文的稳定性，德国修法时被删除章节、条文、附件的序号会继续保留，甚至法律条文内的某一款被删去，其序号也会继续保留。因为这个原因，《德国社会法典》第六编：法定年金保险（养老保险）中存在一些只有分节、目、条文以及附件的序号，而没有实际内容的，只标明"已废止"字样的情形。

  3.《德国社会法典》第六编：法定年金保险（养老保险）官方文本

中的 Kapitel、Abschnitt、Unterabschnitt、Titel 依次翻译为"章""节""分节"和"目"。

4. 在《德国社会法典》第六编：法定年金保险（养老保险）官方文本的正文中，一些条文的后面还有脚注。这些法律条文的官方脚注，译者予以保留。因为这个原因，《德国社会法典》第六编：法定年金保险（养老保险）译文的正文中存在一定数量的脚注。

《德国社会法典》第六编：法定年金保险（1989 年 12 月 18 日颁布的《法定年金改革法》第 1 条，载于《联邦法律公报》1989 年第 1 卷，第 2261 页，及 1990 年第 1 卷，第 1337 页）

颁布日期：1989 年 12 月 18 日

状态：经 2002 年 2 月 19 日的公告（《联邦法律公报》2002 年第 1 卷第 754、1404、3384 页）重新颁布；经 2020 年 5 月 20 日的法律（《联邦法律公报》2020 年第 1 卷，第 1055 页）第 14 条最新修订

目　　录

第一章　参保人的范围 ………………………………………… (1)
　第一节　法定参保 ……………………………………………… (1)
　第二节　自愿参保 ……………………………………………… (10)
　第三节　补充保险、供养补偿和年金分割 …………………… (10)

第二章　给付 …………………………………………………… (11)
　第一节　参与给付 ……………………………………………… (11)
　　第一分节　给付的条件 ……………………………………… (11)
　　第二分节　给付的范围 ……………………………………… (14)
　　　第一目　一般规定 ………………………………………… (14)
　　　第二目　预防、医疗康复、参与劳动生活和愈后护理的
　　　　　　　给付 ……………………………………………… (15)
　　　第三目　过渡津贴 ………………………………………… (17)
　　　第四目　补充给付 ………………………………………… (19)
　　　第五目　其他给付 ………………………………………… (19)
　　　第六目　医疗康复给付和其他给付情形的额外费用缴纳 … (20)
　第二节　年金 …………………………………………………… (20)
　　第一分节　年金类型和年金请求权的前提条件 …………… (20)
　　第二分节　各种年金的请求权要件 ………………………… (23)
　　　第一目　养老金 …………………………………………… (23)
　　　第二目　劳动能力减损年金 ……………………………… (25)
　　　第三目　由于死亡而被给付的年金 ……………………… (27)
　　　第四目　满足等待期 ……………………………………… (30)
　　　第五目　年金法定期间 …………………………………… (33)

第三分节　年金数额与年金调整 …………………………………… (39)
　　　第一目　基本原则 ………………………………………………… (39)
　　　第二目　年金的计算和调整 ……………………………………… (39)
　　　第三目　个人收入指数的计算 …………………………………… (45)
　　　第四目　矿工的特殊性 …………………………………………… (55)
　　　第五目　特殊情形下年金月度金额的计算 ……………………… (58)
　　第四分节　年金和收入的同时发生 ………………………………… (58)
　　第五分节　年金的开始、变化及终止 ……………………………… (66)
　　第六分节　年金的剥夺和削减 ……………………………………… (69)
　第三节　附加给付 ……………………………………………………… (70)
　第四节　服务给付 ……………………………………………………… (71)
　第五节　国外权利人的给付 …………………………………………… (74)
　第六节　实施 …………………………………………………………… (76)
　　第一分节　申请程序的开始和结束 ………………………………… (76)
　　第二分节　支付和调整 ……………………………………………… (77)
　　第三分节　年金分割 ………………………………………………… (80)
　　第四分节　供养补偿的特殊性 ……………………………………… (83)
　　第五分节　计算原则 ………………………………………………… (84)

第三章　组织、数据保护和数据安全 …………………………………… (86)
　第一节　组织 …………………………………………………………… (86)
　　第一分节　德国年金保险 …………………………………………… (86)
　　第二分节　普通年金保险的责任 …………………………………… (86)
　　第三分节　矿工年金保险责任 ……………………………………… (91)
　　第三A分节　德国"矿工—铁路职工—海员"年金保险公司对
　　　　　　　　海员保险公司的责任 ………………………………… (94)
　　第四分节　德国年金保险的基本和交叉任务，扩大的理事会 …… (96)
　　第五分节　区域承担者的合并 ……………………………………… (99)
　　第六分节　保险承担者的雇员 ……………………………………… (100)
　　第七分节　年金保险的数据部门 …………………………………… (101)
　第二节　数据保护及数据安全 ………………………………………… (102)

第四章 财政 ········· (110)
第一节 财政原则和年金保险报告 ········· (110)
第一分节 现收现付制度 ········· (110)
第二分节 年金保险报告和社会咨询委员会 ········· (110)
第二节 保费及程序 ········· (113)
第一分节 保费 ········· (113)
第一目 概述 ········· (113)
第二目 保费计算基准 ········· (114)
第三目 保费负担的分配 ········· (121)
第四目 保费的缴纳 ········· (126)
第五目 退款 ········· (128)
第六目 补充保险 ········· (130)
第七目 特殊情形下的保费缴纳 ········· (134)
第八目 计算原则 ········· (138)
第二分节 程序 ········· (138)
第一目 告知 ········· (138)
第二目 答复及通知义务 ········· (140)
第三目 保费缴纳的效力 ········· (142)
第四目 补充支付 ········· (144)
第五目 保费退还和保费监管 ········· (147)
第三节 联邦参与、财务关系和退款 ········· (150)
第一分节 联邦参与 ········· (150)
第二分节 可持续发展储备金与财政补偿 ········· (152)
第三分节 退款 ········· (155)
第四分节 费用计算 ········· (158)

第五章 特别规定 ········· (160)
第一节 对特殊情形的补充 ········· (160)
第一分节 原则 ········· (160)
第二分节 参保人群 ········· (161)
第三分节 参与 ········· (170)

第四分节　各项年金的请求条件 …………………………… (171)
第五分节　年金金额与年金调整 …………………………… (202)
第六分节　年金和收入的同时存在 ………………………… (221)
第七分节　1977年7月1日之前离婚配偶的遗孀抚恤金和鳏夫
　　　　　抚恤金的开始领取以及供养补偿中的年金变更 …… (222)
第八分节　补充给付 ………………………………………… (222)
第九分节　国外权利人的给付和支付 ……………………… (223)
第十分节　组织、数据处理和数据保护 …………………… (225)
　第一目　组织 …………………………………………… (225)
　第二目　数据处理和数据保护 ………………………… (226)
　第三目　关于年金保险承担者职责的过渡性规定 …… (228)
第十一分节　融资 …………………………………………… (229)
　第一目　（已废止）……………………………………… (229)
　第二目　保费 …………………………………………… (229)
　第三目　诉讼程序 ……………………………………… (235)
　第四目　计算基础 ……………………………………… (240)
　第五目　补偿 …………………………………………… (243)
　第六目　长期投资 ……………………………………… (246)
第十二分节　对1921年前出生母亲的育儿给付 …………… (247)
第二节　新法适用的例外规定 ………………………………… (250)
　第一分节　原则 …………………………………………… (250)
　第二分节　参与给付 ……………………………………… (250)
　第三分节　个人年金的请求前提 ………………………… (251)
　第四分节　年金额度 ……………………………………… (254)
　第五分节　年金与收入的同时存在 ……………………… (265)
　第六分节　附加给付 ……………………………………… (269)
　第七分节　对境外权利人的给付 ………………………… (270)
　第八分节　同时存在《新加入地区法定年金过渡法》规定之年
　　　　　　金请求权时的附加给付 …………………… (272)
　第九分节　同时存在《新加入地区法定年金过渡法》规定之年
　　　　　　金请求权时的给付 …………………………… (272)

第六章　罚金规定 …………………………………………… (274)
附　件 …………………………………………………………… (276)
附件1　以欧元/德国马克/帝国马克为单位的平均收入 ……… (276)
附件2　以欧元/德国马克/帝国马克为单位的年度保费计算上限 …………………………………………………… (280)
附件2a　以欧元/德国马克为单位的新加入地区年度保费计算上限 ……………………………………………… (283)
附件2b　收入指数历年最高值 ………………………………… (285)
附件3　各工资、保费或收入等级的保费缴纳收入指数 ……… (288)
附件4　不同保费等级的保费计算基准 ………………………… (291)
附件5　柏林州保费缴纳收入指数 ……………………………… (292)
附件6　保费计算基准由法郎到德国马克的换算系数 ………… (293)
附件7　萨尔州保费缴纳收入指数 ……………………………… (294)
附件8　以帝国马克/德国马克为单位的实物支付期间的工资、保费或收入等级与保费计算基准，若该期间内参保人非学徒或培训生 …………………………………… (297)
附件9　矿工工作 ………………………………………………… (300)
附件10　新加入地区保费计算基准的换算系数 ………………… (304)
附件11　新加入地区自愿缴纳保费对应的收入 ………………… (307)
附件12　用于新加入地区可转化既有年金的重新估值的总平均收入 …………………………………………………… (307)
附件13　资格群体的定义 ………………………………………… (309)
附件14　行业 ……………………………………………………… (311)
附件15　包含自愿缴纳保费的已释明保费缴纳期间的收入指数 …………………………………………………… (359)
附件16　不包括自愿附加年金保险的已释明保费缴纳期间内的最高收入 ……………………………………………… (360)
附件17　………………………………………………………… (361)
附件18　………………………………………………………… (361)

附件 19　失业养老金或老年兼职工作养老金的退休年龄之
　　　　　提高 ………………………………………………（361）
附件 20　妇女养老金退休年龄的提高 ………………………（365）
附件 21（已废止） ……………………………………………（368）
附件 22（已废止） ……………………………………………（368）
附件 23（已废止） ……………………………………………（368）

附录　术语列表 ……………………………………………………（371）

第一章 参保人的范围

第一节 法定参保

第1条 从业人员

下列人员负有参保义务：

1. 以获得劳动报酬为对价或者为了其职业教育而受雇的人；在获得《社会法典》第三编规定的短期工作津贴的期间继续存在着参保义务。

2. 符合下列条件的残疾人：

a）在《社会法典》第九编第226条意义上的得到普遍承认的残疾人工厂或者盲人工厂，或者为了这些工厂在家进行手工劳动，或者在第九编第60条规定的其他给付提供者那里工作的残疾人。

b）在机关、家庭或者类似的机构中定期提供相当于一个具有完全劳动能力的人在同种类的工作中所提供给付的1/5的残疾人；该给付也包括为机构的承担者提供的劳务。

3. 在青年帮助机构，或者在为残疾人提供的职业教育工厂或者类似的机构中能够像一名具有完全劳动能力的人那样工作的人；这也适用于处在《社会法典》第九编第55条规定的被资助的工作框架中进行的个人经营资格认定期间的人。

3a. （已废止）

4. 精神合作社的成员、女护士和在类似团体工作期间或在学校外教育期间的团体成员。

服兵役且并非受雇为职业军人或者临时军人的人在服兵役过程中不负有第1句第1项规定的参保义务；这些人被视为第3条第1句第2项或者

2a 项和第 4 句意义上的服兵役者。股份公司董事会的成员在其所属董事会的企业中工作期间不负有参保义务，《股份法》第 18 条意义上的集团企业被视为一个企业。第 1 句第 2—4 项中提及的人被视为年金保险法意义上的雇员。下列人员等同于第 1 句第 1 项意义上的职业教育的雇员：

1. 接受职业教育的人，他们在《职业教育法》规定的职业教育合同框架内的企业外部机构中接受职业教育；

2. 双学位的参与者；

3. 包括学校课程和实践教育两个阶段教育的参与者，对于该教育存在一个教育合同和对于教育报酬的请求权（嵌入实践的教育）。

第 2 条　独立从业者

下列独立从业者负有参保义务：

1. 教师和保育员，他们在涉及其独立从事的工作方面没有定期雇佣负有参保义务的雇员；

2. 从事医疗护理、周护理、婴儿护理或者儿童护理的护理人员，他们在涉及其独立从事的工作方面没有定期雇佣负有参保义务的雇员；

3. 助产士和产妇护理人员；

4. 有关领航的法律意义上的区域领航员；

5. 《艺术家社会保险法》详细规定的艺术家和时事评论员；

6. 家庭企业经营者；

7. 沿海船员和沿海渔夫，他们属于其船只的全体成员或者作为没有船只的沿海渔夫进行捕鱼，且定期雇佣不超过四个负有参保义务的雇员；

8. 被登记入手工业名册且自身满足被登记入手工业名册的必要条件的企业经营者，对此《手工业条例》第 2 条和第 3 条规定的手工业企业以及《手工业条例》第 4 条规定的经营连续性不被考虑，如果一个个人合伙企业被登记入手工业名册，则其作为人合企业自身满足了被登记入手工业名册的条件时，被视为企业经营者；

9. 符合下列条件的人：

a）就与其独立从事的工作没有定期雇佣负有参保义务的雇员，且；

b）长期地且本质上只为一个委托人服务，在企业中，企业的委托人被视为委托人。

下列人员①也被视为第 1 句第 1、2、7 和第 9 项意义上的雇员：

1. 掌握了职业教育框架内的专业知识、专门技能或者经验的人；

2. 从事迷你雇佣工作的人员除外；

3. 对于企业来说也包括企业的雇员。

第 3 条　其他参保人

处于下列时期中的人员负有参保义务：

1. 其育儿期间被计入在内的期间（第 56 条）。

1a. 在该时期内他们每周在其居家范围内定期向一个或多个有护理需求的人提供至少两天累计至少 10 小时不低于 2 级护理等级的免费护理服务（免费护理服务提供人员），如果有护理需求的人享有基于社会护理保险或者私人护理义务保险的给付的请求权。

2. 在该时期内这些人员基于法定的义务服兵役或者提供民事服役。

2a. 在该时期内这些人员处于《国外受伤部署人员复原法》第 6 条规定的特殊类型的服兵役关系中，如果在该期间内发生了部署事故，其基于第 2 项负有参保义务；如果在部署事故发生和被安置入特殊类型的服兵役关系中的时间间隔不超过六周，则特殊类型的服兵役关系视为从第 2 项规定的参保义务结束后的那天起开始。

3. 在该时期内这些人员从给付承担者那里获得疾病津贴、工伤津贴、疾病供给津贴、过渡津贴、失业津贴或者从社会护理保险或者私人护理保险那里获得护理支持津贴，如果他们在给付开始前的最后一年中最终负有参保义务；一年的期间由于领取失业津贴Ⅱ而被延长一段视同缴费的期间。

3a. 在该时期内这些人员从私人健康保险公司、联邦资助承担者、其他的公法上的承担者那里获得联邦层面患病情形下的花费，从联邦范围内的免费医疗承担者、从部队医疗供给承担者或者从公法上的承担者那里获得州层面患病情形下的花费，但以州法对此有规定为限，并获得对于因涉及依据《器官移植法》第 8 条和第 8a 条进行的器官或组织的捐献，或者涉及依据《输血法》第 9 条为了分离干细胞和其他血液成分而产生的血

---

① 指第 1 项和第 3 项规定的人员，第 2 项则不包含在内。——译者注

液的捐献而导致劳动收入逸失的给付，如果他们在开始该支付前的最后一年内负有参保义务；一年的期间因获得失业津贴 II 而延长一段视同缴费的期间。

4. 在该时期内这些人员获得提前退休津贴，如果他们在给付开始前直接负有参保义务。

对于其工作，从有护理需求的人那里获得不超过《社会法典》第十一编第 37 条意义上的与各护理工作相当的护理津贴范围的劳动报酬的护理人员视为其从事的工作与其劳动能力不相当；他们以此为限不负有第 1 条第 1 句第 1 项规定的参保义务。从事与其劳动能力不相当的工作的护理人员，如果其定期以雇员的身份或者作为独立从业者每周工作超过 30 小时，则其不负有第 1 句第 1 项 a 规定的参保义务。服兵役或者提供民事服役的人员，如果其在其服兵役或者提供民事服役期间继续获得劳动报酬或者《预备役军人保障法》第 6 条规定的对于独立从业者的给付，则其不负有第 1 句第 2 项规定的参保义务；其从事的被雇佣的工作或者作为独立从业者的工作在这些情形下视为未中断。如果同时存在第 1 句第 3 项规定的在参加劳动生活的给付框架内的参保义务和第 1 条第 1 句第 2 项或者第 3 项规定的参保义务，则优先产生须缴纳更高保费的参保义务。第 1 句第 3 项和第 4 项规定的参保义务扩张及于在国外有经常居住地的自然人。

第 4 条　经申请的参保义务

[1]向所在地位于国内机构申请保险，且符合下列条件之一的人员负有经申请的参保义务：

1. 提供发展服务给付或者准备服务给付的《发展援助人员法》意义上的发展援助人员；

2. 在国外短期受雇的欧盟成员国的公民、《欧洲经济区协定》缔约国的公民或者瑞士公民；

3. 根据《社会保障辅助法》被保障的人员。

在国外的联邦或州的官方代表处工作或者为国外的联邦或州的官方代表处的领导人、成员或者公务员工作的欧盟成员国的公民、《欧洲经济区协定》缔约国的公民或者瑞士公民，经其雇主申请也负有参保义务。在国外提供服务或者工作期间被保证具有获得供给期待权的人员，在补充保险的框架内即使没有提出申请也被视为负有参保义务。

²非仅暂时独立工作的人员经申请负有参保义务，如果他们在开始从事自雇工作后或者在基于该工作的参保义务结束后的五年内就参保义务提出申请。

³下列人员经申请负有参保义务：

1. 获得第3条第1句第3项规定的社会给付或者第3条第1句第3a项规定的劳动收入逸失情形下的给付且依据这些规定不负有参保义务的人员。

2. 如果其在丧失劳动能力、执行医疗康复的给付或者参与劳动生活开始前的最后一年最终负有参保义务，在丧失劳动能力、执行医疗康复的给付或者参与劳动生活期间仅由于其不被法定健康保险所保障而对于疾病津贴不享有请求权，或者虽然被法定健康保险所保障但是对于疾病津贴不享有请求权，但该期间最长为18个月。

这也适用于经常居住地在国外的人员。

³ᵃ有关参保豁免和参保义务豁免的规定也适用于第3款规定的经申请而负有的参保义务。如果参保豁免和参保义务豁免涉及各个雇佣工作或自雇工作，则不得提出第3款规定的申请。如果参保豁免和参保义务豁免涉及某个特定的被雇佣而从事的工作或者独立从事的工作，且如果参保豁免和参保义务豁免以隶属于一个其他的养老保险系统，特别是隶属于一个被缔结的生命保险合同或者隶属于某个公法上的职业团体保险机构或者供给机构的成员群体（第6条第1款第1句第1项）为基础，且其他养老保险系统中的各个社会给付的获得时间被保障或者能够被保障，则不得提出第3款规定的申请。

⁴参保义务：

1. 在第1款和第2款规定的情形开始于第1款和第2款规定的前提条件存在的当天，如果参保义务在此后的三个月内被申请，否则在申请到达的当天开始。

2. 在第3款第1句第1项规定的情形开始于开始给付时，在第3款第1句第2项规定的情形开始于劳动能力丧失时或者康复时，如果申请在此后的三个月内被提出，否则在申请到达的当天开始，然而最早应当在基于一份之前负有参保义务的工作的参保义务结束时候开始。最早在建立在在先的负有参保义务的工作基础上的参保义务结束时候开始。

参保义务结束于这些前提条件不具备的当天。

第5条 免于参保

¹下列人员免于参保：

1. 终身制、临时或者处于试用期的公务员和法官，职业军人和临时军人，以及在预备役中被撤销的公务员。

2. 公法上的法人、机构或者基金会的其他雇员，这些法人、机构或者基金会的包括中央协会或者其劳动团体在内的协会的其他雇员，如果依据公务员法的规定或者原则，对于在劳动能力减损、老龄时期以及对于遗属的供给获得的期待权被保障且该供给的履行被保障。

3. 第2项意义上的雇员，如果依据教会法的规则，第2项中提及的期待权被担保且该担保的履行被保障，以及精神合作社的符合章程规定的成员、类似的人合组织的女护士和成员，如果对于他们来说，在劳动能力减损和在老龄时期依据人合组织的规则对于该人合组织中获得通常供给的期待权被担保且该担保的履行被保障。

在该工作和其他工作中，供给期待权的担保被包括在内。对于第1句第2项规定的人员，当且仅当满足下列条件时，这点才适用：

（1）依据公务员法的规定或者原则对于报酬享有请求权，且在患病的情形对于报酬的继续支付享有请求权，或者；

（2）依据公务员法的规定或者原则在患病的情形对于资助或者免费医疗享有请求权，或者；

（3）在工作关系开始后的两年内被委任于第1项规定的法律关系中从事工作，或者；

（4）处于公法上的教育关系之中。

主管的联邦部门以及雇主、合作社或者团体在其中享有住所的州的最高行政机关为了联邦和主管当局或者其他隶属于联邦的雇主所雇佣的雇员，对第1句第2项和第3项以及第2句规定的前提条件的存在与否以及对于担保是否延伸至其他工作做出判断。期待权的担保自以合同方式就期待权担保做出约定的月份之初为参保豁免奠定基础。

²下列人员免于参保：

1. 从事第8条第1款第2项，或者第8a条结合《社会法典》第四编

第 8 条第 1 款第 2 项规定的雇佣工作的人员，或者；

2. 从事第 8 条第 3 款，结合《社会法典》第四编第 8 条第 1 款，或者第 8 条第 3 款结合《社会法典》第四编第 8a 条和第 8 条第 1 款规定的迷你的以自雇方式工作的人员。

《社会法典》第四编第 8 条第 2 款须在满足当且仅当非迷你的以自雇方式从事工作的人负有参保义务时，该工作才在一并计入的条件下被适用。第 1 句第 1 项不适用于在经营性的职业教育框架中被雇佣的人员。

[3]在大学学习期间作为专科学校或者本科学校的正式学生完成其学习规章或者考试规章中规定的实习的人员可免于参保。

[4]符合下列条件的人员免于参保：

1. 达到标准退休年龄的当月结束后领取全额年金的人员；

2. 依据公务员法的规定或原则，或者相应的教会法规则，或者依据专业供给机构的规则，在达到退休年龄后获得供给或者在达到第 1 款第 1 句第 3 项规定的年龄时获得团体中的通常供给，或者；

3. 在达到标准退休年龄前没有参保或者在达到标准退休年龄后从其保险中获得保费的退还。

第 1 句不适用于在雇佣工作中以书面方式向雇主明确声明放弃参保豁免的雇员。该放弃声明只对未来有效并在雇佣期间具有约束力。第 2 句和第 3 句准用于向主管的年金保险承担者声明放弃参保豁免的独立从业者。

第 6 条　参保义务的豁免

[1]下列人员的参保义务被豁免：

1. 从事雇佣工作或者自雇工作的雇员和独立从业者，由于雇佣工作或者自雇工作其基于法律规定的或者从法律中推导出来的义务作为公法上的保险机构或者其所在职业群体的供给机构（职业等级供给机构）的成员，并且同时依据法定义务作为职业等级协会的成员，如果：

a) 在雇佣工作或者自雇工作的各个地点，对于其职业群体，在 1995 年 1 月 1 日前就已经存在成为专业协会成员的义务；

b) 对于他们来说依据章程的更为详细的规定，与收入相联系的保费在考虑到对于专业供给机构的保费计算上限的基础上须被缴纳，且；

c) 基于该保费对于劳动能力减损和老龄情形的给付以及对于遗属的

给付被提供并被调整，在此专业供给机构的财政状况也须被考量。

2. 在非公立中小学校任职的老师或者保育员，如果对于他们来说依据公务员法的基本原则或者相应的教会法规则，对于在劳动能力减损和老龄情形下的供给以及对于遗属供给的期待权被担保，且该担保的履行被保障，并且如果这些人员满足第 5 条第 1 款第 2 句第 1 项和第 2 项规定的前提条件。

3. 德国海船的非德国船员，其在欧盟成员国、《欧洲经济区协定》的缔约国或者瑞士没有住所或者经常居住地。

4. 从事手工业的企业经营者，如果他已经被缴纳了至少 18 年的强制保费。

职业群体获得第 1 句第 1 项意义上的职业等级协会成员资格的法定义务被视为在确立各个协会成员资格的法律被颁布之日产生。如果职业等级协会的义务成员范围在 1994 年 12 月 31 日后被扩大，则该职业等级的供给企业的义务成员（其只是由于该范围的扩大而成为其职业协会的义务成员）不得依据第 1 句第 1 项被豁免。第 2 句准用于确定扩大义务成员范围的日期。依据在 1995 年 1 月 1 日已经生效的供给法规则负有参保义务的人（在完成法定的预备役或候补役的时候是职业等级供给机构的成员），如果在完成预备役或候补役的时候还不存在成为职业等级协会成员的法定义务，依据第 1 句第 1 项其参保义务也被豁免。第 1 句第 1 项不适用于第 1 句第 4 项中提及的人员。

[1a]第 2 条第 1 句第 9 项规定的负有参保义务的人员在下列情形下参保义务被豁免：

1. 在首次接受以自雇方式从事的具有第 2 条第 1 句第 9 项规定的特征的工作后的三年里；

2. 在年满 58 周岁以后，如果其在一项事先从事的自雇工作之后依据第 2 条第 1 句第 9 项首次负有参保义务。

第 1 句第 1 项准用于开始从事具有第 2 条第 1 句第 9 项规定的特征的第二份自雇工作。如果一个现有的以自雇方式从事工作的实体只是名称变更或者其商业目的较之于先前没有发生实质性改变，则不存在从事自雇工作的开始。

[1b]从事第 8 条第 1 款第 1 项或者第 8a 款，结合《社会法典》第四编第 8 条第 1 款第 1 项规定的迷你雇佣工作的人员，其参保义务经申请而豁

免。书面的豁免申请须被送达雇主。《社会法典》第四编第 8 条第 2 款须在满足当且仅当非迷你的雇佣工作有参保义务，其才在被一起计入的条件下被适用。该申请在有多个迷你雇佣工作的情形下只能统一被提出，且在该雇佣工作期间具有约束力。第 1 句不适用于在企业职业教育的框架中依据《青年志愿服务法》《联邦志愿服务法》或者依据第 1 条第 1 句第 2—4 项从事雇佣工作，或者利用逐步恢复非迷你雇佣工作（《社会法典》第五编第 74 条）可能性的人员。

[2]豁免经由参保人申请而产生，在第 1 款第 2 项和第 3 项的情形下经雇主申请而产生。

[3]年金保险的承担者在下列情形对豁免做出决定：

1. 在第 1 款第 1 项规定的情形下主管职业等级供给机构的最高行政机关证明符合相应条件后；

2. 在第 1 款第 2 项规定的情形下州最高行政机关（雇主在该州有住所地）证明符合相应条件后，如果《社会法典》第四编第 28i 条第 5 句规定的主管的收款机构没有在《社会法典》第四编第 28a 条规定的雇主通知到达后的一个月内对雇员的豁免申请提出异议，在第 1b 款规定的情形中豁免视为被授予。《社会法典》第十编有关行政行为存续力和上诉程序的规定准用之。

[4]豁免自满足豁免条件时起发生效力，如果其申请于三个月内被提出，否则自申请到达时发生效力。在第 1b 款规定的情形下，如果雇主最迟于申请到达后的六个月内在第一份工资单中向收款机构通知了豁免申请，且收款机构在雇主的通知到达后的一个月内没有提出异议，满足豁免条件的豁免的效力在《社会法典》第四编第 28a 条规定的雇主的申请到达主管的收款机构后溯及至雇员的申请到达雇主时所在的月份开始。如果雇主在稍晚一些进行了通知，则豁免自第 3 款规定的异议期经过后的下个月开始生效。如果在多重雇佣中存在符合豁免条件的情形，则收款机构须毫不迟延地以通知的方式向其他雇主告知豁免生效的时间。

[5]豁免仅限于当时的雇佣工作或者自雇工作。其在第 1 款第 1 项和第 2 项规定的情形也扩展至其他负有参保义务的工作，如果该工作由于其性质或者以合同约定的方式提前在时间上被限制，且供给承担者在该工作期间为获得与收入相关的供给期待权提供了担保。

第二节　自愿参保

第7条　自愿参保

[1]不负有参保义务的人员可以自年满 16 周岁时起自愿参保。这也适用于经常居住地在国外的德国人。

[2]如果达到标准退休年龄的当月已经经过，在具有约束力的发放全额年金之后或者在领取这些年金的期间，自愿参保是不被允许的。

第三节　补充保险、供养补偿和年金分割

第8条　补充保险、供养补偿和年金分割

[1]下列人员也负有参保义务：

1. 被补充保险保障的人员，或者；
2. 因供养补偿或年金分割而继受取得或原始取得年金期待权。

被补充保险保障的人员与负有参保义务的人员地位相同。

[2]下列免于参保或者参保义务被豁免的人员被补充保险保障：

1. 终身制、临时或者处于试用期的公务员和法官，职业军人和临时军人，以及在预备役中被撤销的公务员；
2. 公法上的法人、机构或者基金会的其他雇员，这些法人、机构或者基金会的包括中央协会或者其劳动团体在内的协会的其他雇员；
3. 符合章程规定的精神性合作社的成员、女护士或者类似团体的成员或者；
4. 非公立学校或教育机构中的老师或者保育员。

如果这些人员没有请求权，或者对于其工作获得供给的期待权被排除，或者其丧失了对于供给的请求权，且其没有给出延期支付保费的理由，补充保险扩展到免于参保或者参保义务被豁免的期间（补充保险期间）。在期待权因死亡被排除的情形，只有当遗属年金请求权本可以生效时，才产生补充保险。

第二章 给付

第一节 参与给付

第一分节 给付的条件

第9条 参与给付之任务

[1]养老保险的承担者提供预防给付、医疗康复给付、参与劳动生活的给付、愈后护理的给付以及补充的给付以达到下列目的：

1. 预防、抵抗或者克服疾病对参保人的影响或者参保人身体的、精神的或心理的关于劳动能力的障碍，且；

2. 借此避免参保者劳动能力的损害或被过早地从劳动生活中排除出去，或者使其能够重新持续地参与到劳动生活中去。

参与给付比在成功地参与给付的情形未被提供或者可以预见的在之后的时点被提供的年金给付具有优先性。

[2]如果符合个人和保险法的条件，则第1款规定的给付须被提供。

第10条 个人条件

[1]为了获得参与给付，参保人须符合下列个人条件：

1. 其劳动能力由于疾病或者身体的、精神的或心理的障碍明显受到威胁或者被减损，且；

2. 对其来说可预见的：

a）在劳动能力明显受到威胁时，能够通过医疗康复给付或者参与劳动生活的给付避免劳动能力被减损；

b）在劳动能力被减损的情形下，能够通过医疗康复给付或者参与劳动生活的给付在实质上改善或者恢复劳动能力，或者借此避免其本质上的恶化；

　c）在劳动能力部分减损的情形下，没有能够展现出通过参与给付使得劳动能力在本质上被改善的前景；

　aa）可以获得先前的劳动岗位，或者；

　bb）可以获得其他可预见的劳动岗位，如果在确定年金承担者之后获得先前的劳动岗位是不可能的。

²为了获得参与给付，参保人也须符合下列个人条件：

　1. 在从事采矿工作中劳动能力被减损，且对其来说可预见的可以通过给付在实质上改善或者恢复其劳动能力，或者；

　2. 对其来说在从事采矿工作中劳动能力面临被减损的威胁，且对其来说可预见的可以通过给付避免在从事采矿工作中劳动能力被减损。

³对于第14条、第15a条和第17条规定的给付，参保人或者儿童在符合其中的请求权条件的情形下，须符合个人条件。参保人或者儿童在满足其中规定的请求权条件时即满足个人条件。

第11条　保险法的条件

¹对于参与给付，参保人须在提出申请时符合保险法的下列条件：

　1. 等待期已经满15年，或者；

　2. 领取劳动能力减损年金。

²对于预防和医疗康复的给付，参保人也须符合保险法的下列条件：

　1. 在提出申请前的两年内为参保的雇佣工作或者自雇工作缴纳了六个日历月的强制保费；

　2. 在职业教育结束后的两年内接受一项参保的雇佣工作或者自雇工作且在提出申请前已经开始进行该工作，或者在从事该雇佣工作或者自雇工作后直到提出申请时都是无劳动能力或者处于失业状态的，或者；

　3. 如果其符合了一般的等待期，劳动能力减损或者对其来说在可以预见到的时间里劳动能力会减损。

第55条第2款准用之。第1项规定的两年期间由于领取失业津贴Ⅱ而被延长一段视同缴费的期间。对于第15a条规定的对参保人子女的给付，如果参保人符合一般的等待期或者第1句或第1款中提及的保险法的条件时，则符合保险法的条件。

²ª参与劳动生活的给付也被提供给参保人：

1. 如果没有该给付的话，劳动能力减损年金须被给付，或者；

2. 如果其对于紧接着年金保险承担者的医疗康复给付的可预见的成功康复是必要的。

³因劳动能力下降而有权领取大额遗孀抚恤金或大额鳏夫抚恤金的未亡配偶也符合保险法的要求。未亡配偶享有大额遗孀抚恤金或大额鳏夫抚恤金请求权时即满足保险法的前提条件。就本节的规定而言，他们被视为参保人。

脚注

[+++ 第11条第2a款的适用参见1993年12月21日颁布的法律（《联邦法律公报》1993年第1卷第2353页）的第9条　+++]

第12条　给付的排除

¹在下列情形参与给付不被提供给参保人：

1. 参保人由于劳动事故、职业疾病、社会补偿法意义上的损害或者由于部署事故、依据《国外受伤部署人员复原法》产生的请求权，可以获得其他康复承担者的同类给付或者《国外受伤部署人员复原法》规定的合并给付；

2. 参保人领取全额养老金数额的至少2/3或者已经提出申请；

3. 参保人从事一项雇佣工作，在该工作中依据公务员法或者相应的规定，对于供给的期待权被担保；

4. 参保人作为供给的获得者由于达到退休年龄而免于参保；

4a. 参保人获得定期支付的给付，直到开始领取养老金为止，或者；

5. 参保人被审前拘留，或者被执行自由刑或剥夺自由的进行改善和确保安全的措施，或者依据《刑事诉讼法》第126a条第1款暂时被安置。此规定不适用于被减轻的刑事执行中的参保人获得参与劳动生活的给付。

²医疗康复的给付在执行这样的或者类似的康复给付后的四年期间经

过前不被提供，这样的或者类似的康复给付的费用基于公法的规定被承担或者被补助。如果出于健康的理由提前的给付是迫切必要的，则此规定不适用。

第二分节　给付的范围

第一目　一般规定

第 13 条　给付范围

[1]年金保险承担者于个案中在考虑到经济性和节约性原则的同时，依据与义务相当的衡量，对给付的种类、期限、范围、开始和执行以及对康复机构做出决定。给付经申请通过个人预算被提供；《社会法典》第九编第 29 条准用之。

[2]年金保险承担者不提供下列给付：

1. 在疾病急需治疗阶段对于医疗康复的给付，除非治疗的必要性在执行医疗康复给付的过程中出现；

2. 替代通常情况下必要医院治疗的医疗康复给付；

3. 不符合公认的医学知识水平的医疗康复给付。

[3]年金承担者依据第 2 款第 1 项经与健康保险承担者协商后向其提供疾病治疗以及妊娠和哺乳期间的给付。年金保险承担者可以要求健康保险承担者补偿由此产生的费用。

[4]年金保险承担者与健康保险公司最高协会一起统一与联邦劳动和社会事务部商定第 2 款第 1 项和第 2 项的实施细则。

第 14 条　预防的给付

[1]年金保险承担者提供确保证明自己有初步健康损害的参保人之劳动能力的医疗给付，年金保险承担者为了确保劳动能力，向证明自己有初步健康损害的参保人提供医疗给付。该初步健康损害危及其所从事的雇佣工作。给付可以在时间上被限制。

[2]为了确保年金保险承担者统一适用法律，德国联邦年金保险公司在 2018 年 7 月 1 日前与联邦劳动和社会事务部协商颁布年金保险承担者的

一般条例，其尤其就医疗给付的目标、个人条件以及种类和范围进行更细致的解释。德国联邦年金保险公司须在《联邦司法部公报》上公布该条例。该条例须经与联邦劳动和社会事务部协商，定期被修改以适应医疗的最新进步和获得的经验。

[3]年金保险承担者在获得第1款规定的给付的同时参与《社会法典》第五编第20d—20g条规定的国家预防战略。它们致力于在示范项目中以跨机构的方式试行自由的、个人的、与职业相关的提供给年满45周岁的参保人的健康预防措施。

第二目 预防、医疗康复、参与劳动生活和愈后护理的给付

第15条 医疗康复的给付

[1]年金保险承担者在医疗康复给付的框架中提供《社会法典》第九编第42—47条规定的给付、《社会法典》第九编第42条第2款第2项和第46条规定的被排除的给付。包括更换义齿在内的牙科治疗只有当其是直接且有针对性地对于劳动能力的本质改善或者恢复，特别是从事先前的职业是必要的情况下被提供，且以其不作为健康保险的给付或者作为《社会法典》第十二编第五章规定的帮助被提供为限。

[2]包括必要的食宿在内的住院医疗康复给付在机构中被提供，这些机构在医生的长期负责之下，且配备经过特别训练的人员，要么被年金保险承担者独自经营，要么与这些机构存在着《社会法典》第九编第38条规定的合同。机构不需要由医生长期负责，如果治疗的性质对此没有要求。机构医疗康复给付必须依照疾病的性质和严重程度是必要的。

[3]住院医疗康复给付最多被提供三周。如果为了达到康复目标是必要的，则该给付可以在更长的期间内被提供。

第15a条 儿童康复给付

[1]年金保险承担者为下列儿童提供医疗康复给付：

1. 参保人的子女；
2. 领取养老金或劳动能力减损年金者的子女；
3. 领取孤儿抚恤金的儿童。

前提条件是，可以预见到能够借此消除重大危险或者特别是因慢性病而受损的健康能够得到实质性改善或者恢复，且这能够对之后的劳动能力产生影响。

[2]儿童有权获得：

1. 一名陪护人员，如果这对于儿童康复给付的执行或者结果是必要的，以及；

2. 家庭成员的陪伴，如果家庭参与康复过程是必要的。

第17条规定的愈后护理须被提供，如果其对于确保康复结果是必要的。

[3]第48条第3款意义上的儿童也被作为此处的儿童被考虑。对于请求权的存续准用第48条第4款和第5款。

[4]住院的给付通常至少被提供四周。第12条第2款第1句不适用。

[5]为了确保年金保险承担者统一适用法律，德国联邦年金保险公司在2018年7月1日前与联邦劳动和社会事务部协商颁布年金保险承担者的一般条例，其尤其就给付的目标、个人条件以及种类和范围进行更细致的解释。德国联邦年金保险公司须在《联邦司法部公报》上公布该条例。该条例须经与联邦劳动和社会事务部协商，定期被修改以适应医疗的最新进步和获得的经验。

第16条　参与劳动生活的给付

法定年金保险承担者在入职程序和工厂职业教育领域为《社会法典》第九编第57条规定的残疾人提供《社会法典》第九编第49—54条规定的参与劳动生活的给付、《社会法典》第九编第60条规定的其他给付提供者提供的相应给付以及《社会法典》第九编第61a条规定的职业教育的预算。职业教育的预算只为首次职业教育提供；在提供职业教育预算期间不存在对于第20条规定的过渡津贴的请求权。《社会法典》第九编第61a条第5款不适用。

第17条　愈后护理给付

[1]年金保险承担者在其提供的参与给付后紧接着提供给付，如果这对于确保先前参与给付的结果是必要的（愈后护理给付）。愈后护理给付可

以在时间上被限制。

[2]为了确保年金保险承担者统一适用法律,德国联邦年金保险公司在2018年7月1日前与联邦劳动和社会事务部协商颁布年金保险承担者的一般条例,其尤其就给付的目标、个人条件以及种类和范围进行更细致的解释。德国联邦年金保险公司须在《联邦司法部公报》上公布该条例。该条例须经与联邦劳动和社会事务部协商,定期被修改以适应医疗的最新进步和获得的经验。

第18—19条(已废止)

第三目 过渡津贴

第20条 请求权

[1]下列参保人享有过渡津贴请求权:

1. 从年金保险承担者那里获得预防给付、医疗康复给付、参与劳动生活的给付、愈后护理给付或者其他参与给付的参保人;

2. (已废止)

3. 在预防给付、医疗康复给付、愈后护理给付或者其他参与给付的情况下,刚好在无劳动能力开始前或者当其不是无劳动能力时,刚好在给付开始前;

a) 获得劳动报酬或者自雇收入,且在评估期间内已经支付养老保险的保费,或者;

b) 已经领取疾病津贴、工伤津贴、疾病供给津贴、过渡津贴、短期工作津贴、失业津贴、失业津贴Ⅱ或者生育津贴的参保人,且对于这些津贴,从以社会给付为基础的劳动报酬或者自雇收入,或者在领取失业津贴Ⅱ的情形提前从劳动报酬或者自雇收入中支取的养老保险的保费已经被支付。

[2]依据《社会法典》第三编享有失业津贴请求权的参保人,只有当其由于接受参与给付而能够从事非全职工作的时候,才享有过渡津贴请求权。

[3]依据《社会法典》第四编第44条在时间上短暂的范围内获得疾病津

贴以及预防和愈后护理门诊给付的参保人，自第4款规定的协议生效时起享有过渡津贴请求权，但以协议对此进行的预先规定为限。

[4]德国联邦年金保险公司和健康保险公司联邦最高协会与联邦劳动和社会事务部、联邦健康部在2017年12月31日前协商，就第3款规定的参保人在具备哪些条件的前提下享有过渡津贴请求权达成协议。非职权内的替代报酬给付的支出须由主管的给付承担者进行报销。

第21条 数额和计算

[1]过渡津贴的数额和计算依据《社会法典》第九编第11章第1目确定，但以第2—4款没有相背离的规定为限。

[2]对于已经获得自雇收入的参保人和已经获得劳动报酬的自愿参保人，过渡津贴的计算基础是收入的80%，该收入以在给付开始前为上一个日历年（评估期间）支付的保费为基础。

[3]《社会法典》第九编第69条以参保人刚好在获得在其中被提及的给付前已经缴纳了强制保费为条件而被适用。

[4]刚好在开始丧失劳动能力前或者如果其并未丧失劳动能力，刚好在医疗给付开始前领取失业津贴，且在此之前已经支付强制保费的参保人，以在患病情形被提供的疾病津贴（《社会法典》第五编第47b条）的数额获得医疗给付情形的过渡津贴；刚好在开始丧失劳动能力前或者如果其并未丧失劳动能力，刚好在医疗给付开始前领取失业津贴Ⅱ，且在此之前已经支付强制保费的参保人，以失业津贴Ⅱ的数额获得医疗给付情形的过渡津贴。这个规定不适用于下列给付的接受者：

a）只以贷款的方式领取失业津贴Ⅱ，或者；

b）只领取《社会法典》第二编第24条第3款第1句规定的给付，或者；

c）其基于《联邦职业教育促进法》对于职业教育促进不享有请求权，或者；

d）其需求依据《联邦职业教育促进法》第12条第1款第1项、《社会法典》第三编第62条第1款或第124条第1款第1项被安排。

[5]对于在评估期间领取矿工津贴的参保人，计算基础被提高到相当于被支付的矿工津贴的数额。

第 22—27 条（已废止）

第四目　补充给付

第 28 条　补充给付

[1]除通过过渡津贴以外，参与给付还通过第 64 条第 1 款第 2—6 项和第 2 款以及《社会法典》第九编第 73 条、74 条规定的给付被补充。

[2]对于预防和愈后护理的门诊给付，第 1 款以《社会法典》第九编第 73 条和第 74 条规定的给付在个别情形被批准为条件被适用，如果其对于执行给付是必要的。《社会法典》第九编第 73 条第 4 款规定的差旅费可以合计被批准。

第 29 条（已废止）

第 30 条（已废止）

第五目　其他给付

第 31 条　其他给付

[1]下列给付可以作为其他参与给付被提供：

1. 使劳动者参与就业的给付，该给付不能被第 14、15、15a、16 和 17 条规定的给付和《社会法典》第九编第 64 条规定的补充给付所涵盖；

2. 对于参保人、年金领取者及其各自的亲属的肿瘤愈后护理给付以及；

3. 对于在康复领域从事研究或者促进康复的机构的资助。

[2]第 1 款第 1 项规定的给付以符合个人的和保险法的前提条件为前提。第 1 款第 2 项规定的对于参保人的给付以符合保险法的前提条件为前提。德国联邦年金保险公司可以经与联邦劳动和社会事务部协商后颁布尤其对给付的目的以及性质和范围进行详细解释的指令。

第六目　医疗康复给付和其他给付情形的额外费用缴纳

第 32 条　医疗康复给付和其他给付情形的额外费用缴纳

[1]年满 18 周岁并获得第 15 条规定的住院医疗康复给付的参保人，在每个给付的日历日缴纳《社会法典》第五编第 40 条第 5 款规定的金额。额外费用的最长缴纳期间为 14 天，且须以《社会法典》第五编第 40 条第 6 款规定的数额被缴纳，如果住院治疗与医院治疗的直接联系在医疗上是必要的（康复联系）；如果措施在 14 天内开始被实施，则也视为是直接的，除非出于强制性的事实的或医疗的理由，遵守该日期是不可能的。就此在一个日历年内向法定健康保险承担者支付的额外费用须被计算在内。

[2]第 1 款也适用于年满 18 周岁且为自己、配偶或者同性生活伴侣领取其他住院给付的参保人或者年金的领取者。

[3]如果参保人领取依据《社会法典》第九编第 66 条第 1 款被限制的过渡津贴，则其在领取过渡津贴的期间无须缴纳额外费用。

[4]年金保险承担者确定在哪些条件下可以取消第 1 款或第 2 款规定的额外费用，如果缴纳该额外费用会给参保人或者年金领取者造成不合理的负担。

[5]额外费用与承诺全额承担劳动法规范意义上的参与给付的费用并不冲突。

第二节　年金

第一分节　年金类型和年金请求权的前提条件

第 33 条　年金类型

[1]年金由于老龄、劳动能力减损或者死亡而被给付。

[2]下列年金属于养老金：

1. 标准养老金；

2. 长期参保人的养老金；

3. 严重残疾人的养老金；

3a. 特别长期参保人的年养老金；

4. 在井下长期工作的矿工的养老金；

以及依据第五章的规定：

5. 由于失业或者从事老年兼职工作后获得的养老金；

6. 妇女养老金。

[3]下列年金属于劳动能力减损年金：

1. 部分劳动能力减损年金；

2. 完全劳动能力减损年金；

3. 矿工年金。

[4]下列年金属于由于死亡而被给付的年金：

1. 小额遗孀抚恤金或鳏夫抚恤金；

2. 大额遗孀抚恤金或鳏夫抚恤金；

3. 育儿年金；

4. 孤儿抚恤金。

[5]第五章规定的年金还包括矿工补偿给付、由于在丧失劳动能力情形下部分的收入削减而被给付的年金和在1977年7月1日前离婚的配偶的遗孀抚恤金和鳏夫抚恤金。

第34条 年金请求权的前提条件和额外收入限额

[1]参保人及其遗属享有年金请求权，如果对于各个年金必要的最短保险期间（等待期）被满足且符合各个特殊的保险法的和个人的前提条件。

[2]当且仅当6300欧元的日历年的额外收入限额没有被超过时，在达到标准退休年龄前才存在全额养老金请求权。

[3]如果额外收入限额被超过，则存在对于部分年金的请求权。部分年金通过超过额外收入限额1/12的金额扣除全额年金的40%计算得出。如果由此产生的年金数额与日历年的额外收入加起来超过第3a款规定的额外收入限额，则超过的金额从由第2句得出的年金数额中被扣除。如果从年金中被扣除的额外收入达到全额年金的数额，则不存在年金请求权。

[3a]额外收入限额的计算方法是，每月的参考数值乘以首次给付年金前

的 15 个日历年中最高的日历年收入指数（第 66 条第 1 款第 1—3 项）。其不应少于 6300 欧元的 1/12 和每月全额年金的数额。额外收入限额于每年 7 月 1 日被重新计算。

[3b]额外收入包括劳动报酬、自雇收入和可比收入。下列报酬不是额外收入：

1. 护理人员从有护理必要的人那里获得的报酬，如果该报酬没有超过《社会法典》第十一编第 37 条规定的与护理工作范围相对应的护理津贴的数额，或者；

2. 残疾人从第 1 条第 1 句第 2 项中提及的机构承担者那里获得的报酬。

[3c]预期的日历年额外收入须作为额外收入被考虑。如果该预期的日历年额外收入导致年金请求权的变动，则其自 7 月 1 日起重新被确定。第 2 句不适用于额外收入或者第 3e 款规定的额外收入首次以被修改的数额而被考虑所在的日历年。

[3d]自首次考虑额外收入的下一个日历年起，须每次在 7 月 1 日考虑上一个日历年的实际额外收入，而不是考虑先前被考虑的额外收入，如果发生了有溯及力地涉及年金请求权的变更。在标准退休年龄被达到的日历年里，则须在标准退休年龄被达到的月份经过后偏离第 1 句的规定被考虑；就此直到达到标准退休年龄的月底所产生的实际额外收入须被考虑。如果实际额外收入尚不能被证明，则一旦存在证据，其须被考虑。

[3e]第 3c 款规定的被考虑的额外收入的变更须经申请而被考虑，如果可预见的日历年的额外收入偏离迄今为止被考虑的额外收入至少 10%，且涉及年金请求权的变更由此产生。第 1 句意义上的变化也就是新增或者废止额外收入。就此包含面向将来的效力的新增额外收入或者比迄今为止被考虑的额外收入更高的额外收入被考虑。

[3f]如果依据第 3c—3e 款产生了涉及年金请求权的变更，则先前的决定自依据这几款规定得出的时点起被废止。以这些决定被废止为限，已经被提供的给付须被偿还；《社会法典》第十编第 50 条第 3 款和第 4 款不受影响。对于听证参与者的规定（《社会法典》第十编第 24 条）、对于撤销违法授益性行政行为的规定（《社会法典》第十编第 45 条）以及对于在情况变更的情形下具有持续效力的对于行政行为的废止的规定（《社会法

典》第十编第 48 条）不适用。

^{3g}如果征得同意，依据第 3f 款第 2 句须被偿还的最多可达 200 欧元的金额须从目前的年金中最多被扣留一半。撤销通知须附上提示，即可随时以书面声明的方式撤销同意，并面向未来发生效力。

^{4}在具有约束力的养老金批准后或者在领取该养老金的期间，下列年金领域的变化须被排除：

1. 由于被减损的劳动能力而获得的年金；
2. 育儿年金，或者；
3. 其他养老金。

脚注

(+++ 第 34 条于 2020 年 1 月 1 日至 2020 年 12 月 31 日的适用参见第 302 条第 8 款 +++)

第二分节　各种年金的请求权要件

第一目　养老金

第 35 条　标准退休养老金

^{1}当参保人符合下列条件时，其对标准养老金享有请求权：
1. 已经达到标准退休年龄，并且；
2. 符合一般的等待期。

达到标准退休年龄以年满 67 周岁为判断标准。

第 36 条　长年参保人养老金

^{1}当参保人符合下列条件时，其对长年参保人年金享有请求权：
1. 年满 67 周岁，且；
2. 已经满 35 年等待期。

只有年满 63 周岁才可提前领取该养老金。

第 37 条　严重残疾人养老金

[1]如果参保人符合下列条件，则对严重残疾人养老金享有请求权：

1. 年满 65 周岁；

2. 在开始领取年金时被认定为严重残疾人（《社会法典》第九编第 2 条第 2 款），且；

3. 已经满 35 年等待期。

只有年满 62 周岁才可提前领取该养老金。

第 38 条　特别长期参保人养老金

[1]如果参保人符合下列条件，其对特别长期参保人养老金享有请求权：

1. 年满 65 周岁，且；

2. 已经满 45 年等待期。

第 39 条（已废止）

第 40 条　在井下长年工作的矿工养老金

[1]如果参保人符合下列条件，其对在地下长年工作的矿工养老金享有请求权：

1. 年满 62 周岁，且；

2. 已经满 25 年等待期。

第 41 条　养老金和解雇保护

[1]参保人对养老金的请求权不得被视为可能导致依据《解雇保护法》通过雇主终止劳动关系的原因。约定在雇员达到标准退休年龄前可申请领取养老金的时点雇员无须被解雇即可终止劳动关系的协议，对于雇员来说视为在达到标准退休年龄时被缔结，除非协议在该时点前三年内被缔结或者在该时点前三年内被雇员认可。如果协议约定在到达标准退休年龄时终止劳动关系，则劳动合同当事人可以在劳动关系存续期间通过约定推迟终止时点，且如果有必要的话可以多次通过约定推迟。

第42条 全额年金和部分年金

[1]参保人可全额领取养老金（全额年金）或者领取部分年金。

[2]不依赖于额外收入而被选择的部分年金占全额年金的至少10%。其最高可以被领取适用第34条第3款得出的数额。

[3]由于想要领取部分年金而限制其劳动给付的参保人，可以要求其雇主与其就该限制的可能性进行商讨。如果参保人就其工作领域提出这方面的建议，雇主必须对这些建议表态。

第二目 劳动能力减损年金

第43条 劳动能力减损年金

[1]如果参保人符合下列条件，则其在达到标准退休年龄前有权获得部分劳动能力减损年金：

1. 部分劳动能力减损；

2. 在劳动能力减损前的五年内缴纳了三年对于被保障的雇佣工作或者自雇工作的强制保费，且；

3. 在劳动能力减损前符合了一般等待期。

部分劳动能力减损是指参保人由于疾病或残疾在不可预见的时间里没有能力在一般劳动市场的通常条件下每天至少从事六小时的工作。

[2]如果参保人符合下列条件，则其在达到标准退休年龄前对完全劳动能力减损年金享有请求权：

1. 完全劳动能力减损；

2. 在劳动能力减损前的五年内缴纳了三年对于被保险的雇佣工作或者自雇工作的强制保费，且；

3. 在劳动能力减损前符合了一般等待期。

完全劳动能力减损是指参保人由于疾病或残疾在不可预见的时间里没有能力在一般劳动市场的通常条件下每天至少从事三小时的工作。下列情形也属于完全劳动能力减损：

1. 第1条第1句第2项规定的参保人由于残疾的性质和严重程度不能在一般劳动市场上从事工作，以及；

2. 处于不能成功融入一般劳动市场时期的参保人，其在满足一般等待期前已经完全丧失劳动能力。

³在一般劳动市场的通常条件下能够每天工作至少六小时的人不属于劳动能力被减损的人；对此无须考虑各个劳动市场的具体情况。

⁴劳动能力减损前的五年期间被延长下列没有被保险的雇佣工作或者自雇工作的强制保费所覆盖的期间：

1. 视同缴费期间和领取劳动能力减损年金的期间；

2. 因育儿获得的福利期间；

3. 一些期间，如果在这些期间开始前的最后六个日历月中，至少有一次被保险的雇佣工作或者自雇工作的强制保费的缴纳或存在第 1 款或第 2 款规定的期间，那么这些期间就不会因为没有中断被保险的雇佣工作或者自雇工作而成为视同缴费期间。

4. 在年满 17 周岁以后至少七年的在学校受教育的期间，该期间由于学校教育而减少了视同缴费期间。

⁵如果基于某种事实情况的劳动能力减损导致一般等待期提前被满足，则对于被保险的雇佣工作或者自雇工作来说三年的强制保费缴纳期间不是必要的。

⁶在满足一般等待期前已经完全丧失劳动能力且自此处于持续丧失劳动能力状态的参保人，如果其已经满足了 20 年的等待期，则其对于完全劳动能力减损年金享有请求权。

第 44 条（已废止）

第 45 条 矿工年金

¹如果参保人在符合下列条件，则其在达到标准退休年龄前有权获得矿工年金：

1. 从事采矿业的职业能力被减损；

2. 在从事采矿业的劳动能力被减损前五年内满足了三年的矿工强制保费缴纳期限，且；

3. 在从事采矿业的劳动能力被减损前已经满足了矿工养老保险的一般等待期。

²参保人在符合下列情形时被认为从事采矿业的劳动能力被减损：

1. 不能从事其到目前为止一直从事的采矿业雇佣工作，且；

2. 不能从事经济上本质等值的、被具备类似教育以及等值知识和技能的人员从事的其他采矿业雇佣工作。

当时的就业形势不应当被考虑。从事第 1 款第 2 项意义上的在经济和质量方面等值的采矿业以外的雇佣工作或者自雇工作的参保人不被认为从事采矿业的劳动能力被减损。

³如果参保人符合下列条件，则其在达到标准退休年龄前对于矿工年金也享有请求权：

1. 年满 50 周岁；

2. 相较于其到目前为止一直从事的采矿业的雇佣工作，不再从事一份经济上等值的雇佣工作或者自雇工作，且；

3. 已经满足 25 年的等待期。

⁴第 43 条第 4 款和第 5 款须被适用。

第三目 由于死亡而被给付的年金

第 46 条 遗孀抚恤金与鳏夫抚恤金

¹未再婚的遗孀或鳏夫在被保险的配偶死亡后，如果参保配偶满足了一般等待期，则遗孀或鳏夫有权领取小额遗孀抚恤金或鳏夫抚恤金。该请求权最久存续至参保人死亡的月份经过后的 24 个日历月。

²未再婚的遗孀或鳏夫在被保险的配偶死亡后，如果被保险配偶满足了一般等待期，则遗孀或鳏夫在符合下列条件时，有权领取大额遗孀抚恤金或鳏夫抚恤金：

1. 抚养自己的孩子或者被保险配偶的孩子，该孩子尚未年满 18 周岁；

2. 年满 47 周岁，或者；

3. 劳动能力被减损。

下列人员也被视为亲生子女：

1. 被遗孀或鳏夫家庭收养的继子女和养子女（《社会法典》第一编第 56 条第 2 款第 1 项和第 2 项）；

2. 被遗孀或鳏夫家庭收养的或者主要由遗孀或鳏夫家庭抚养的孙子女和兄弟姐妹。

在家庭团体中被给予自己的或者参保配偶的因身体上、精神上或情感上的障碍而不能自力更生的子女的照料，在这些子女年满 18 周岁以后也与抚养等同视之。

[2a]如果婚姻持续不足一年，则遗孀或者鳏夫无权领取遗孀抚恤金或鳏夫抚恤金，除非依据个案的特殊情形，结婚的唯一或主要目的是获得对于遗属抚恤金的请求权这一推测不能被证成。

[2b]对于遗孀抚恤金或鳏夫抚恤金的请求权也从抚恤金分割被执行所在日历月起不存在（抚恤金自该日历月开始时被分割）。批准遗孀抚恤金或鳏夫抚恤金的年金发放决定的效力自该时刻起被废止；《社会法典》第十编第 24—48 条不适用。

[3]再婚的未亡配偶在符合第 1 款至第 2b 款规定的特殊条件时，如果新的婚姻被解除或者宣告无效，则其对小额或大额的遗孀抚恤金或鳏夫抚恤金享有请求权（倒数第二任配偶之后的遗孀抚恤金或鳏夫抚恤金）。

[4]对于遗孀抚恤金或鳏夫抚恤金请求权，建立同性生活伴侣关系也被视为结婚，同性生活伴侣关系也被视为婚姻，未亡的同性生活伴侣也被视为遗孀或鳏夫，且一方同性生活伴侣也被视为配偶。新的同性生活伴侣关系的废止或解除相当于新的婚姻的解除或无效。

第 47 条　育儿年金

[1]如果参保人符合下列条件，则其在达到标准退休年龄时对育儿年金享有请求权：

1. 在 1977 年 6 月 30 日后离婚且与其离异的配偶已经死亡；
2. 抚养自己的孩子或者已离异配偶的孩子（第 46 条第 2 款）；
3. 没有再婚，且；
4. 到离异配偶死亡为止满一般等待期。

[2]离异的配偶与婚姻被宣告无效或废止的配偶地位一样。

[3]如果年金分割被执行的丧偶配偶符合下列条件，则其在达到标准退休年龄前也享有对于育儿年金的请求权：

1. 抚养自己的孩子或者已故配偶的孩子（第 46 条第 2 款）；

2. 没有再婚，且；

3. 到配偶死亡为止满足一般等待期。

[4]对于育儿年金的请求权，同性生活伴侣关系的废止也被视为离婚，先前的同性生活伴侣也被视为离异的配偶，建立同性生活伴侣关系也被视为结婚，未亡的同性生活伴侣也被视为丧偶的配偶，且同性生活伴侣也被视为配偶。

第48条 孤儿抚恤金

[1]如果子女符合下列条件，则其在父母一方死亡后有权获得半额孤儿抚恤金：

1. 即便不考虑经济情况，其仍然有对其负有抚养义务的父亲或母亲，且；

2. 已故的父母一方满足了一般等待期。

[2]如果子女符合下列条件，则其在父母一方死亡后有权获得全额孤儿抚恤金：

1. 不考虑经济关系，其不再有对其负有抚养义务的父亲或母亲，且；

2. 已故的父母一方满足了一般等待期。

[3]下列人员也被视为亲生子女：

1. 被已故父母一方家庭收养的继子女和养子女（《社会法典》第1编第56条第2款第1项和第2项）；

2. 被已故父母一方家庭收养或者主要由已故父母一方家庭抚养的孙子女和兄弟姐妹。

[4]对于一半或全额孤儿抚恤金的请求权最长存在：

1. 至年满18周岁，或者；

2. 如果孤儿符合下列条件，则至年满27周岁：

a）处于学校教育或者职业教育阶段，或者；

b）处于最长四个日历月的过渡期阶段，该过渡期处于两个教育阶段之间，或者处于一个教育阶段和完成法定的服兵役或提供民事服役或完成字母c意义上志愿服务之间，或者；

c）提供《所得税法》第32条第4款第1句第2项字母d意义上的志愿服务，或者；

d）因身体、精神或心理残疾而无法自立。

只有当教育需要每周实际花费 20 小时以上的时间，才应认为存在第 1 句意义上的学校教育或职业教育。尽管存在疾病，教育关系仍继续存续且可以预计教育将继续开展的期间不被计入实际花费期间。这也适用于《孕产妇保护法》规定的保护期的存续。

[5]在第 4 款第 2 项字母 a 规定的情形下，对于孤儿抚恤金请求权具有决定性的年龄限制在学校教育或者职业教育由于法定的服兵役、民事服役或其他具有同等地位的服役而被中断或延迟的时候，被延长这些服务履行的期限，最长可被延长至法定的基本兵役或民事服役相应的期间。第 4 款第 2 项字母 c 意义上的志愿服务并非第 1 句意义上的其他具有同等地位的服役。

[6]对于孤儿抚恤金的请求权不因为孤儿被收养而终止。

第 49 条 失踪情形下的死亡抚恤金

配偶、离异配偶或父母失踪的，如果情况表明其死亡的可能性很大，且一年内没有收到其生活消息的，应视为死亡。年金保险承担者可要求权利人进行法定声明，除已报告的信息外，他们不知道有关失踪人员的任何信息。年金保险承担者有权为年金给付确定符合具体情况的推测的死亡日期。该日期对于在司法确定或登记一个相背离的死亡日期来说是决定性的。

第四目 满足等待期

第 50 条 等待期

[1]满足五年的一般等待期是获得下列年金的前提条件：

1. 标准养老金；
2. 劳动能力减损年金，和；
3. 由于死亡而被给付的年金。

对于获得下列养老金而言，一般等待期视为已经被满足：

1. 标准养老金，如果参保人在达到标准退休年龄前领取过劳动能力减损年金或育儿年金；

2. 遗属年金，如果已故的参保人在死亡前领取过年金。

²满足 20 年的等待期是参保人获得由于完全丧失劳动能力而被给付的年金的前提条件，该参保人在劳动能力完全丧失前尚未满足一般等待期。

³满足 25 年的等待期是获得下列年金的前提条件：

1. 对于常年在井下工作的矿工的养老金；
2. 矿工自 50 周岁起可领取的年金。

⁴满足 35 年的等待期是获得下列年金的前提条件：

1. 长年参保人的养老金，和；
2. 严重残疾人的养老金。

⁵满足 45 年的等待期是获得特别长年参保人养老金的前提条件。

第 51 条 可被计入的期间

¹缴纳保费的期间的日历月被计入一般等待期，并被计入 15 和 20 年的等待期。

²基于在井下持续工作的缴纳保费的期间的日历月被计入 25 年的等待期。第 52 条规定的日历月不被计入。

³所有年金法定期间的日历月都被计入 35 年的等待期。

³ª下列日历月被计入 45 年的等待期：

1. 被保险的雇佣工作或自雇工作的强制缴费的日历月。
2. 因育儿获得的福利期间的日历月。
3. a) 领取促进劳动的报酬替代给付的期间；

   b) 领取患病时给付的期间，和；

   c) 领取过渡津贴的期间；

但以这些日历月是义务缴纳保费的期间或视同缴费期间为限；对此字母 a 规定的期间在获取年金开始前的最后两年中不被考虑，除非领取促进劳动的收入替代给付以破产或者完全停业为条件。

4. 如果存在至少 18 年的第 1 项规定的期间，缴纳自愿保费的日历月；如果同时存在由于失业的视同缴费期间，对此自愿保费支付期间在开始领取年金前的最后两年中不被考虑。

通过供养补偿或年金分割被算出的日历月不被计算在内。

⁴替代期间的日历月（第五章）也被计入等待期；当且仅当替代期间

的日历月能够被归入矿工年金保险，其才被计入 25 年的等待期。

第 52 条　通过供养补偿、年金分割和迷你雇佣工作劳动报酬的收入指数附加值的方式满足等待期

[1]如果供养补偿在法定年金保险中单独为了参保人的利益被执行，则将被转移或被确定的年金期待权的收入指数除以数字 0.0313 后得出的全部月份数量均被计入等待期。如果供养补偿以既有利于参保人也同时给参保人造成负担的方式被执行且在结算后由此产生了收入指数的增长，则将增长的收入指数除以数字 0.0313 后得出的全部月份数量均被计入等待期。如果家事法院的裁决有效，则供养补偿被执行。如果离婚后改变价值调整的裁决被做出，则被有权进行价值调整的自然人满足的等待期不会失效。只有当属于婚姻或者同性生活伴侣关系存续期间的日历月还没有可以被计入等待期时，才可以进行计入。

[1a]如果已经进行了年金分割，则对于获得分割增量的配偶或者同性生活伴侣，分割增量的收入指数除以数字 0.0313 得出的月份数量的全部被计入等待期。只有当属于分割期间的日历月还没有可以被计入等待期的时候，才可以进行计入。

[2]如果雇员免于参加强制保险的迷你雇佣工作收入的收入指数的附加值被计算出来（对于该迷你雇佣工作，雇员的参保义务依据第 6 条第 1b 款被豁免），则收入指数的附加值除以数字 0.0313 得出的月份数量的全部被计入等待期。在已经被计入等待期的日历月中被执行的迷你雇佣工作收入指数的附加值不被考虑。属于婚姻存续期间、同性生活伴侣存续期间或者分割期间的迷你雇佣工作的日历月须在适用第 1 款或第 1a 款之前被单独计算。

第 53 条　提前满足等待期

[1]如果参保人符合下列条件，则一般等待期提前被满足：

1. 由于工伤或职业病；
2. 由于《军人供给法》规定的兵役损害，作为服兵役者或者现役军人；
3. 由于《民事服役法》规定的民事服役损害，作为民事服役提供者，

或者;

4. 由于被监禁 (《囚犯帮助法》第 1 条)。

劳动能力被减损或者死亡。第 1 句第 1 项仅适用于工伤或职业病发生时负有参保义务或者在此之前的两年内对于被保障的雇佣工作或自雇工作至少缴纳了一年强制保费的参保人。只有当参保人最后一次参与矿工年金保险是在采矿职业能力被减损之前,第 1 句和第 2 句才适用于矿工年金。

²如果参保人在完成教育后的七年内完全丧失劳动能力或者死亡,且在此之前的两年内对于被保障的雇佣工作或自雇工作至少缴纳了一年强制保费,则一般等待期也提前被满足。该两年的期间在参保人年满 17 周岁后延长不超过七年的学校教育的时间。

³如果符合下列条件,则第 1 款和第 2 款意义上的被保障的雇佣工作或自雇工作的强制保费也被缴纳;

1. 作为强制保费的自愿保费被缴纳,或者;

2. 强制保费基于第 3 条和第 4 条中被提及的理由被缴纳或者视为被缴纳,或者;

3. 由给付承担者分担的评价期的强制保费被缴纳。

第五目 年金法定期间

第 54 条 概念确定

¹年金法定期间是指;

1. a) 作为全额保费缴纳期间的保费缴纳期间;

b) 作为被减少的保费缴纳期间的保费缴纳期间;

2. 保费豁免期间,和;

3. 因育儿获得的福利期间。

²有保费缴纳且并非被减少的保费缴纳期间的日历月是全额保费缴纳期间。

³不仅有保费缴纳期间,而且有视同缴费期间、补算期间或者替代期间(第五章)的日历月是被减少的保费缴纳期间。有职业教育强制保费缴纳的日历月(职业教育期间)视为被减少的保费缴纳期间。

⁴有免于缴纳保费的视同缴费期间、补算期间或者替代期间的日历月

是保费豁免期间。

第55条　保费缴纳期间

[1]保费缴纳期间是指依据联邦法强制保费（强制缴纳保费期间）或者自愿保费须被缴纳的期间。强制保费缴纳期间也指强制保费依据特别规定被支付的期间。保险缴纳期间还包括因为同时存在因育儿获得的福利期间或者照顾多个孩子中有护理需求的孩子的期间，从而收入指数被计入的期间。

[2]如果对于年金的请求权以特定数量的对于被保障的雇佣工作或自雇工作的强制保费的缴纳为条件，则下列保费的缴纳也算作强制保费的缴纳：

1. 被视为强制保费的自愿保费，或者；
2. 强制保费，对于该强制保费基于第3条或第4条中提及的理由保费被缴纳或者视为被缴纳，或者；
3. 给付承担者共同承担的对于视同缴费期间的保费。

第56条　育儿期间

[1]育儿期间是指在子女出生后的三年内抚养该子女的期间。当符合下列条件时，对于父母一方，育儿期间被计入：

1. 抚养期间被计入父母一方；
2. 该抚养发生在德意志联邦共和国领域或者存在与此等同视之的事实，且；
3. 父母一方没有从计入中被排除出去。

[2]抚养期间可以被计入曾经抚养其子女的父母一方。如果父母双方曾共同抚养其子女，则抚养期间应当被计入其中一方。如果父母双方曾共同抚养子女，则其可以合意确定抚养期间被计入哪一方。可以只计入抚养期间的一部分。达成的合意可以面向将来的日历月生效。计入可以溯及至达成合意前的两个日历月，除非对于父母一方，考虑到该期间，一项给付被有拘束力地确定，供养补偿或者年金分割被执行。对于该合意表示的发出，《社会法典》第一编第16条关于提出申请的规定准用之。如果父母双方没有达成合意，则抚养期间计入主要抚养子女的一方。如果不存在主

要抚养子女的一方,则计入母亲一方,在同性父母的情形计入《民法典》第 1591 条或者第 1592 条规定的父母一方,或者当不存在这样的父母一方时,计入首先获得父母身份的一方。如果不能依据第 8 句和第 9 句进行计入,则抚养期间依据月份的更替在父母双方之间平均被计入,在第一个日历月计入年长的父母一方。

³如果抚养子女的父母与子女一起惯常居住在德意志联邦共和国境内,则认为子女是在德意志联邦共和国境内被抚养长大的。如果养育子女的父母与子女一起惯常居住在国外,并且在育儿期间或在子女出生前不久因在国外从事雇佣工作或自雇工作而满足了强制保费缴纳期间,则子女同样被视为在德意志联邦共和国被抚养长大。这也适用于夫妻或同性生活伴侣共同在国外居住的情形,如果扶养子女一方的配偶或同性生活伴侣满足了强制缴纳保费期间,或者只因为其属于第 5 条第 1 款和第 4 款提及的人员或者被豁免参保义务而不满足义务保费缴纳期间。

⁴如果父母双方符合下列条件,则排除对其的计入:

1. 在抚养期间或者在子女出生前不久曾在德意志联邦共和国从事雇佣工作或自雇工作,该雇佣工作或自雇工作基于:

a) 在特定期间被派往德意志联邦共和国(《社会法典》第四编第 5 条),或者;

b) 超国家或国家间的法律规则或者为国际组织的工作人员制定的规则(《社会法典》第四编第 6 条);

而不被有关参保义务的规定所调整。

2. 在抚养期间属于第 5 条第 4 款中提及的人员,或者;

3. 在抚养期间曾获得对基于抚养的养老供给的期待权,如果该期待权依据对其有效的特别供给规则被像本编规定的抚养子女那样被同样系统地加以考虑;公务员法的规定或者基本原则,或者相应教会法的规则规定的供给被视为在此意义上系统地类似地相当。

⁵育儿期间在出生所在月份经过后开始并结束于 36 个日历月以后。如果在该期间扶养子女的父母一方又抚养了一个其他的子女,并因此相应的育儿期间应当被计入扶养子女的父母一方,则对于该子女和每个其他子女的育儿期间被相应延长同时抚养两个子女的日历月的长度。

第57条 因育儿获得的福利期间

父母一方的因育儿获得的福利期间是指抚养子女至其年满10周岁的期间，但以在此期间也满足对育儿期间进行计入的前提条件为限。这只适用于比迷你工作规模更大的自雇工作的期间，只要这些期间也是强制缴纳保费期间。

第58条 视同缴费期间

[1]视同缴费期间是指这样的期间，在该期间内参保人：

1. 由于疾病而丧失劳动能力，或者获得医疗康复或重新参加劳动生活的给付；

1a. 在年满17周岁以后且年满25周岁以前至少患病一个月，但以该期间没有被其他年金法定期间覆盖为限；

2. 由于怀孕或者生育在《孕产妇保护法》规定的保护期内没有执行被保险的雇佣工作或者自雇工作；

3. 由于失业在德国劳动局或者《社会法典》第二编第6a条规定的经批准的乡镇承担者那里被申报为寻找工作者且领取了公法上的给付，或者只因为须被考虑的收入或财产而没有领取公法上的给付；

3a. 在年满17周岁以后在德国劳动局或者《社会法典》第二编第6a条规定的经批准的乡镇承担者那里被申报为寻找工作者，但以该期间没有被其他年金法定期间覆盖为限；

4. 在年满17周岁以后上中小学、专科学校或大学，或者参加了职业促进法意义上的职业准备培训措施（学校教育期间），但总计不超过八年，或者；

5. 领取了年金，但以该期间在年金中也被作为计入期间以及在开始领取该年金前的计入期间被考虑为限；

6. 在2010年12月31日后领取失业津贴Ⅱ；这不适用于下列给付接受者：

a) 以贷款的方式领取失业津贴Ⅱ，或者；

b) 只领取《社会法典》第二编第24条第3款第1句规定的给付。

参保人在年满25周岁后由于领取社会给付而负有参保义务的期间，

不是第1句第1款和第3款规定的视同缴费期间。在年满25周岁以后，由于领取失业津贴Ⅱ，视同缴费期间排除由于失业的视同缴费期间。

[2]只有当通过第1款第1句第1项和第2—3a项规定的视同缴费期间，被保险的雇佣工作或自雇工作，被保险的兵役或民事服役，或《国外受伤部署人员复原法》第6条规定的特殊种类的被保险的服兵役关系被中断时，第1款第1句第1项和第2—3a项规定的视同缴费期间才存在；这不适用于在年满17周岁后或者在年满25周岁前的期间。只有当自雇工作没有参保人的协作就不能被进一步执行时，自雇工作才可以被中断。

[3]依据第4条第3款第1句第2项可能负有参保义务的参保人由于丧失劳动能力，或者执行医疗康复或参与劳动生活的给付而获得的计入期间，只有在由于提出申请而被确立的参保义务期间经过后才存在。

[4]对于失业津贴或过渡津贴的领取者不存在视同缴费期间，如果联邦劳动局为其向保险机构或供给机构，向保险企业或向其自身缴纳了保费。

[4a]除被保险的雇佣工作或自雇工作以外，只有当学校教育的时间花费在考虑到雇佣工作或自雇工作的持续时间的情形下占主要部分时，学校教育的期间才是视同缴费期间。

[5]养老金给付的期间不计入视同缴费期间。

脚注
（+++ 第58条第1款第3句的适用参见第309条第3款 +++）

第59条　补算期间

[1]补算期间是指当参保人尚未年满67周岁时，被增加的领取劳动能力减损年金或由于死亡而被给付的年金的期间。

[2]补算期间自下列时点开始：

1. 在劳动能力减损年金的情形下自出现对此具有决定性的劳动能力减损；

2. 在由于完全丧失劳动能力（在满足20年的等待期后才获得请求权）而被给付年金的情形下自可以开始领取年金时；

3. 在遗孀抚恤金、鳏夫抚恤金或者孤儿抚恤金的情形自参保人死亡时；

4. 在育儿年金的情形自开始领取年金时。

补算期间自年满 67 周岁时终止。

[3]如果已故的参保人曾经领取过养老金，则随后的遗属抚恤金不计入补算期间。

第 60 条　矿工年金保险的免于缴费期间的归入

[1]视同缴费期间和补算期间被归入矿工年金保险中，如果在这些期间之前矿工年金保险的最后一次强制保费被缴纳。

[2]学校教育的视同缴费期间也被归入矿工年金保险，如果保险期间在该期间中或在该期间后开始且第一次矿工年金保险的强制保费被缴纳。

第 61 条　持续的井下工作

[1]持续的井下工作是指在 1967 年 12 月 31 日后依据其性质只能在井下被执行的工作。

[2]下列工作视同持续的井下工作：

1. 依据参保人的活动范围，不仅在井下而且在井上进行的工作，如果参保人在一个日历月内至少有 18 次轮班主要是在井下从事工作；在一个日历月中由于与工作日重合的节假日而被取消的轮班，视为主要在井下进行的轮班。

2. 除了作为设备维护员，作为被派往井下的矿难救援队成员期间的工作。

3. 作为企业工会成员进行的工作，如果参保人曾经从事过持续的井下工作或者第 1 项或者第 2 项规定的视同持续的井下工作的其他工作，且在此之后由于企业工会的工作被免于从事前述工作。

[3]在一个日历月中由于下列原因而被取消的轮班也被视为主要在井下从事的轮班：

1. 疾病导致丧失劳动能力；

2. 被支付报酬的休假；

3. 要求医疗康复给付或者参与劳动生活或预防治疗的给付。

如果在该日历月中，由于持续的井下工作或者视同持续的井下工作的其他工作而被支付报酬，且参保人在此前的三个日历月中至少从事一个日历月的持续的井下工作或者视同持续的井下工作的其他工作。

第 62 条 年金法定期间的损害赔偿

由于劳动能力被减损而产生的损害赔偿请求权不因为考虑年金法定期间而被排除或减少数额。

第三分节 年金数额与年金调整

第一目 基本原则

第 63 条 基本原则

[1]年金数额主要取决于在保险期间通过缴纳保费被保险的劳动报酬和自雇收入的数额。

[2]在每个日历年通过缴纳保费被保险的劳动报酬和自雇收入被折算为收入指数。被保障的劳动报酬或者自雇收入达到一个日历年的平均收入（附录1）时可获得一个完整的收入指数。

[3]对于保费豁免期间，收入指数以取决于在剩余期间中被保障的劳动报酬或自雇收入的数额被计入。

[4]相对于养老金，各类年金的保障目标由年金类型系数决定。

[5]通过准入系数，避免了不同养老金领取期的利弊。

[6]每个月的年金数额的计算方法是将考虑到准入系数所确定的个人收入指数乘以年金类型系数和当前年金价值后得出。

[7]当前年金价值根据平均收入的发展每年被调整，同时考虑到普通年金保险保险费率的变化。

第二目 年金的计算和调整

第 64 条 年金月度数额的计算公式

年金月度数额通过将下列数额相乘后再乘以开始领取年金时其数额计算得出：

1. 考虑准入系数计算出的个人收入指数；
2. 年金类型系数，和；
3. 当前年金价值。

第 65 条 年金的调整

年金于每年的 7 月 1 日通过以新的当前年金价值替代之前的当前年金价值的方式被调整。

第 66 条 个人收入指数

[1]计算年金月度数额的个人收入指数以下列期间或附加值、扣除值的所有收入指数的总数乘以准入系数，且在遗孀抚恤金和鳏夫抚恤金以及孤儿抚恤金的场合提升相应附加值的数额的方式被计算：

1. 保费缴纳期间；
2. 免于缴费的期间；
3. 保费削减期间的附加值；
4. 来自被执行的供养补偿或年金分割的附加值或扣除值；
5. 来自支付提前领取的养老金或者来自在供养补偿保险公司对企业老年供给期待权或权利补偿时保费缴纳的附加值；
6. 迷你雇佣工作收入指数的附加值；
7. 来自依据《社会法典》第四编第 23b 条第 2 款第 1—4 句被废止的价值余额的劳动报酬；
8. 来自开始领取养老金后的保费的收入指数附加值；
9. 特殊的国外派遣期间的收入指数附加值，和；
10. 参与补充保险的临时服役士兵的收入指数附加值。

[2]下列收入指数是计算个人收入指数的基础：

1. 养老金和劳动能力减损年金参保人的收入指数，以及育儿年金参保人的收入指数；
2. 遗孀抚恤金、鳏夫抚恤金和丧父或丧母儿童的抚恤金的已故参保人的收入指数；
3. 孤儿抚恤金情形下两名已故参保人的最高抚恤金。

[3]在选择的是独立于额外收入的部分年金的情形下（第 42 条第 2 款），

被请求的收入指数根据部分年金与全额年金的比例,从所有收入指数的总和中计算。在依赖于额外收入的部分年金(第 34 条第 3 款)的情形下,各个被请求的收入指数从计入额外收入后年金月度数额中通过逆算法的方式进行计算,在计算的时候要考虑具有决定性的当前年金价值、年金类型系数和各个准入系数。

[3a]来自开始领取养老金后所缴纳保费的收入指数之附加值,在达到标准退休年龄的日历月月底被计算,然后于每年的 7 月 1 日被计算。前一个日历年确定的附加值对于 7 月 1 日的年度计算具有决定性的意义。

[4]在由于劳动能力被减损只需部分给付年金的情形,各个被请求的收入指数从计入额外收入后年金月度数额中通过逆算法的方式进行计算,在计算的时候要考虑具有决定性的当前年金价值、年金类型系数和各个准入系数。

第 67 条 年金类型系数

个人收入指数的年金类型系数根据不同的年金类型分别为

1. 养老金 1.0
2. 部分劳动能力减损年金 0.5
3. 完全劳动能力减损年金 1.0
4. 育儿年金 1.0
5. 直到配偶死亡的月份结束后的第三个日历月结束为止的小额遗孀抚恤金和小额鳏夫抚恤金 1.0
   在此之后 0.25
6. 直到配偶死亡的月份结束后的第三个日历月结束为止的大额遗孀抚恤金和大额鳏夫抚恤金 1.0
   在此之后 0.55
7. 半额孤儿抚恤金 0.1
8. 全额孤儿抚恤金 0.2

第 68 条 当前年金价值

[1]当前年金价值是指如果基于平均收入被支付了一个日历年的保费,则符合普通年金保险月度养老金数额的金额。2005 年 6 月 30 日的当前年

金价值为 26.13 欧元。其于每年的 7 月 1 日通过将先前的当前年金价值乘以下列数额变化的系数后被调整：

1. 每个雇员的毛收入；
2. 普通年金保险的保险费率，和；
3. 可持续发展系数。

[2]每个劳动者的毛收入是指通过联邦统计局查明的每个劳动者的毛收入，这些劳动者不包括依据国民经济总核算系统获得补偿额外支出之工作机会的人员。每个劳动者的毛收入变化的系数通过前一个日历年的数值除以上一个日历年的数值得出。对此，前一个日历年的数值根据法定年金保险的收入的发展情况被相应调整，该调整通过将前一个日历年的数值乘以前一个日历年每个劳动者的毛收入的变化与往前数第三个日历年每个劳动者的毛收入的变化的比值，和德国联邦年金保险公司的参保人统计得出的强制保费的每个劳动者（除去包括在前一个日历年里领取过失业津贴的公务员在内的公务员）的毛收入平均数额的变化与往前数第三个日历年的该变化的比值后得出。

[3]从普通年金保险费率的变化得出的系数通过下列方式被计算：

1. 从 100% 与 2012 年老年供给份额之间的差额中减去上一个日历年的普通年金保险的平均保险费率，
2. 从 100% 与 2012 年老年供给份额之间的差额中减去前一个日历年的普通年金保险的平均保险费率，

并且随后将依据第 1 项计算得出的数值除以依据第 2 项计算得出的数值。2012 年的老年供给份额是指在本编第五章中确定的 2012 年的老年供给份额。

[4]可持续发展系数的确定方法是，将上一个日历年与前一个日历年相比年金领取者比率的变化乘以 1 加参数 α，再加上数值 1。年金领取者比率通过等值年金领取者的数量除以等值保费缴纳者的数量得出。等值年金领取者的数量通过精确确定的、来自达到 1000 欧元计算结果的年金领取者总数减去被补偿的一个日历年的年金和年金份额的花费，再除以该日历年的来自 45 个收入指数的普通年金保险的标准养老金数额。等值保费缴纳者的数额通过精确确定的、来自达到 1000 欧元计算结果的普通年金保险中负有参保义务的所有雇员、迷你雇员（《社会法典》第四编第 8

条）和一个日历年的失业津贴领取者缴纳的保费总额除以分摊到附件1规定的平均收入的该日历年的普通年金保险保费数额后得出。等值年金领取者和等值保费缴纳者的各自数额须计算至1000人。参数α的数值为0.25。

⁵第1—4款规定的代替之前的当前年金价值的被确定的新的当前年金价值根据下列公式被计算：

$$ARt = ARt-1 \times \frac{BE(tief)t-1}{BE(tief)t-2} \times \frac{100-AVA(tief)2012-((RQ(tief)t-1))}{100-AVA(tief)2012-((RQ(tief)t-2))} \times \left(\left(1-\frac{RVB(tief)t-1}{RVB(tief)t-2}\right) \times \alpha + 1\right)$$

对此：

AR（tief）t＝自7月1日起被确定的当前年金价值，

AR（tief）t-1＝之前的当前年金价值，

BE（tief）t-1＝上一个日历年每个劳动者的毛收入，

BE（tief）t-2＝前一个日历年每个劳动者的毛收入，考虑到每个劳动者（除去包括领取过失业津贴的公务员在内的公务员）负有缴纳保费义务的的毛收入数额的变化，

AVA（tief）t-1＝2012年的养老金供给份额（为4%），

RVB（tief）t-1＝上一个日历年的普通年金保险的平均保险费率，

RVB（tief）t-2＝前一个日历年的普通年金保险的平均保险费率，

RQ（tief）t-1＝上一个日历年的年金份额，

RQ（tief）t-2＝前一个日历年的年金份额。

⁶（已废止）

⁷在确定新的当前年金价值时，在该日历年开始时被提供给联邦统计局的上一个日历年和前一个日历年的数据被作为计算第2款第2句规定的每个劳动者的毛收入的基础。在计算第2款第3句规定的系数时，在确定之前的当前年金价值时被使用的每个劳动者的毛收入的数据被作为前一个日历年和往前数第三个日历年每个劳动者的毛收入数额变化的基础。德国联邦年金保险公司从参保人统计中获得的数据被用于确定第2款第3句规定的每个劳动者（除去包括领取过失业津贴的公务员在内的公务员）负

有缴纳保费义务的毛收入。就此，在该日历年开始时存在的每个劳动者（除去包括领取过失业津贴的公务员在内的公务员）负有缴纳保费义务的毛收入数额的数据作为前一个日历年的基础，在确定先前的当前年金价值时被使用的每个劳动者（除去包括领取过失业津贴的公务员在内的公务员）负有缴纳保费义务的毛收入数额的数据被作为往前数第三个日历年的基础。在计算上一个日历年的年金领取者比率时，德国联邦年金保险公司在该日历年的第一个季度所获得的数据作为上一个日历年的基础，在确定先前的当前年金价值时被使用的数据作为前一个日历年的基础。

第68a条　保护条款

[1]如果依据第68条计算出的当前年金价值低于先前的当前年金价值，则先前的当前年金价值偏离第68条的规定而不能减少。未发生的减少效力（补偿需求）通过提高当前年金价值而被抵销。该抵销不得导致先前的当前年金价值减少。

[2]在第1款第1句被适用的年份里，补偿需求通过将依据第68条计算出的当前年金价值除以先前的当前年金价值后得出（补偿系数）。补偿需求的数值通过将去年确定的数值乘以当年的补偿系数后被更改。

[3]如果依据第68条计算出的当前年金价值高于先前的当前年金价值，且去年确定的补偿需求的数值低于1.0000，则新的当前年金价值偏离第68条的规定通过将先前的当前年金价值乘以调整系数的1/2后得出。调整系数的1/2通过将依据第68条计算出的当前年金价值除以之前的当前年金价值（调整系数），再将该调整数值减去1，除以2并加上1后得出。补偿需求的数值通过将去年确定的数值乘以调整系数的1/2后被改变。如果补偿需求在适用第3句后超过数值1.0000，则先前的当前年金价值偏离第1句的规定乘以相应的系数后得出，该相应的系数通过将调整系数乘以去年确定的补偿需求的数值得出；然后补偿需求的数值为1.0000。

[4]如果既不适用第1款，也不适用第3款，则补偿需求的数值保持不变。

第69条　行政立法授权

[1]联邦政府须通过法规性命令，经联邦议会同意后于每年的7月1日

确定标准的当前年金价值，并于每年的 6 月 30 日确定补偿需求。

[2]联邦政府须通过法规性命令，经联邦议会同意后于每年年底确定下列事项：

1. 根据每个劳动者的毛收入数额的发展情况四舍五入至整欧元，确定附件 1 中上一个日历年的平均收入（第 68 条第 2 款第 1 句）；

2. 确定接下来一个日历年四舍五入至整欧元的暂时的平均收入，该暂时的平均收入通过将上一个日历年的平均收入改变百分比的两倍得出，上一个日历年的平均收入相较于前一个日历年的平均收入改变了该百分比。该确定应当在每年的 12 月 31 日前被做出。

第三目　个人收入指数的计算

第 70 条　保费缴纳期间的收入指数

[1]保费缴纳期间的收入指数通过将保费计算基准除以该日历年的平均收入（附件 1）得出。开始领取年金的日历年和在此之前的一个日历年的平均收入以为了这些日历年而临时确定的数额为计算基础。

[1a]偏离第 1 款第 1 句，过渡地区（《社会法典》第四编第 20 条第 2 款）就业的保费缴纳期间的收入指数以 2019 年 7 月 1 日起的劳动报酬为基础被计算。

[2]育儿期间每个日历月获得 0.0833 个收入指数（育儿期间的收入指数）。育儿期间的收入指数也可以是对于育儿期间与其他保费缴纳期间一起被计算的收入指数，该计算的方法是将其他保费缴纳期间的收入指数提高 0.0833，最高收入指数不超过附件 2b 规定的各个最高数值。

[3]额外的收入指数从依据《社会法典》第四编第 23b 条第 2 款第 1—4 句被废止的价值余额的收入指数中计算得出，计算的方式是将该劳动报酬除以劳动报酬所属的日历年暂时的平均收入（附件 1）。以此种方式计算出的收入指数视为 1991 年 12 月 31 日后全额强制保费缴纳期间的收入指数。

[3a]如果年金法定期间至少有 25 年，则 1991 年以后存在的日历月的收入指数，与抚育儿童的因育儿获得的福利期间或者与和收入不相符的对于有护理必要的儿童的护理期间（直至该儿童年满 18 周岁）的收入指数一

起被额外计算或者计入贷方。每个日历月这些收入指数：

a) 与强制保费一起占到对此计算出的收入指数的一半，额外收入指数最高为 0.0278；

b) 在该日历月中，对于参保人来说，对于一个儿童的抚育儿童的因育儿获得的福利期间或者护理有护理必要的儿童的期间和对于另一个儿童的该相应期间重合时，扣除字母 a 规定的额外收入指数的数值，计入贷方的收入指数为 0.0278。

额外计算的和计入贷方的收入指数的总数与保费缴纳期间和抚育儿童期间计算出的收入指数合计最高不超过 0.0833。

[4]如果对于养老金，开始领取养老金之前剩余期间的预期强制保费收入被年金保险承担者计算出来（第194条第1款第6句，第2款第2句），则该年金的收入指数须以与保费计算基准相同的方式被确定。如果实际获得的强制保费收入偏离年金保险承担者计算出的预期的强制保费收入，则对于该年金其不被考虑。在过渡地区（《社会法典》第四编第20条第2款）就业的情形，自2019年7月1日起，预期的劳动报酬替代第1句规定的预期的强制保费收入，且实际获得劳动报酬替代第2句规定的实际获得的强制保费收入。

[5]对于以第四章有关补充支付的规定为基础的缴纳保费的期间，收入指数通过将保费计算基准除以保费被缴纳所在年度的平均收入计算得出。

第71条　保费减免期间的收入指数（整体给付估值）

[1]保费豁免期间收入指数的平均值从可覆盖期间保费的整体给付中计算得出。就此，其从所有保费的基本估值或者从完全全额保费的比较估值中得出较高的平均数值。

[2]对于保费较少期间，收入指数被提高至少这些时期各自作为疾病和失业、学校教育、职业教育或者其他免于缴纳保费的视同缴费期间所具有的附加值数值。这些额外收入指数被平均计入有保费减免期间的各日历月。

[3]对于整体给付估值，下列收入指数被计入每个日历月：

1. 因育儿获得的福利期间的收入指数，这些收入指数在这些日历月是抚育儿童期间时得出；

2. 当这些日历月中存在职业教育期间时，以 0.0833 的收入指数为基础，且这些日历月以此为限不被作为保费减少期间而被考虑。

在适用第 1 句第 2 项时，被保险的雇佣工作或自雇工作期间的须缴纳保费的前 36 个日历月在参保人年满 25 周岁前始终被视为职业教育期间。如果依据第 70 条第 3a 款收入指数被额外计算或者计入贷方，则因育儿获得的福利期间所在的日历月的收入指数不被计入。第 1 句第 2 项不适用于第 1 句第 1 项规定的收入指数已经被计入的职业教育期间所在的日历月。

[4]如果保费豁免期间与供给情形基于下列法律关系有权获得公务员养老金或者在供给情形开始时被承认为有权获得公务员养老金的期间重合，则在整体给付估值的情形保费豁免期间不被考虑：

1. 公法上的服务关系，或者；

2. 依据公务员法的规则或原则或依据相应的教会法规则，对于供给享有请求权的劳动关系。

第 72 条 基本估值

[1]在进行基本估值时，对于每个日历月，收入指数以保费缴纳期间和因育儿获得的福利期间的收入指数总数除以可覆盖月份的总数后得出的数额作为估值基础。

[2]可覆盖的总期间包括自年满 17 周岁至下列时点的期间：

1. 在养老金的情形、完全劳动能力减损年金的情形（满足了 20 年的等待期后才享有请求权）或者在育儿年金的情形，直至开始领取计算出的年金前的日历月；

2. 在劳动能力减损年金的情形，直至劳动能力开始出现决定性的减损；

3. 在遗属抚恤金的情形，直至参保人死亡。

可覆盖的总期间被延长参保人年满 17 周岁前包含年金法定期间的日历月。

[3]不可覆盖的日历月是包含下列期间的日历月：

1. 并非因育儿获得的福利期间的保费豁免期间，和；

2. 并非保费缴纳期间或者因育儿获得的福利期间的领取来源于本人保险的年金的期间。

第 73 条 比较估值

在比较估值时，每个日历月的收入指数以基础估值的收入指数总额去除下列期间的收入指数后除以可覆盖月份的总数得到的数值被作为基础：

1. 保费减少期间；

2. 因育儿获得的福利期间，该期间同时也是保费豁免期间，和；

3. 保费缴纳期间或者因育儿获得的福利期间，在该期间内来源于本人保险的年金被领取。

在劳动能力减损年金的情形下，如果由此比较估值得出了一个更高的数值，对此具有决定性的劳动能力减损发生前四年的收入指数不被考虑。就此，在比较估值的情形下未被考虑到的有收入指数的日历月从来自基本估值的可覆盖月份中扣除。

第 74 条 被限制的整体给付估值

对于每个包含职业教育期间、技术学校教育期间或者参与职业准备的教育措施的期间的日历月，由整体给付估值得出的数值被限制在 75% 以内。该被限制的整体给付估值每个日历月不能超过 0.0625 个收入指数。职业教育期间、技术学校教育期间或者参与职业准备的教育措施的期间最多被评估为三年，优先考虑免于缴纳保费的技术学校教育期间或者参与职业准备的教育措施的期间。中学或者大学教育期间，以及只是由于下列原因而属于视同缴费期间的日历月不被估值：

1. 在 1978 年 7 月 30 日后存在失业的情况，由于该失业没有被给付失业津贴或者失业津贴Ⅱ，或者失业津贴Ⅱ仅以贷款的方式被支付，或者仅被提供《社会法典》第二编第 24 条第 3 款第 1 句规定的给付；

1a. 领取过失业津贴Ⅱ；

2. 在 1983 年 12 月 31 日后患有疾病且没有支付保费；

3. 提交过教育搜寻。

脚注
(+++ 第 74 条第 3 句的适用参见第 309 条第 3 款 +++)

第 75 条 开始领取年金后各期间的收入指数

[1]对于开始领取预计年金的时期,只有补算期间和开始领取养老金后来自保费收入指数附加值的收入指数被计算。

[2]在劳动能力减损年金的情形,对于下列期间或者保费,收入指数不被计算:

1. 在对此具有决定性的劳动能力减损出现后存在的保费缴纳期间和视同缴费期间;

2. 在对此具有决定性的劳动能力减损出现后被支付的自愿缴纳的保费。

这不适用于:

1. 由于完全丧失劳动能力而被给付的年金,参保人在满足了 20 年的等待期后才对之享有请求权;

2. 第 1 句第 2 项规定的自愿缴纳的保费,如果在保费缴纳程序或者有关年金请求权的程序期间劳动能力被减损。

[3]对于由于完全丧失劳动力而被给付的年金,保费缴纳期间和视同缴费期间的收入指数经申请也在劳动能力完全丧失后被计算,如果保费缴纳期间满 20 年。

[4]对于养老金也存在对于《社会法典》第十编第 119 条规定的强制保费收入指数进行计算的请求权,如果该强制保费在开始领取基于损害事件的年金后、领取养老金前被支付;第 34 条第 4 款第 3 项不适用。

第 76 条 供养补偿情形的附加值或扣除值

[1]有利于或者不利于参保人的被执行的供养补偿通过附加值或扣除值而被考虑。

[2]转移或建立有利于参保人的年金期待权导致产生收入指数的附加值。下列情形视为建立年金期待权:

1. 被减损的年金期待权得到补充(第 187 条第 1 款第 1 项);

2. 供给获得的减少得以避免,如果之后进行补充保险(第 183 条第 1 款)。

[3]以牺牲参保人的利益为代价的年金期待权移转会导致收入指数的

减少。

⁴收入指数计算的方法是将基于年金期待权获得的月年金数额除以当前年金价值和婚姻或者同性生活伴侣期间结束时的当前年金价值。通过《供养补偿法》第 14 条规定的外部部门进行论证的收入指数以下列方式被计算，即将由《家庭事务和自愿管辖事项诉讼法》第 222 条第 3 款规定的家事法院在自愿管辖事务中确定的本金数额乘以对于婚姻结束时供养补偿框架内收入指数计算起决定作用的换算系数。在婚姻或者同性生活伴侣期间结束时，供养补偿不是《家庭事务和自愿管辖事项诉讼法》第 137 条第 2 款第 1 句第 1 项意义上的且为自愿管辖事项中的必然事项，或者在修改程序中，在执行或者修改供养补偿的申请到达家事法院时，重新开启供养补偿的程序。如果根据家庭法院的判决，应收取本金之利息，则应当依据家事法院的判决计算利息至第 2 句和第 3 句中提到的换算时点。

⁵来自缴纳获得年金期待权或者补充被减损的年金期待权的保费而产生的收入指数的附加值，只有在保费于被自愿缴纳的保费的收入指数被计算出来的时点之前被支付，才会发生。

⁶附加值均摊至婚姻或者同性生活伴侣期间的日历月，扣除被均摊至有缴纳保费期间和免于缴纳保费期间的婚姻或者同性生活伴侣期间的日历月。

⁷如果年金须被加上被执行的供养补偿的附加值，或者依照被执行的供养补偿的扣除被减少，则其应当以迄今为止以年金为基础的收入指数为计算基准。

第 76a 条　来自在供养补偿保险公司对企业老年供给期待权或权利补偿时的保费缴纳的收入指数附加值

¹在提前领取养老金的情形，来自保费缴纳的收入指数以下列方式进行计算，将被缴纳的保费乘以对于缴纳的时点具有决定性的、在供养补偿框架内为了查明收入指数的换算系数后得出。

²在对企业老年供给的期待权进行补偿或对供给平衡基金的权利进行救济的场合，来自保费缴纳的收入指数以下列方式被计算，将来自补偿金额的被支付的保费乘以对于缴纳的时点具有决定性的、在供养补偿框架内为了查明收入指数的换算系数后得出。

[3] 只有当这些保费在自愿缴纳的保费的收入指数须被计算出来的期间届满的时点前被支付,来自缴纳这些保费的附加值才会发生。

第 76b 条　迷你雇佣工作报酬的收入指数附加值

[1] 对于迷你雇佣工作的劳动报酬,收入指数的附加值被计算,对于该迷你雇佣工作,第 6 条第 1b 款规定的雇员被免除参保义务,且对于该劳动报酬,雇主承担了一定份额的保费。

[2] 收入指数的附加值以下列方式被计算,当雇佣工作被免除参保义务时免于缴纳保费的劳动报酬除以该日历年的平均收入(附件 1),并乘以雇主支付的保费份额和(当须从劳动报酬中缴纳保费时须缴纳的)保费的商后得出。对于开始领取年金的日历年和在此之前的一个日历年,为该日历年而暂时确定的金额被作为平均收入的基础。

[3] 对于收入指数的附加值,第 75 条和第 124 条准用之。

[4] 第 1 款不适用于由于下列原因而免于参保的雇员:

1. 达到标准退休年龄后领取全额养老金;
2. 领取供给;
3. 达到标准退休年龄,或者;
4. 保费退还。

第 76c 条　年金分割情形的附加值或扣除值

[1] 被执行的年金分割以对收入指数收取附加值或者扣除值的方式计入参保人。

[2] 来自被执行的年金分割的收入指数附加值被均匀分摊至分割期间的日历月,扣除值被均匀分摊至分割期间包含保费缴纳期间和免于缴费期间的日历月。

[3] 如果年金被改变相当于来自被执行的年金分割的附加值或扣除值的数额,则应以迄今为止作为年金基础的收入指数的总数为基数。

第 76d 条　来自开始领取养老金后的保费的收入指数附加值

计算保费缴纳期间收入指数的规则或者计算迷你雇佣工作收入指数附加值的规则准用于计算来自开始领取养老金后的保费的收入指数附加值。

第 76e 条　特殊国外派遣期间的收入指数附加值

[1]对于自 2011 年 12 月 13 日起《军人供给法》第 63c 条第 1 款或者《公务员供给法》第 31a 条第 1 款规定的特殊国外派遣期间，收入指数附加值被计算，如果在该期间内存在强制保费缴纳期间且在 2002 年 11 月 30 日以后存在一共至少 180 天的特殊国外派遣期间，这些国外派遣期间各自不间断地持续至少 30 天。

[2]特殊国外派遣的每个日历月的收入指数附加值为 0.18 个收入指数，如果这些期间各自不间断地持续至少 30 天；相应的份额被作为每个部分期间的基础。

第 76f 条　临时服役的补充参保士兵的收入指数附加值

计算保费缴纳期间收入指数的规则准用于计算临时服役的补充参保士兵的须从中缴纳保费的收入对应保费的收入指数附加值，该保费超过了保费计算上限的数额。

第 77 条　准入系数

[1]准入系数取决于开始领取年金时或者死亡时参保人的年龄，且准入系数决定了在多大范围内，计算月年金数额的情形收入指数被作为个人收入指数而考虑。

[2]对于尚未成为个人年金收入指数基础的收入指数，在下列情形，准入系数分别为：

1. 对于养老金（该养老金自达到标准退休年龄的日历月或者达到对于参保人来说具有决定性的较低的退休年龄的日历月经过后开始计算），为 1.0。

2. 对于养老金：

a) 如果养老金被提前领取，则在 1.0 的基础上每个日历月下降 0.003，且；

b) 如果在参保人达到标准退休年龄后，尽管满足了等待期，但养老金没有被领取，则在 1.0 的基础上每个日历月增加 0.005。

3. 对于劳动能力减损年金或者育儿年金，每个日历月（对于该日历月，在年满 65 周岁的日历月经过前年金被领取）在 1.0 的基础上下降 0.003。

4. 对于遗属抚恤金，对于每个日历月：

a）自参保人死亡所在的日历月经过到参保人年满 65 周岁的日历月经过为止，在 1.0 的基础上下降 0.003，且；

b）如果参保人尽管满足了等待期，但在达到标准退休年龄后仍未领取养老金，则在 1.0 的基础上增加 0.005。

如果劳动能力减损年金或者育儿年金在参保人年满 62 周岁前开始被领取，或者对于遗属抚恤金，参保人在年满 62 周岁前去世，则年满 62 周岁对于确定准入系数具有决定性意义。参保人在年满 62 周岁前领取年金的期间不被视为提前领取年金的期间。对于计算开始领取养老金后的保费收入指数的附加值之准入系数，第 66 条第 3a 款第 1 句规定的已经将附加值考虑在内的时点与开始领取和提前或迟延领取养老金具有同等地位。

[3]对于已经成为早期年金的个人收入指数基础的收入指数，早期准入系数具有决定性。这不适用于作为部分丧失劳动能力而被给付的年金之基础的收入指数的一半。参保人在下列情形下，对于收入指数，准入系数每个月被提高至相应数值：

1. 如果参保人不再提前获得该收入指数，则准入系数每个日历月提高 0.003，或者；

2. 在劳动能力减损年金或者育儿年金的情形，在参保人年满 62 周岁的日历月经过后直至其年满 65 周岁的日历月结束为止，如果准入系数低于 1.0，且其没有获得该收入指数，则准入系数每个日历月提高 0.003；

3. 在达到标准退休年龄后被给付年金的情形下，如果没有获得该收入指数，则每个日历月提高 0.005。

[4]在劳动能力减损年金和遗属抚恤金的情形（这些年金和抚恤金的计算以包括第 51 条第 3a 款和第 4 款以及第 52 条第 2 款中提及的期间在内的 40 年为基础下），第 2 款和第 3 款在下列条件下须被适用，即以年满 63 周岁代替年满 65 周岁，以年满 60 周岁代替年满 62 周岁。

第 78 条　孤儿抚恤金的附加值

[1]孤儿抚恤金的个人收入指数附加值取决于包括年金法定期间在内的

日历月的总数和已故参保人的准入系数。就此包括保费缴纳期间在内的每个日历月的附加值以全额被考虑。对于包括其他年金法定期间在内的每个日历月，附加值以下列比例被考虑，即包括保费缴纳期间和因育儿获得的福利期间在内的日历月总数与可用于基本估值的月份总数之比例。

[2]在半额孤儿抚恤金的情形，每个日历月附加值的计算以 0.0833 个收入指数为基础。

[3]在全额孤儿抚恤金的情形，已故参保人每个日历月最高年金的附加值的计算以 0.075 个收入指数为基础。已故参保人的第二高年金的个人收入指数被计入附加值。

第 78a 条　遗孀抚恤金和鳏夫抚恤金的附加值

[1]遗孀抚恤金和鳏夫抚恤金个人收入指数的附加值取决于将子女抚养至其年满 3 周岁的抚养期间。该抚养期间由包括抚育儿童的被计入遗孀或鳏夫的因育儿获得的福利期间在内的日历月的总数计算得出，该因育儿获得的福利期间开始于出生所在的月份经过后，如果是在某月的第一天出生，则该因育儿获得的福利期间开始于出生所在的月份。刚开始的 36 个日历月每个日历月的收入指数以 0.1010 为基础，之后的每个日历月的收入指数以 0.0505 为基础。如果年金类型系数大于等于 1.0，则遗孀抚恤金和鳏夫抚恤金不被提高相应的附加值。

[1a]第 1 款准用之，但以因育儿获得的福利期间仅仅因为下列原因没有被计入为限：

1. 存在第 56 条第 4 款规定的条件；
2. 不符合第 56 条第 3 款或第 57 条第 2 句规定的条件，或者；
3. 其由于第 210 条规定的保费退还而消灭。

[2]如果参保人在子女年满三周岁前死亡，则至少以在其死亡时，距离子女年满三周岁的期间为计算基础。如果参保人在子女出生前死亡，且子女在参保人死亡后的 300 天内出生，则以 36 个日历月为计算基础。如果子女在该期间经过后出生，则附加值于被考虑的抚育儿童的最后一个月份的下个月开始被计算。

[3]如果依据公务员法的规定或原则，或者依据相应的教会法的规则，与附加值等值的给付被提供，则第 1 款不适用。

第四目 矿工的特殊性

第 79 条 原则

对于矿工年金保险期间的年金计算，除下面另有规定外，适用前述关于年金数额和年金调整的规定。

第 80 条 年金月度数额

如果年金以矿工年金保险和普通年金保险的个人收入指数为基础，则月度金额的一部分须从矿工年金保险的个人收入指数和普通年金保险的个人收入指数中被计算，其总和即为月度年金数额。

第 81 条 个人收入指数

[1] 给付附加值的收入指数也属于所有矿工年金保险收入指数的总和。

[2] 只有被分摊到矿工年金保险的个人收入指数才能成为计算矿工月度年金数额的基础。

第 82 条 年金类型系数

在下列情形，矿工年金保险中个人收入指数的年金类型系数分别为：

1. 养老金   1.3333
2. 部分劳动能力减损年金
   a）如果一项在矿工年金保险中被保险的雇佣工作被执行 0.6
   b）在余下的情形 0.9
3. 由于完全丧失劳动能力而被给付的年金 1.3333
4. 矿工年金 0.5333
5. 育儿年金 1.3333
6. 直到在配偶死亡的日历月经过后的第三个日历月经过为止的小额遗孀抚恤金和小额鳏夫抚恤金 1.3333
   在此之后 0.3333
7. 直到在配偶死亡的日历月经过后的第三个日历月经过为止的大额遗孀抚恤金和大额鳏夫抚恤金 1.3333

在此之后	0.7333
8. 半额孤儿抚恤金	0.1333
9. 全额孤儿抚恤金	0.2667

在下列情形，来自持续井下工作的额外收入指数的个人收入指数之年金类型系数偏离第 1 句的规定，分别为：

1. 部分劳动能力减损年金	1.3333
2. 矿工年金	1.3333
3. 直到在配偶死亡的日历月经过后的第三个日历月经过为止的小额遗孀抚恤金和小额鳏夫抚恤金	1.3333
在此之后	0.7333

第 83 条　保费缴纳期间的收入指数

[1]育儿期间每个日历月获得 0.0625 个收入指数（育儿期间的收入指数）。对于与其他矿工年金保险的保费缴纳期间一起被计算的育儿期间的收入指数也是育儿期间的收入指数，计算的方法是将这些其他保费缴纳期间的收入指数提高 0.0625，最高不超过差额的 3/4。差额的计算方法是，将计算出的其他保费缴纳期间的收入指数提高 0.0833，提高后最高不超过附件 2b 规定的矿工年金保险的各自最高数额，并减去计算出的其他保费缴纳期间的收入指数。在适用第 70 条第 3a 款的情形下，矿工年金保险中的育儿期间如同普通年金保险中的育儿期间那样被估值。

[2]对于 1971 年 12 月 31 日以后参保人领取矿工保费的期间，保费计算基准（收入指数由其计算得出）被提高至相当于被支付的矿工保费的数额，但最高不超过保费计算上限。这不适用于计算矿工的年金。

第 84 条　保费减免期间的收入指数（整体给付估值）

[1]对于整体给付估值，包含矿工年金保险保费缴纳期间（同时也是育儿期间）的每个日历月，被提高 1/3 数值的育儿期间的收入指数被归入在内。

[2]在包括普通年金保险保费缴纳期间（也是保费减少期间）的日历月，由于其也被被归入矿工年金保险的视同缴费期间和补算期间所覆盖，保费减少期间的数值通过将这些保费缴纳期间的收入指数事先乘以 0.75

计算得出。

[3]在包括矿工年金保险保费缴纳期间（也是保费减少期间）的日历月，由于其也为被归入普通年金保险的视同缴费期间和补算期间所覆盖，保费减少期间的数值通过将不适用第1款的规定而计算出的保费缴纳期间的收入指数事先乘以1.3333计算得出。

第85条 持续井下工作的收入指数（给付附加值）

[1]参保人在持续从事6年井下工作后，继续从事该工作每满一年，分别获得的额外收入指数为：

在第6—10年的期间里	0.125
在第11—20年的期间里	0.25
在此之后的每年	0.375

这不适用于领取劳动能力减损年金的期间。

[2]额外收入指数被均匀分配至持续从事井下工作的日历月。

第86条（已废止）

第86a条 准入系数

对于矿工年金，确定准入系数（第77条）最低年龄为年满64周岁。在矿工年金的情形，第77条第3款第2句以下列方式被适用，即将收入指数的一半替换为收入指数的3/5。对于矿工年金，第77条第4款以下列方式被适用，即将确定准入系数的最低年龄定为年满62周岁。

第87条 孤儿抚恤金的附加值

[1]在计算含有矿工年金保险收入指数的孤儿抚恤金的附加值时，对于含有已故参保人的保费缴纳期间的每个日历月，在下列情形分别以下列收入指数为基础

1. 在半额孤儿抚恤金的情形　　　　0.0625个收入指数
2. 在全额孤儿抚恤金的情形　　　　0.0563个收入指数

[2]如果矿工年金保险的个人收入指数被归入包含普通年金保险收入指数的全额孤儿抚恤金的附加值，则其须事先乘以1.3333。

第五目　特殊情形下年金月度金额的计算

第 88 条　后续年金的个人收入指数

[1]如果参保人曾经领取过养老金，则其之后领取的养老金须至少以迄今为止的个人收入指数为计算基础。如果参保人曾经领取过劳动能力减损年金或者育儿年金，且至迟于结束领取这些年金后的 24 个日历月内再一次开始领取年金，则该年金须至少以迄今为止的个人收入指数为计算基础。当且仅当矿工有权提前领取矿工年金时，第 2 句才适用于矿工年金。

[2]如果已故的参保人曾经领取过来源于本人保险的年金，且至迟于结束领取该年金后的 24 个日历月内其遗属开始领取遗属抚恤金，则该遗属抚恤金须至少以迄今为止已故参保人的个人收入指数为计算基础。如果遗孀、鳏夫或者孤儿曾经领取过遗属抚恤金，且至迟于结束领取该遗属抚恤金后的 24 个日历月内再一次开始领取这样的抚恤金，则该抚恤金须至少以迄今为止的个人收入指数为计算基础。

[3]如果开始领取养老金后保费尚未导致收入指数附加值的产生，则后续年金的计算除迄今为止的个人收入指数外，还须以开始领取养老金后来自保费收入指数附加值的个人收入指数为计算基础。

第 88a 条　遗孀抚恤金和鳏夫抚恤金的最高数额

遗孀抚恤金和鳏夫抚恤金不得超过死者生前可获得的由于完全丧失劳动能力而被给付的年金月度数额或者死者生前可获得的全额养老金的数额。在其他情形遗孀抚恤金和鳏夫抚恤金个人收入指数的附加值须相应被减少。

第四分节　年金和收入的同时发生

第 89 条　多个年金请求权

[1]如果在同一时期存在来自个人保险的多个年金的请求权，则只有数额最高的年金被给付。在年金数额相同的情形，下列顺序是具有决定性的：

1. 标准养老金，

2. 长年参保人的养老金，

3. 严重残疾人的养老金，

3a. 特别长年参保人的养老金，

4. 由于失业或者从事老年兼职工作而被给付的养老金（第五章），

5. 妇女养老金（第五章），

6. 长年在井下从事雇佣工作的矿工的养老金，

7. 由于完全丧失劳动能力而被给付的年金，

8. （已废止）

9. 育儿年金，

10. （已废止）

11. 由于部分丧失劳动能力而被给付的年金，

12. 矿工年金。

如果年金被支付且在同一期间数额更高的或者次序更优先的年金被准予，则自开始持续支付数额更高的或者次序更优先的年金时起，关于支付数额较低的或者次序更劣后的年金发放决定被废止。关于参与者听证（《社会法典》第十编第 24 条）、撤销违法授益性的行政行为（《社会法典》第十编第 45 条）和在关系发生变化的情形持续地废止行政行为的规定（《社会法典》第十编第 48 条）不适用。对于年金请求权同时发生的期间，直到第 3 句规定的持续支付开始，对于数额更高的或次序更优先的年金的请求权在考虑到其他给付承担者的偿还请求权后视为被满足，但以不超过被支付的较低数额的或者次序更劣后的年金之数额为限。考虑到其他给付承担者的偿还请求权而来自数额较高或者次序更优先的年金的剩余补充支付金额被支付，当且仅当其超过数额较低的或者次序更劣后的年金。如果由年金保险承担者向其他给付承担者偿还的金额与数额较低的或者次序劣后的年金数额之和超过了数额较高或者次序更优先的年金的数额，则参保人不得请求返还超过部分的金额。

[2]对于产生大额遗孀抚恤金或者大额鳏夫抚恤金请求权的期间，小额遗孀抚恤金或者小额鳏夫抚恤金不被给付。第 1 款第 3—7 句准用之。

[3]在同一期间如果存在多个孤儿抚恤金的请求权，则只有数额最高的孤儿抚恤金被给付。对于数额同样高的孤儿抚恤金，只有最先被提出申请

的孤儿抚恤金被给付。第 1 款第 3—7 句准用之。

第 90 条　在倒数第二个配偶之后的遗孀抚恤金和鳏夫抚恤金以及由于最后一次离婚而享有的请求权

[1]对于在倒数第二个配偶之后的遗孀抚恤金或者鳏夫抚恤金的请求权与在同一期间产生的对于最后一个配偶之后的遗孀抚恤金或者鳏夫抚恤金、供给、抚养费或者其他年金的请求权相互抵销；就此有关由于死亡而被给付的年金与收入相抵销的规则不被考虑。

[2]如果在再婚的情形年金补偿被给付，且在新的婚姻被终止或宣告无效后产生对于倒数第二个配偶之后的遗孀抚恤金或者鳏夫抚恤金的请求权，则对于落入新的婚姻被终止或宣告无效至再婚所在月份结束后的 24 个日历月经过的期间的每个日历月，年金补偿的 1/5 被从该年金中适当地分次被扣除。如果年金补偿在小额遗孀抚恤金或小额鳏夫抚恤金之后以经过削减后的数额被给付，则扣除期间减少相当于小额遗孀抚恤金或者小额鳏夫抚恤金被给付的日历月。作为计算扣除数额的除数，补偿被给付的日历月的数量是具有决定性的。如果年金被迟延申请，则被扣除的年金补偿减少相当于权利人在尽可能早地提出申请的情形下可获得的倒数第二个配偶之后的遗孀抚恤金或鳏夫抚恤金的数额。

[3]倒数第二个同性生活伴侣之后的遗孀抚恤金或者鳏夫抚恤金也被视为倒数第二个配偶之后的遗孀抚恤金或鳏夫抚恤金，最后一个同性生活伴侣也被视为最后一个配偶，首次或者重新建立同性生活伴侣关系也被视为再婚，且首次或者重新与新的对象建立同性生活伴侣关系也被视为新的婚姻。

第 91 条　遗孀抚恤金和鳏夫抚恤金在多个权利人之间的分配

如果在同一时期多个权利人享有来自一个参保人年金期待权的对于遗孀抚恤金或者鳏夫抚恤金的请求权，则每个权利人可以获得相应份额的遗孀抚恤金和鳏夫抚恤金，该相应份额为该权利人婚姻存续期间与所有参保人婚姻存续期间的比值。只要遗孀抚恤金或鳏夫抚恤金的年金类型系数不低于 1.0，前句不适用于遗孀或者鳏夫。如果适用其他国家的法律得出存在多个权利人的结论，则依据《社会法典》第一编第 34 条第 2 款进行分配。

第92条 孤儿抚恤金及其他给付

若因已故父或母的年金期待权存在孤儿抚恤金请求权的同时，因另一个已故父或母或在全额孤儿抚恤金情况下获得第二高年金的父或母属于第5条第1款或第6条第1款第1句第1项和第2项提到的人，而存在孤儿给付请求权，孤儿抚恤金的附加值仅在超出该给付时被支付。基于定期调整的可计入孤儿给付的数额变动只有在孤儿抚恤金调整时予以考虑。

第93条 来自工伤保险的年金和给付

[1]如果同时存在：

1. 来源于本人保险的年金请求权和工伤保险中的工伤年金请求权，或同时存在；

2. 遗属抚恤金请求权和工伤保险中相应的遗属抚恤金请求权，在收入折算前两份年金的总额超过其各自限额的部分不予给付。

[2]在确定两份年金总额时不考虑：

1. 以矿工年金保险个人收入指数为基础的年金月部分数额中：

a) 因井下连续工作分摊额外给付的部分，以及；

b) 剩余部分的15%；

2. 来自工伤保险的工伤年金中：

a)《联邦供给法》规定的基本年金的相应数额，如果劳动能力减少20%，则为最低基本年金的2/3，如果劳动能力减少10%，则为最低基本年金的1/3，以及；

b) 劳动能力每减少一个百分点，按当前年金价值的16.67%计算，如果劳动能力减少至少60%，年金按附件第4101、4102或4111号即1997年10月31日的《职业病条例》所规定的职业病的赔偿义务给付。

[3]限额为计算来自工伤保险的年金所依据的1/12的年劳动收入的70%乘以一般年金保险中给个人收入指数的相应年金类型系数；在矿工年金的情况下，该系数为0.4。限额最低为不包括第2款第1项规定数额的年金的月度金额。

[4]第1—3款在以下情况也可被适用：

1. 来自工伤保险的年金已被补偿金取代；

2. 在家庭护理期间，来自工伤保险的年金已经减少；

3. 如果根据《发展援助人员法》第 10 条第 1 款作出了与来自工伤保险的年金相当的给付；

4. 如果年金是由设在国外的机构因工伤事故或职业病而支付的，且与《社会法典》规定的来自工伤保险的年金相当。

补偿金应取代发放补偿金期限内的年金。在第 1 句第 4 项的情况下，年劳动收入应以工伤事故或职业病年金的月度金额的 18 倍为基础。如果因不到 100% 的劳动能力减损而给付年金，则以劳动能力 100% 减损的年金数额为基准。

[5]第 1—4 款不适用，如果来自工伤保险的年金：

1. 在如下保险事件中被给付：开始退休或出现了对年金有决定性影响的劳动能力减损，或；

2. 是完全按照雇主或其配偶或其同性生活伴侣的自雇收入或按照指定给雇主或其配偶或其同性生活伴侣的固定数额计算的。

职业病保险事件的时间点为参保人从事了被保险的工作的最后一天，这些工作因其性质会导致职业病。第 1 句第 1 项不适用于遗属抚恤金。

第 94 条（已废止）

第 95 条（已废止）

第 96 条　补充参保的供给领取人

完全、长期地丧失供给请求权的补充参保人，不得领取年金或在领取供给的期间内更高的年金。

第 96a 条　劳动能力减损年金和额外收入

[1]由于劳动能力减损产生的年金仅在不超过第 1c 款提到的历年额外收入限额时才会被全额给付。

[1a]如果超过了额外收入限额，则只能给付部分年金。应给付的部分年金是通过从全额年金中扣除超过 1/12 额外收入限额的 40% 来计算的。如

果由此得出的年金数额加上历年额外收入的 1/12，超过了第 1b 款规定的额外收入上限，则根据第 2 句，从得出的年金中扣除超出的数额。如果从年金中扣除的额外收入达到年金数额的总值，则不支付年金。

¹ᵇ额外收入上限的计算方法是，将月参考数值乘以该日历年的收入指数（第 66 条第 1 款第 1—3 项），再乘以劳动能力减损前 15 个日历年中的最高收入指数。该数额：

1. 如果是因劳动能力部分下降而领取的年金，则至少为按照第 1c 款第 1 句第 1 项计算的金额的 1/12 与每月全额年金的金额之和。

2. 如果是劳动能力全损的年金，则至少为 6300 欧元的 1/12 和每月全额年金的金额之和。

3. 就矿工年金而言，至少为按照第 1c 款第 1 句第 3 项计算的金额的 1/12 与每月全额年金的金额之和。

额外收入上限每年 7 月 1 日要重新计算。就矿工年金而言，若发生采矿劳动能力减损或满足了第 45 条第 3 款规定的前提，则取代发生劳动能力减损。

¹ᶜ额外收入限额：

1. 在因劳动能力部分下降而领取年金时，为年参考数值的 0.81 倍乘以该日历年的收入指数（第 66 条第 1 款第 1—3 项），再乘以劳动能力减损前 15 个日历年中的最高收入指数，至少要乘以 0.5 个收入指数；

2. 在劳动能力全损的情况下，全额支付 6300 欧元的年金；

3. 在矿工年金的情况下，为年参考数值的 0.89 倍乘以该日历年的收入指数，（第 66 条第 1 款第 1—3 项）再乘以采矿劳动能力减损前或满足第 45 条第 3 款规定的前提之前 15 个日历年中的最高收入指数，至少要乘以 0.5 个收入指数。

根据第 1 句第 1 项和第 3 项确定的额外收入限额于每年 7 月 1 日重新计算。

²劳动报酬、自雇收入和可比收入作为额外收入考虑。这些收入要相加。以下收入不视为额外收入：

1. 护理者从被护理者那里得到的不超过与《社会法典》第十一编第 37 条所指的护理行为相适应的护理津贴的范围，或；

2. 残疾人士从第 1 条第 1 句第 2 项所述的机构处得到的收入。

³对于因劳动能力部分减损而领取的年金或矿工年金,除第 2 款第 1 句所述的额外收入外,以下也作为额外收入考虑在内:

1. 疾病津贴:

a) 年金开始后因丧失劳动能力而给付的疾病津贴,或;

b) 年金开始后因住院治疗而给付的疾病津贴。

2. 疾病供给津贴:

a) 年金开始后因丧失劳动能力而给付的疾病供给津贴,或;

b) 在住院治疗期间基于年金开始后所得的劳动报酬或自雇收入来给付的疾病供给津贴。

3. 过渡津贴:

a) 基于年金开始后所得的劳动报酬或自雇收入来给付的过渡津贴,或;

b) 从法定工伤保险中被给付的过渡津贴。

4. 以及在《社会法典》第四编第 18a 条第 3 款第 1 句第 1 项提及的其他社会给付。

对于因劳动能力全损所得的年金,除第 2 款第 1 句所述的额外收入外,以下也作为额外收入考虑在内:

1. 工伤津贴以及;

2. 法定工伤保险中的过渡津贴。

基于劳动报酬或自雇收入的社会给付也作为额外收入考虑在内。第 1 句和第 2 句也适用于因与年金无关的原因而被停止的社会给付。

⁴第 3 款也适用于在国外设立的机构提供的可比给付。

⁵类推适用于第 34 条第 3c—3g 款。

第 97 条 由于死亡的年金的收入折算

¹与遗孀抚恤金、鳏夫抚恤金或育儿年金同时发生的权利人的收入(《社会法典》第四编第 18a 条)将被折算计入。不适用于年金类型系数至少为 1.0 的遗孀或鳏夫抚恤金。

²可折算计入的收入是指每月超过当前年金价值 26.4 倍的收入。对于每个有权获得孤儿抚恤金或因不是死者子女而无权获得孤儿抚恤金的权利人的子女,不可折算计入的收入增加至当前年金价值的 5.6 倍。剩余可折

算计入收入的 40%将被计入。如果该收入还导致在欧盟成员国、《欧洲经济区协定》缔约国或瑞士的可比年金的减少或取消，则将可折算计入的数额中在欧洲联盟成员国、《欧洲经济区协定》缔约国和瑞士所有期间的收入指数符合在德国期间的相应收入指数比例的部分考虑在内。

[3]在有权领取多份年金的情况下，收入的折算按照以下的优先顺序：

1. （已废止）
2. 遗孀或鳏夫抚恤金；
3. 倒数第二个配偶死亡后的遗孀或鳏夫抚恤金。

工伤保险中的遗属抚恤金的收入折算应优先于因死亡而产生的相应抚恤金的收入折算。折算计入遗属抚恤金的收入要减去优先遗属抚恤金收入已经折算的部分。

[4]如果同时存在育儿年金与遗属抚恤金，则对遗属抚恤金的收入折算以育儿年金进行收入折算之后得出的收入为基础。

脚注

（+++第 97 条第 3 款第 1 句第 3 项：如不适用，参见第 314 条第 3 款第 2 句+++）

第 98 条　计算规则的适用顺序

对于年金的计算，因供养补偿、年金分割、权利人在海外或因与年金或其他收入重合而导致年金增加、减少或取消的给付，除非另有规定，否则按以下顺序适用相关规定：

1. 供养补偿及年金分割，
2. 向国外权利人的给付，
3. 多个权利人之间的遗孀或鳏夫抚恤金分配，
4. 孤儿抚恤金及其他孤儿给付，
5. 工伤保险中的年金和给付，
6. 倒数第二个配偶死亡的遗孀或鳏夫抚恤金以及由最后一次婚姻解除而产生的请求权，
7. （已废止）

7a. 劳动能力减损年金及额外收入，

8. 由于死亡的年金收入折算，

9. 多份年金请求权。

计算年金时根据年金和收入重合时的规则已经考虑在内的收入，在根据另一项类似规则计算此类年金时不再重复考虑。

第五分节　年金的开始、变化及终止

第99条　开始

[1]若在符合发放条件的月份后的第三个日历月结束前提出申请，则本人保险的年金从符合发放条件的日历月开始发放。若更晚提出申请，则本人保险的年金从提出申请的日历月开始发放。

[2]遗属抚恤金从满足发放前提的日历月开始发放。若参保人死亡当月的年金尚未发放，则遗属抚恤金从死亡当天即开始发放。遗属抚恤金不得早于申请月前的12个日历月开始发放。

第100条　变化和终止

[1]如果年金开始后由于事实或法律上的原因，其确定数额的前提发生变化，年金自变化生效的日历月起按照新的数额发放。第1句不适用于年金和收入同时发生时第96a条的例外情况。

[2](已废止)

[3]若由于事实或法律原因，享受年金的前提条件不再适用，年金自前提条件不再适用的日历月起停止发放。如果由于权利人得到医疗康复或参与工作的给付后劳动能力有所提高而终止发放年金，则年金的发放在劳动能力提高后的第四个日历月开始时终止。如果权利人开始从事一份比迷你工作规模更大的雇佣工作或自雇工作，根据第2句发放的年金将于第四个日历月的前一个月开始时终止发放。

[4]如果违法的、不合理的行政行为因其所依据的法律规范在行政行为作出后被宣布无效或与《基本法》相悖，或在既定的判例中被年金保险承担者作出过与之不同的解释而存在《社会法典》第十编第44条第1款第1句提到的撤销其的前提条件，如果该行政行为已无可争议，那么只能

在联邦宪法法院的裁决生效或既定判例存续后的日历月开始的时间内撤销该行政行为。

第101条 特殊情况下的开始和变化

[1]在劳动能力发生减损的第七个日历月开始之前,不得发放由于劳动能力减损的附期限年金。

[1a]劳动能力全损的附期限年金,无论各自的就业形势如何,均应在劳动能力发生减损后的第七个日历月开始前发放,当:

1. 要么 a)年金保险承担者对劳动能力减损的确定导致了失业津贴请求权丧失,要么 b)在年金保险承担者确定劳动能力减损之后,根据《社会法典》第五编第48条请求疾病津贴或从私立健康保险公司请求每日疾病津贴的权利终止,以及;

2. 发生劳动能力减损后的第七个日历月尚未届至。

在这些情况下,年金从失业津贴、疾病津贴或每日疾病津贴停止发放之日的次日起发放。

[2]因劳动能力减损而发放的附期限大额遗孀抚恤金或附期限大额鳏夫抚恤金,在劳动能力减损发生后的第七个日历月开始前不得发放。

[3]当年金开始后进行了供养补偿,有权获得给付者的年金自进行供养补偿的日历月起通过收入指数的附加值和扣除值进行更改。年金发放决定从此刻起废止;《社会法典》第十编第24、48条不可准用之。在对供养补偿进行具有法律约束力的修正时可适用第1和第2句,条件是需按照《家庭事务和自愿管辖事务诉讼法》第226条第4款规定的时间点进行。《供养补偿法》第30条不受影响。

[3a]如果家庭法院根据《供养补偿法》第33条对调整的修正作出了有法律效力的决定并减少了调整金额,则从此时起,根据《供养补偿法》第34条第3款得出的这一点应在有权获得给付者的年金中加以考虑。年金发放决定从此刻起废止;《社会法典》第十编第24、48条不可准用之。

[3b]有权获得给付者的年金发放决定:

1. 在《供养补偿法》第33条第1款规定的情况下,自:

a)向有权得到补偿者就其从供养补偿中获得的权利进行给付起废止(《供养补偿法》第33条第1款);

b）向有义务补偿者就其从供养补偿中获得的权利进行给付起废止（《供养补偿法》第 33 条第 3 款），或；

c）有义务补偿者完全停止支付抚养费起废止（《供养补偿法》第 34 条第 5 款）；

2. 在《供养补偿法》第 35 条第 1 款规定的情况下，自向有补偿义务的人就其从供养补偿中获得的权利进行给付起废止（《供养补偿法》第 36 条第 4 款），以及；

3. 在《供养补偿法》第 37 条第 3 款规定的情况下，自开始取消、缩减权利起废止（《供养补偿法》第 37 条第 1 款）。《社会法典》第十编第 24、28 条不可准用之。

[4]当年金开始后进行了年金分割，年金从年金开始分割的日历月起针对收入指数的附加值和扣除值进行更改。年金发放决定从此刻起废止；不适用于《社会法典》第十编第 24、48 条。年金分割发生变化时同样适用。

[5]在孤儿抚恤金开始后进行年金分割，孤儿不是受益人的，年金只能在作为年金分割受益人的未亡配偶或同性生活伴侣的保险年金开始之后，通过收入指数的扣除值或附加值进行更改。孤儿的抚恤金发放决定从此刻起废止；《社会法典》第十编第 24、48 条不可准用之。年金分割修改时准用之。

第102条　期限和死亡

[1]如果年金是有期限的，则应在该期限到期后终止。这不排除因其他原因而导致的年金事先修改或终止。年金的期限只应被规定在日历月末。

[2]因劳动能力减损产生的年金及因劳动能力减损产生的大额遗孀抚恤金或大额鳏夫抚恤金将在一定期间内发放。发放期限最长为年金开始后的三年。该期限可以被延长；此时年金的原起始日期仍然有效。期限最多只能在上一个期限届满后延长三年。如果劳动能力减损不太可能恢复，无论各自的就业形势如何都能请求的年金将无限期地发放；从 9 年的总期限之后开始发放。如果无限期的年金紧接着附期限的年金之后发放，则年金的原起始日期仍然有效。

[2a]如果提供医疗康复或参与劳动生活的给付时不能确定给付何时结

束，则因劳动能力减损而产生的年金或因劳动能力减损而产生的大额遗孀抚恤金或大额鳏夫抚恤金在医疗康复或参与劳动生活的给付结束的日历月结束。

³因养育子女而产生的大额遗孀抚恤金或大额鳏夫抚恤金及育儿年金以预计结束养育子女的日历月末为期限。该期限可以被延长；此时年金的原起始日期仍然有效。

⁴孤儿抚恤金的发放期限为预计失去孤儿抚恤金请求权的日历月的月底。该期限可以被延长；此时年金的原起始日期仍然有效。

⁵年金应发放至权利人死亡的日历月月底。

⁶失踪人员的年金最长发放到年金保险承担者确认其视为死亡的当月月底；第49条准用之。对年金保险承担者的认定提出异议和撤销之诉，不具有中止效力。如失踪者回来，应恢复享受年金请求权；在期间因死亡而发放给遗属的抚恤金在以后的发放中折抵。

第六分节　年金的剥夺和削减

第103条　故意使劳动能力减损

故意造成健康损害以满足年金领取条件的人，不得享有劳动能力减损年金、严重残疾养老金或大额遗孀抚恤金、大额鳏夫抚恤金请求权。

第104条　在犯罪行为中劳动能力减损

¹若权利人可满足年金领取条件的健康损害是由犯罪行为导致的，经刑事法院判决属于重罪或故意的轻罪，则可全部或部分拒绝发放劳动能力减损年金、严重残疾养老金或大额遗孀抚恤金、大额鳏夫抚恤金。即使由于与权利人有关的原因刑事法院没有作出判决，也可适用。违反矿务条例或矿务管理局发布的指令的行为不视为第1句意义上的轻罪。

²若年金被拒绝发放，可将年金发放给受其扶养的配偶、同性生活伴侣和子女。参照适用《社会法典》第一编第48条和第49条关于向第三方支付年金的规定。

第105条　亲属遇害

若因亲属死亡而产生的抚恤金请求权和参保人年金请求权以年金分割

为基础，则故意导致亲属死亡的人不得享有该请求权。

第三节　附加给付

第 106 条　健康保险补贴

¹自愿参加法定健康保险或投保于受德国监督的健康保险公司的年金领取者可得到一笔针对健康保险费用的补贴。若他们同时已经在某国内或国外的法定健康保险被强制投保，则不适用。

²对于自愿参加法定健康保险的年金领取者，月补贴为适用法定健康保险的一般保险费率与根据《社会法典》第五编第 242 条规定的个人健康保险额外保险费率相加得出的年金支付额的一半。《社会法典》第五编第 247 条第 3 句准用之。

³对投保于受德国监督的健康保险公司的年金领取者，月补贴为年金支付额适用法定健康保险的一般保险费率和根据《社会法典》第五编第 242a 条规定的个人健康保险平均额外保险费率相加得出的年金支付额的一半。月补贴以健康保险实际支出费用的一半为限。如果年金领取者领取多份年金，则由年金保险承担者按照年金数额的比例发放有限的补贴。也可以一次性领取其中一笔年金的补贴。

⁴自愿参加法定健康保险或投保于受德国监督的健康保险公司的年金领取者根据第 2 款的规定仅能得到针对其年金的一份补贴。

第 107 条　年金补贴

¹遗孀或鳏夫抚恤金在权利人第一次再婚时按月度金额的 24 倍给予补偿。为了从同一年金期待权中确定其他遗孀抚恤金或鳏夫抚恤金，在再婚日历月结束后的第 24 个日历月结束之前，应假定其有资格领取遗孀抚恤金或鳏夫抚恤金。领取小额遗孀抚恤金或小额鳏夫抚恤金的，每月按发放小额遗孀抚恤金或小额鳏夫抚恤金的日历月数减少月补贴额的 24 倍。第 2 句中的日历月数会相应减少。

²月度金额为最后 12 个日历月所发遗孀或鳏夫抚恤金的平均值。若在参保人死亡后的第 15 个日历月结束前再婚，每月补贴为死亡月份之后的

第三个日历月结束后发放的遗孀或鳏夫抚恤金的平均数额。若在该日历月结束前再婚，则每月补贴为死亡月份后第四个日历月本应发放的遗孀或鳏夫抚恤金的数额。

[3]第一次再组建同性生活伴侣关系、第一次解散同性生活伴侣关系后结婚以及第一次离婚后组建同性生活伴侣关系都视为年金补贴中的再婚。

第108条 附加给付的开始、变化和结束

[1]持续的附加给付参照适用年金开始、变化和结束的相关条款。

[2]因健康保险公司有溯及力地确立法定健康保险强制参保关系，导致自愿参加法定健康保险支出补贴的请求条件不再适用的，从强制参保开始，取消发放补贴。这不适用于支付了自愿保费但根据《社会法典》第四编第27条第2款没有得到返还的时期。当事人听证的规定（《社会法典》第十编第24条）、撤销违法授益性行政行为的规定（《社会法典》第十编第45条）、因情势变更而撤销具有持续效力的行政行为的规定（《社会法典》第十编第48条）不适用。

第四节 服务给付

第109条 年金信息和年金报表

[1]年满27周岁的参保人每年都会收到书面或电子年金信息。55周岁后，这将由每三年一次的年金报表代替。如果有合法需求，也可将年金报表提供给不满上述年龄者或缩短时间间隔。年金信息和年金报表的发送在参保人本人保险的年金被支付后立即结束，最晚在达到标准退休年龄时结束。在提出申请时，因抚育子女或因劳动能力减损而产生的年金的领取者会收到关于以后养老金预期数额的不具有约束力的报表。

[2]年金信息及年金报表应附带说明，即它们是根据有效的法律和保险账户中记录的年金法定期间制定的，因此它们受未来法律变更及保险账户中记录的年金法定期间的正确性和完整性的限制。在发送50周岁结束之前最后一次年金信息及资料的同时需要指出，年金报表也可以在55周岁结束之前发送，且在提前领取养老金的情况下，在报表中应当根据申请包

含补偿养老金减少部分的保费支付数额。

³年金信息应特别包含：

1. 关于年金计算基础的说明；

2. 关于在劳动能力全损的情况下应支付的因劳动能力减损而产生的年金数额的说明；

3. 预计可领取的标准养老金数额；

4. 关于影响未来年金调整的信息；

5. 参保人、雇主或公共保险公司在保费缴纳期间支付保费数额的概况。

⁴年金报表应特别包括：

1. 保险账户中存储的年金法定期间的概述；

2. 介绍个人收入指数的计算方法，说明其当前价值，并说明免缴保费期间和保费减少缴纳期间收入指数的计算取决于进一步的保险履历；

3. 根据现行有效的法律和保险账户中记录的年金法定期间（不含延时保费缴纳期间的收益）：

a）在劳动能力减损时作为完全劳动能力减损年金时，

b）在死亡时作为遗孀或鳏夫抚恤金时，

c）达到标准退休年龄后作为标准养老金时，

年金数额支付情况的说明；

4. 预计可领取的标准养老金数额；

5. 一般提示：

a）关于满足个人和法定领取保险年金的条件，

b）关于提前申请养老金时扣除值的补偿，

c）关于申请部分年金的影响和对额外收入的效果；

6. 提示：

a）关于提前申请养老金的影响，

b）关于推迟到标准退休年龄后退休的影响。

⁵根据要求，参保人应获得有关其在婚姻或同性生活伴侣关系期间年金期待权数额的信息。如果参保人的配偶、离异配偶、同性生活伴侣或前同性生活伴侣因参保人未履行或未完全履行向其配偶或同性生活伴侣提供信息的义务，则可以由年金保险承担者根据《社会法典》第十编第 74 条

第 1 款第 1 句第 2 项字母 b 提供该信息，参保人的配偶、离异配偶或同性生活伴侣根据要求也应收到该信息。根据第 2 句提供的信息也应告知参保人。此外根据要求，年金报表应包含在提前领取养老金的情况下为补偿养老金减少而需要支付的缴款金额，以及作为其基础的养老金信息。如果明显不能满足提前领取养老金的法定保险条件，则不提供此信息。

[6]根据《家庭事务和自愿管辖事项诉讼法》第 220 条第 4 款向家事法院提供的根据《供养补偿法》第 39 条确定的收入指数的报表是通过计算达到标准退休年龄后的全额养老金得出的。

第 109a 条　基本保障事务方面的援助

[1]年金保险承担者应当向：

1. 已达到标准退休年龄的人，或，

2. 年满 18 周岁，无论各自的就业形势如何都完全丧失第 43 条第 2 款意义上的劳动能力，且几乎不可能得到恢复的人，

告知并商议关于《社会法典》第十二编第四章的给付前提，只要上述人员有权领取年金。在第 1 句中提到但无权领取年金的人在提出要求后也将被告知和商议。如果年金低于当前年金价值的 27 倍，还必须将一份申请表与资料一起附上。需要指出，根据《社会法典》第十二编第四章以及第 73—287 页的规定，也可以向主管的年金保险承担者提出老年和劳动能力减损基本保障的申请，该机构会把申请转交给负责社会援助的机构。此外，年金保险承担者有义务与负责社会援助的机构合作，从而达到根据《社会法典》第十二编第四章的规定，在老年及劳动能力减损的情况下提供基本保障的目的。因所支付的年金数额以及年金诉讼中确定的其他收入导致无法成立上述类型的给付时，不存在第 1 句规定的义务。

[2]针对社会援助机构按照《社会法典》第十二编第 45 条提出的请求，年金保险承担者应审查并决定是否是年满 18 周岁的人，是否无论各自的就业形势如何都完全丧失了第 43 条第 2 款意义上的劳动能力且几乎不可能得到恢复。如果审查表明劳动能力没有完全减损，也要针对年满 15 周岁需要帮助的人是否具有《社会法典》第十二编第 8 条意义上的劳动能力补充专家意见。

[3]根据《社会法典》第二编第 44a 条第 1 款第 5 句，年金保险承担者

应针对年满15周岁的需要帮助的人是否有《社会法典》第十二编第8条意义上的劳动能力发表专家意见。如果专家意见表明，年满18周岁的人无论各自的就业形势如何都完全丧失了第43条第2款意义上的劳动能力，必须补充审查其完全丧失的劳动能力是否不太可能得到恢复。

[4]以下机构应负责第2款所述的审查及决定，并负责完成第3款所述的专家意见：

1. 就参保人而言，由负责向参保人提供给付的保险机构负责；

2. 就其他人而言，由向当地负责社会援助的机构或当地劳动局负责的区域承担者负责。

[5]中央市政机构、联邦劳动局和德国联邦年金保险公司可以根据第2款及第3款的规定就该程序签订协议。

第五节　国外权利人的给付

第110条　原则

[1]仅在国外短暂停留的权利人在此期间可以获得与在本国有惯常居所的权利人相同的给付。

[2]受益人的惯常居所在国外的，应得到这些给付，除非在下列关于国外权利人给付的规定中另有规定。

[3]本章的规定只适用于超国家或国家间的法律没有其他规定的情况。

第111条　康复给付和健康保险补贴

[1]只有当权利人在提出申请的日历月已经支付强制保费，或由于权利人在雇佣工作或自雇工作被保险后失去了劳动能力而没有支付强制保费的情况下，权利人才有权得到医疗康复或参与劳动生活的给付。

[2]权利人不享有针对健康保险费用的补贴。

第112条　劳动能力减损年金

只有在请求权不受各自就业形势影响的情况下，权利人才有权得到因劳动能力减损而产生的年金。对于矿工年金，还要求权利人之前在本国拥有惯常居所的时候就已经享有该年金请求权。

第113条 年金数额

[1]权利人的个人收入指数由以下方面确定：

1. 联邦境内保费缴纳期间的收入指数；
2. 联邦境内保费缴纳期间的给付附加值；
3. 因已进行的供养补偿或年金分割导致的收入指数附加值；
4. 在联邦境内保费缴纳期间分配的因已进行的供养补偿或年金分割导致的收入指数扣除值；
5. 提前得到养老金时、企业退休期待权补偿时或供养补偿保险公司给予权利时缴纳保费的附加值；
6. 迷你雇佣工作报酬的收入指数附加值；
7. 根据《社会法典》第四编第23b条第2款第1—4句规定解除的时间账户的附加收入指数；
8. 遗孀和鳏夫抚恤金收入指数的附加值；
9. 养老金开始后保费收入指数的附加值；
10. 国外派遣期间收入指数的附加值，以及；
11. 附期限补充投保的军人收入指数的附加值。

联邦境内的保费缴纳期间是指1945年5月8日以后根据联邦法律缴纳保费的期间和第五章中同一地位的保费缴纳期间。

[2]权利人领取孤儿抚恤金时的个人收入指数附加值由联邦境内的保费缴纳期间单独确定。

[3](已废止)

[4](已废止)

第114条 特殊性

[1]权利人的个人收入指数另外还根据以下方面确定：

1. 保费免缴期间的收入指数；
2. 保费减少缴纳期收入指数的附加值，及；
3. 因已进行的供养补偿或年金分割导致的保费免缴期间分配的收入指数扣除值或保费减少缴纳期分配的收入指数附加值。

根据第 1 句确定的收入指数按照在联邦境内的保费缴纳期间的收入指数和根据第 272 条第 1 款第 1 项和第 3 款第 1 句确定的收入指数与包括《外国年金法》规定的就业期间的保费缴纳期间内所有收入指数的比例考虑。

[2]孤儿抚恤金权利人的个人收入指数还另外根据以下期间确定：

1. 符合第 1 款第 2 句得出的比例的保费免缴期间；
2. 德国国内照顾期间。

[3](已废止)

[4](已废止)

第六节　实施

第一分节　申请程序的开始和结束

第 115 条　开始

[1]除非另有规定，程序从申请开始。如果由于事实或法律情况的变化而使年金的数额低于以前的数额，则无须提出申请。

[2]遗孀或鳏夫申请根据已发放给已故配偶死亡月份的年金支付预付款，应被视为申请给付遗孀或鳏夫的年金。

[3]若参保人在达到标准退休年龄之前是领取劳动能力减损年金或育儿年金的，除非另有规定，可以紧接着领取标准退休养老金。如果遗孀或鳏夫在达到领取大额遗孀抚恤金或大额鳏夫抚恤金的年龄之前是领取小额遗孀或鳏夫抚恤金的，可以紧接着领取大额遗孀或鳏夫抚恤金。

[4]如果参保人同意，也可以依职权提供参与给付。同意即视为申请参与给付。

[5]年金报表也可依职权提供。

[6]年金保险承担者应当在适合的情况下向权利人提示，若他们提出申请，可以得到补助。德国联邦年金保险公司发布方针可指导此类建议的成就条件。

第116条 参与给付的特殊性

[1](已废止)

[2]申请医疗康复或参与劳动生活给付视为申请年金,若参保人劳动能力减损,且:

1. 医疗康复或参与工作生活给付不具有期待可能性,或;
2. 医疗康复或参与工作生活给付因未阻却劳动能力的减损而没有实现。

[3]如果已经支付了过渡津贴,而随后又确定了同一时期因劳动能力减损而享受年金的权利,则该权利视为已满足,其满足数额相当于已支付的过渡津贴。如果过渡津贴超过了年金的数额,超过的数额不得要求返还。

第117条 结束

对申请补助的决定必须以书面形式作出。

第二分节 支付和调整

第118条 到期和支付

[1]除去过渡津贴的部分,当期现金给付在满足领取条件的月末到期,应在当月的最后一个银行工作日被支付。在支付到国内账户的情况下,当期现金给付的入账,即使是事后追加的,也应以该数额可供金融机构使用的日期为收款人账户上的转账金额的起息日。在一般过程中,如果当期现金给付金额的起息日能够在最后一个银行日之前实现,就算第1句意义上的及时支付。

[2]目前现金给付,支付时:

1. 在德国为当前的年金价值,
2. 在国外不超过当前年金价值三倍的,

可适当提前支付。

[2a]不超过当前年金价值十分之一的补缴金额不予支付。

[3]针对在权利人死后汇入金融机构账户的现金给付,被视为有保留的提供,对此适用自2012年3月14日起的欧洲议会和欧盟理事会2012年

第 260 号决议的规定，此项决议确定了欧元汇款和借记的技术规则和业务要求，并修正了欧洲共同体 2009 年通过的第 924 号决议［《欧盟公报（立法）》2012 年 3 月 30 日第 94 期第 22 页］的规定。如果该金钱给付被视为错误提供，则金融机构应将其转回给汇款机构或年金保险承担者。如果在收到还款要求时，相应的金额已经以其他方式处理，则没有义务将金额转回，除非该金额可从余额中实现。金融机构不得将汇款金额用于满足自身的债权。

[4]如果受益人死亡后的现金给付被错误地支付，直接领取现金给付或通过持续性委托、存款账户直接借记法或其他惯常银行支付交易将相应金额转入账户的人（收款人），以及作为处分相应金额的权利人，进行或允许惯常银行支付交易，将账户借记的人（处分人）都有义务将相应金额退还给年金保险承担者。年金保险承担者应通过行政行为主张偿还要求。拒绝返还转账的金融机构，如果表明相应的金额已经以其他方式处理，应根据要求向汇款机构或年金保险承担者提供收款人或处分人以及任何新账户持有人的姓名和地址。根据《社会法典》第十编第 50 条向继承人提出的请求权不受影响。

[4a]第 3 款、第 4 款中的请求权在养老金保险机构知晓超额支付以及在第 4 款中提到的情况下还知晓偿还义务人的日历年结束后的四年内时效届满。时效的停止、停止到期、重新开始和效力类推适用《民法典》的规定。

[5]如果根据第 1 款规定的应支付的、在权利人死亡当月到期的当期现金给付已汇入目前收款人在金融机构的账户，则继承人失去对年金保险承担者的请求权。

脚注

（+++第 118 条第 3—5 款：适用情况参见 2016 年 11 月 11 日版后的《冶金工人补充保险法 2002》第 26 条 3 款+++）

第 118a 条　调整通知

年金领取者会在当前年金价值发生变化时收到调整通知。

第119条　德国邮政股份公司的任务履行

[1]除去过渡津贴的部分，普通年金保险承担者应通过德国邮政股份公司支付当期现金给付。此外年金保险承担者可以让德国邮政股份公司支付金钱给付。

[2]如果德国邮政股份公司为年金保险承担者支付当期现金给付，那么其也要实施给付调整的工作。调整通知应以年金保险承担者的名义发布。

[3]德国邮政股份公司支付现金给付、实施现金给付调整还包括年金保险承担者其他相关任务的履行，特别是：

1. 通过评估根据《社会法典》第十编第101a条发出的死亡通知和收取《社会法典》第一编第60条第1款和第65条第1款第3项范畴内的存活证明，监督支付前提；

2. 编写统计材料，并将其转交给联邦劳动和社会事务部以及德国联邦年金保险公司，以及；

3. 发放可用于证明有年金领取资格的证件，只要年金保险承担者没有发放。

[4]不得免除年金保险承担者对有权获得给付者的责任。但如果与支付或实施调整来自德国邮政股份公司的现金给付有关的事实或法律情况发生变化，有权获得给付者应立即通知德国邮政股份公司。

[5]为支付现金给付，德国邮政股份公司按月按时从年金保险承担者处得到适当的预支款。德国联邦年金保险公司确定普通年金保险承担者的预支款。

[6]德国邮政股份公司为其工作从年金保险承担者处获得适当的报酬，并按月按时预支适当的报酬。德国联邦年金保险公司确定普通年金保险承担者的预支款。

[7](已废止)

第120条　行政立法授权

兹授权联邦劳动和社会事务部在征得联邦参议院同意的情况下，通过以下法规性命令：

1. 更详细地规定德国邮政股份公司根据第119条第1—3款为年金保

险承担者履行的任务内容，并明确各方的权利和义务。

2. 根据第 119 条第 5 款，更详细地规定德国邮政股份公司从年金保险承担者处收到的预支款数额和到期日。

3. 根据第 119 条第 6 款，更详细地规定德国邮政股份公司从年金保险承担者处收到的报酬和预支款数额的决定程序及到期程序。

第三分节　年金分割

第 120a 条　夫妻之间的年金分割原则

[1]夫妻双方可以共同决定在婚姻期间获得的可调整的年金请求权在他们之间进行分配（夫妻之间的年金分割）。

[2] 在下列情况下，允许夫妻之间实施年金分割：

1. 2001 年 12 月 31 日以后结婚，或；

2. 2001 年 12 月 31 日以前结婚，夫妻双方均为 1962 年 1 月 1 日以后出生。

[3]在下列情况下，夫妻之间存在实施年金分割请求权：

1. 夫妻双方在达到标准退休年龄的当月月底后首次享受法定年金保险的全额养老金，或；

2. 夫妻一方在达到标准退休年龄的当月月底后首次享受法定年金保险的全额养老金，而另一方已达到标准退休年龄，或；

3. 夫妻一方在满足第 1 项及第 2 项的条件之前死亡。在这种情况下，未亡配偶可以单方决定夫妻之间的年金分割。

[4]夫妻之间的实施年金分割请求权只存在于分割期间结束时：

1. 在第 3 款第 1 项和第 2 项提到的情况下，夫妻双方；

2. 在第 3 款第 3 项提到的情况下，未亡配偶。

还拥有 25 年的年金法定期间。在第 1 句第 2 项的情况下，从已故配偶死亡之时起至未亡配偶达到标准退休年龄期间也按比例被视为年金法定期间，该比例为未亡配偶在年满 18 周岁至已故配偶死亡期间年金法定期间的日历月数与该期间的所有日历月数的比例。

[5]如果未亡配偶已经领取了年金补偿金，则无权实施夫妻之间的年金分割。

[6]夫妻之间实施年金分割的请求权存在于结婚当月的月初至请求权产生当月的月底（分割期间）这一期间。如果夫妻之间实施年金分割的请求权是在达到标准退休年龄当月的月底之后产生的，通过全额养老金的给付，分割期间截至给付开始前一个月的月底。

[7]有权请求的数额以夫妻双方的收入指数为基础，分为：

1. 普通年金保险的收入指数，及；
2. 矿工年金保险的收入指数。

在计算年金时，应乘以当前相同的年金价值。夫妻双方收入指数较低的一方有请求将夫妻双方持有的同类的收入指数差额的一半转让的权利（单人年金分割）。

[8]如果在分割期内，夫妻双方各自的收入指数总和存在差异，则收入指数总和较低的一方的收入指数将增长相当于收入指数总和较高的一方的收入指数总和与另一方收入指数总和之差的一半（分割增长）。

[9]夫妻之间的年金分割：

1. 在第3款第1项及第2项提到的情况下，对夫妻双方而言，及；
2. 在第3款第3项提到的情况下，对未亡配偶而言。

在年金保险承担者对年金分割的决定没有争议时，即可实施。

第120b条　配偶在领取适当给付之前死亡

[1]若夫妻一方死亡，且其超过36个月未领取夫妻之间年金分割而产生年金给付的，经申请，未亡配偶的年金不再因年金分割减少。第1句不适用于根据第120a条第3款第3项产生的年金分割。

[2]未亡配偶有权提出申请。

[3]调整自提交申请的次月1日起生效。

第120c条　夫妻之间年金分割的修改

[1]若夫妻双方现有的价值差异与迄今所依据的价值差异存在一定出入，则夫妻双方有权修改年金分割。

[2]只有当参保人出现以下情况时，才考虑请求权数额的变动：

1. 得到收入指数的转让，其总价值与迄今转让的收入指数的总价值有重大出入，或；

2. 履行有决定性的等待期。

如果出入超过拟修改决定转让的收入指数总价值的10%，而该出入至少大于0.5个收入指数，即为重大出入，此时矿工年金保险的收入指数必须先乘以1.3333。

[3]对于已经获得分割增长的夫妻双方，修改不废除已经完成的等待期间。

[4]除夫妻双方外，其遗属也有权申请修改配偶间的年金分割。依职权进行修改是可能的。

[5]除非有权提出申请者在三个月内向年金保险承担者声明其希望继续这一申请程序，否则该程序将随着提出申请的配偶或提出申请的遗属的死亡而终止。

[6]夫妻之间或其遗属之间有义务互相提供行使上述规定的权利所需的必要信息。如果夫妻一方或其遗属没有收到夫妻另一方或其遗属提供的必要信息，那么他们有向有关年金保险承担者了解情况的相应权利。《社会法典》第十编第74条第1款第1句第2项字母b准用之。夫妻双方及其遗属应向有关年金保险承担者提供必要信息。

[7]对于夫妻双方及其遗属而言，当年金保险承担者关于修改的决定没有争议时，夫妻之间的年金分割即可进行修改。

第120d条　程序和管辖

[1]夫妻双方关于年金分割的声明，不得早于预期满足前提条件前的6个月提交。在第120a条第3款第3项规定的情况下，未亡配偶必须在其配偶死亡的月份结束后的12个日历月内（除斥期间）提交关于分割年金的声明。除斥期间只适用于2008年1月1日或之后发生的死亡事件。第2句中规定的期限因年金保险承担者的诉讼程序而中断；一旦诉讼程序结束，该期限重新开始。排除恢复至之前的状态。

[2]在完成年金分割之前，夫妻一方或双方可以撤回年金分割声明。之后则不可撤回。

[3]夫妻较年轻一方的年金保险承担者负责实施年金分割。如果夫妻一方没有在法定年金保险中享有自己的期待权，则由夫妻另一方的年金保险承担者负责。在第120a条第3款第3项提到的情况下，由已故配偶的年

金保险承担者负责。如果夫妻一方是由德国"矿工—铁路职工—海员"年金保险公司负责的，就由该年金保险承担者负责年金分割的实施。

[4]不负责办理夫妻之间年金分割手续的年金保险承担者要受负责年金保险承担者作出的决定的约束。

第120e 同性生活伴侣间的年金分割

同性生活伴侣可以共同决定其在同性生活伴侣关系中获得的可调整的年金请求权在他们之间进行分配（同性生活伴侣之间的年金分割）。年金分割的实施、不因年金分割而减少的年金请求权、同性生活伴侣间年金分割的修改、程序和管辖都遵循本节的前述规定。此时建立同性生活伴侣关系视为结婚，同性生活伴侣关系视为婚姻，同性生活伴侣视为夫妻。

第四分节 供养补偿的特殊性

第120f 条 内部分配和抵消的权利

[1]根据法定年金保险计划获得的权利视为《供养补偿法》第 10 条第 2 款意义上获得的同类权利。

[2]以下内容不被视为《供养补偿法》第 10 条第 2 款意义上的同类权利：

1. 直到 2024 年 6 月 30 日在新加入地区和联邦其他地区获得的权利；
2. 在普通年金保险和矿工年金保险中获得的权利。

第120g 条 外部分配

如果在根据《供养补偿法》进行外部权利分割的情况下，有权获得补偿的人没有选择目标供养，而根据《供养补偿法》第 15 条第 5 款在法定年金保险中进行了补偿，那么在收到家庭法院根据《家庭事务诉讼法和自愿管辖事务法》第 222 条第 3 款确定的金额收据后，就获得了权利。

第120h 条 熔断的权利

由根据《供养补偿法》第 20—24 条的离婚后补偿请求权决定的《供养补偿法》第 19 条第 2 款第 2 项意义上的熔断的权利指：

1. 补足金额（第 315a 条）；
2. 年金附加值（第 319a 条）；
3. 过渡附加值（第 319b 条）及；
4. 根据《既得权和期待权转化法》或根据《附加供给体系平等法》转让的新加入地区年金的继续支付金额或占有权受保护的支付金额，只要其超过第 307b 条第 1 款第 3 句规定的年金的月度金额（第 307b 条第 6 款）。

第五分节　计算原则

第 121 条　一般计算原则

[1]除非另有规定，否则计算应精确到小数点后四位。

[2]在计算到小数点时，如果最后一位的小数点后一位为 5—9，则最后一位小数点进 1。

[3]在计算到整数时，如果四个小数点的第一位为 1—9，则小数点前的数值进 1。

[4]在一次计算中，应先进行其他计算操作，再进行除法。

第 122 条　时间的计算

[1]一个日历月仅部分被年金法定期间覆盖的，按完整月计算。

[2]以年为单位确定的期间包括要考虑的每一年的 12 个月。如果一个时期的开始或结束是由某一具体事件决定的，也要考虑事件发生的日期月。

[3]在考虑最长期限的情况下，应首先考虑最靠后的日历月。

第 123 条　金额的计算

[1]金额的计算应精确到小数点后两位。

[2]在计算金额明确规定或确定为整数时，只有当第一位小数点为 5—9 时，金额才应进 1。

[3]属于部分时期的金额是由总金额乘以部分期间再除以总期间得出的。此外，日历年按 360 天计算，日历月除按份确定的月年金外按 30 天计算，日历周按 7 天计算。

第 124 条 平均值及年金部分的计算

[1]除非明确规定了时间单位的一个不同金额，否则应以单值的金额及作为计算基础的各时间单位的金额计算平均值。

[2]在确定所有年金法定期间的收入指数后，某一时期的年金或年金期待权是根据计算这一时期的收入指数得出的。

第三章 组织、数据保护和数据安全

第一节 组织

第一分节 德国年金保险

第 125 条 法定年金保险承担者

[1]法定年金保险（普通年金保险和矿工年金保险）的任务由地区及联邦机构履行。地区法定年金保险承担者的名称由"德国年金保险"和各自地区管辖的附加部分组成。

[2]德国联邦年金保险公司及德国"矿工—铁路职工—海员"年金保险公司为联邦机构。德国联邦年金保险公司也履行基础任务和交叉任务以及年金保险承担者的共同事务。

第二分节 普通年金保险的责任

第 126 条 年金保险承担者的责任

在普通年金保险中负责完成年金保险任务的是区域承担者、德国联邦年金保险公司及德国"矿工—铁路职工—海员"年金保险公司。这也适用于超国家及国家间法律的适用。

第 127 条 对参保人及遗属的责任

[1]对参保人负责的是年金保险数据部门在分配法定年金保险号时确定的年金保险承担者。若尚未分配法定年金保险号，则由德国联邦年金保

公司负责，直至分配法定年金保险号。

[2]德国联邦年金保险公司扩大理事会根据以下原则确定参保人对应的年金保险承担者的分配：

1. 55%的参保人分配给区域承担者，40%分配给德国联邦年金保险公司，5%分配给德国"矿工—铁路职工—海员"年金保险公司。

2. 第一步，根据第129条或第133条，按第1项规定的配额将参保人分配到德国"矿工—铁路职工—海员"年金保险公司。

3. 第二步，将剩余的参保人尽可能地分配给区域承担者，为每个地方责任范围选出一家区域承担者，分别按照第1项的规定产生配额。

4. 第三步，其余的参保人根据第1项规定的配额在德国联邦年金保险公司及德国"矿工—铁路职工—海员"年金保险公司之间进行分配，根据第2项对德国"矿工—铁路职工—海员"年金保险公司的预分配要计算在内。勃兰登堡州、汉堡州、黑森州、北莱茵—威斯特法伦州、上巴伐利亚州、萨克森州和萨尔州的参保人应被平均分配给德国"矿工—铁路职工—海员"年金保险公司。

[3]收到已故参保人最后一次缴费的年金保险承担者对向年金保险承担者提出请求权的已故参保人遗属负责。即使又一参保人死亡后由另一机构负责，上述责任机构仍有管辖权。在几个参保人同时死亡的情况下，由收到最后一次缴费的年金保险承担者负责。如果最后一次保费是向多个年金保险承担者缴纳的，则负责的机构按以下顺序得出：

1. 德国"矿工—铁路职工—海员"年金保险公司，

2. 德国联邦年金保险公司，

3. 区域承担者。

第127a条 残疾、老年和遗属给付以及提前退休给付的联络机构

[1]法定年金保险承担者的权限也应扩大到履行由超国家或国家间的法律确定的联络机构的任务。其中特别包括：

1. 审查并决定德国法律是否继续适用于以下人员：

a) 临时派往欧洲联盟另一成员国、《欧洲经济区协定》另一缔约国或瑞士，或在那里临时从事自雇工作，以及，

b) 非法定健康保险参保成员或职业供给保险参保成员；

2. 协调跨国界情况下的行政援助和数据交换；

3. 解释、咨询和提供信息。

[2]在欧洲议会和理事会自 2004 年 4 月 29 日起（欧洲经济共同体）关于协调社会保障制度的第 883/2004【《欧盟公报（立法）》2004 年 4 月 30 日第 284 期，第 31 页】条例的适用范围内，经（欧洲经济共同体）第 988/2009 条例【《欧盟公报（立法）》2009 年 10 月 30 日第 284 期，第 43 页】最新修订，德国联邦年金保险公司还担任公务员特别养老金制度的联络机构。它与海关总署在这方面密切合作并提供支持。它可以处理个人数据，只要这是履行其任务所必需的。

[3]在（欧洲经济共同体）第 883/2004 条例的适用范围内，德国"矿工—铁路职工—海员"年金保险公司还担任提前退休给付的联络机构。其中特别包括：

1. 被解雇矿工的调整津贴；

1a. 褐煤开采和露天褐煤开采及硬煤开采的雇员因《燃煤发电终止法》第 57 条第 1 款第 1 句规定的原因而失去工作岗位的调整津贴，以及；

2. 海员保险公司的过渡性津贴。

第 128 条　区域承担者的地方管辖

[1]除非第 3 款或超国家或国家间的法律另有规定，有管辖权的地方区域承担者的顺序依次按以下参保人或遗属在德国的：

1. 住所，
2. 经常居住地，
3. 雇佣工作地，
4. 自雇工作地，

确定。申请给付请求权的日期对地方管辖权有决定性的意义。半额孤儿抚恤金的情况由指定的未亡配偶的区域承担者负责；没有未亡配偶的孤儿抚恤金的情况由指定的最小孤儿的区域承担者负责。如果遗属给付请求权由一个以上的区域承担者负责，则由最初收到申请的区域承担者管辖。

[2]如果第 1 款所述地点不在德国境内，则负责机构为最后一次根据第 1 款得出的区域承担者。

[3]对于以下权利人：

1. 居住在下表所列国家之一；

2. 是这些国家之一的公民，并居住在所列国家以外的领土，或；

3. 居住在德国，或作为德国人居住在所列国家以外的领土上，而且根据欧洲联盟成员国、《欧洲经济区协定》缔约国或瑞士的立法，最后一次支付外国保费是向这些国家的年金保险承担者，根据下表确定对其负责的区域承担者：

比利时	莱茵州德国年金保险公司
保加利亚	中德德国年金保险公司
丹麦	北方德国年金保险公司
爱沙尼亚	北方德国年金保险公司
芬兰	北方德国年金保险公司
法国	莱茵兰—法尔茨州德国年金保险公司
希腊	巴登—符腾堡州德国年金保险公司
大不列颠	北方德国年金保险公司
爱尔兰	北方德国年金保险公司
冰岛	威斯特法伦德国年金保险公司
意大利	斯瓦比亚德国年金保险公司
克罗地亚	南巴伐利亚德国年金保险公司
拉脱维亚	北方德国年金保险公司
列支敦士登	巴登—符腾堡州德国年金保险公司
立陶宛	北方德国年金保险公司
卢森堡	莱茵兰—法尔茨州德国年金保险公司
马耳他	斯瓦比亚德国年金保险公司
荷兰	威斯特法伦德国年金保险公司
挪威	北方德国年金保险公司
奥地利	南巴伐利亚德国年金保险公司
波兰	柏林—勃兰登堡德国年金保险公司

在仅适用1975年10月9日《年金和工伤保险协定》的情况下，根据第128条第1款由地方区域承担者负责；

葡萄牙	北巴伐利亚德国年金保险公司，
罗马尼亚	北巴伐利亚德国年金保险公司，

瑞典	北方德国年金保险公司,
瑞士	巴登—符腾堡州德国年金保险公司,
斯洛伐克	南巴伐利亚德国年金保险公司,
斯洛文尼亚	南巴伐利亚德国年金保险公司,
西班牙	莱茵州德国年金保险公司,
捷克共和国	南巴伐利亚德国年金保险公司,
匈牙利	中德德国年金保险公司,
塞浦路斯	巴登—符腾堡州德国年金保险公司。

[4]根据第1—3款没有负责的年金保险承担者的，由莱茵州德国年金保险公司负责。

第128a条　萨尔州德国年金保险公司的特别责任

[1]萨尔州德国年金保险公司在以下情况下作为地方负责机构：

1. 德国保险费是在2009年1月1日之前支付的，且最后一笔德国保险费是在规定日之前支付给萨尔州德国年金保险公司的，或；

2. 在2009年1月1日之前未支付德国保费，且保险账户最后是由萨尔州德国年金保险公司管理的。

第1句的前提条件为，权利人：

1. 居住在法国、意大利或卢森堡；

2. 拥有上述国家的国籍，且居住在欧盟成员国、《欧洲经济区协定》缔约国或瑞士以外的地区，或；

3. 是居住在欧盟成员国、《欧洲经济区协定》缔约国或瑞士以外地区的德国人，且根据欧盟非德国成员国、《欧洲经济区协定》非德国缔约国或瑞士的法规向法国、意大利或卢森堡年金保险公司支付了最后一笔保费。

[2]若居住在萨尔州的权利人根据欧盟另一成员国、《欧洲经济区协定》另一缔约国或瑞士的法律向法国、意大利或卢森堡年金保险公司支付过最后一笔保险费，也由萨尔州德国年金保险公司负责。

[3]萨尔州德国年金保险公司根据超国家或国家间的法律履行冶金工人附加保险联络机构的职能。

第129条　德国"矿工—铁路职工—海员"年金保险公司对于参保人的责任

[1]当参保人：

1. 在联邦铁路资产公司工作；

2. 在德国铁路股份公司或根据1993年12月27日《德国铁路公司成立法》（《联邦法律公报》第一卷第2378、2386页）第2条第1款分立出的股份公司工作；

3. 在根据上述法律第3条第3款从股份公司分立的，主要由其控制，且直接和主要提供铁路运输服务或经营铁路基础设施的企业工作；

4. 在铁路保险机构、联邦铁路公务员健康供给公司和铁路社会工作机构工作；

5. 在海事部门（海运和海洋捕捞）工作，或；

6. 在德国"矿工—铁路职工—海员"年金保险公司工作时，由德国"矿工—铁路职工—海员"年金保险公司负责。

[2]独立从业者中作为有强制投保义务的海上飞行员、沿海船长或沿海渔民也由德国"矿工—铁路职工—海员"年金保险公司负责。

第130条　德国"矿工—铁路职工—海员"年金保险公司的特别管辖权

如果根据第129条第1款或第2款的规定，因雇佣工作或自雇工作缴纳了保费，则由德国"矿工—铁路职工—海员"年金保险公司负责给付年金。在这些情况下，德国"矿工—铁路职工—海员"年金保险公司也负责实施保险。

第131条　问讯和咨询中心

各地区机构在问讯和咨询领域为德国年金保险运营一个服务网络。

第三分节　矿工年金保险责任

第132条　保险承担者

矿工年金保险的承担者是德国"矿工—铁路职工—海员"年金保险

公司。

第133条　德国"矿工—铁路职工—海员"年金保险公司对雇员的责任

当参保人：

1. 受雇于一家采矿企业时；

2. 专门或主要从事与矿工有关的工作时，或；

3. 受雇于代表采矿业职业利益的工人组织或雇主组织，或受雇于矿务局、高级矿务局或采矿试验中心、研究中心或救援中心，且上述单位在其受雇前已为其缴纳满5年的矿工年金保费时，由德国"矿工—铁路职工—海员"年金保险公司负责。

第134条　采矿企业和工程

[1]采矿企业是指以采矿方式提取矿物或类似物质的企业，但经营石料和土料产业的企业只有在其主要在地下经营的情况下才是采矿企业。

[2]实验矿井也视为采矿企业。

[3]在空间上和业务上与采矿企业有联系，作为其附属的企业也属于采矿企业。

[4]下列在空间和业务上与采矿工程有联系，但由不同的雇主进行的，是矿工工程：

1. 除临时安装工程外的所有井下工程；

2. 矿床开采的剥离工程；

3. 除挖机上的作业外，在现有工程矿区内采掘或装载回填材料的工程；

4. 在现有工程矿区内对尾矿（矿坑）进行再加工（洗选）；

5. 正在进行的矿区铁路和矿区边线的维修工作；

6. 在矿区的车辆调度；

7. 矿区所属修理厂的工作；

8. 在仅用于矿区经营的矿区木材堆置场上进行的工程，该木材应为矿区所有；

9. 在灯房内的工作；

10. 在矿区内堆放已开采的材料、装载掉落的产品、储存和卸载产品、残余物和其他废物；

11. 翻新工程，如清理、修平工作，以及装载废物等这一类工作，若这种工作是经常在矿区内进行的。

[5]对矿工保险而言，矿工工程相当于采矿企业。

[6]井下安装工程超过三个月的，属于第4款第1项所指的矿工工程。

第135条 补充保险

德国"矿工—铁路职工—海员"年金保险公司作为矿工年金保险的承担者，只有补充保险在雇佣工作期间被矿工年金保险承担者实施的情况下，才对补充保险负责。德国"矿工—铁路职工—海员"年金保险公司还对矿务局、高级矿务局或矿务监察机构工作的补充保险负责，若该工作在终止前已缴纳满5年的矿工年金保费。

第136条 德国"矿工—铁路职工—海员"年金保险公司的特别管辖权

如果已经因一份工作向矿工年金保险缴纳了保费，则由德国"矿工—铁路职工—海员"年金保险公司负责给付。在这些情况下，德国"矿工—铁路职工—海员"年金保险公司也实施保险。这也适用于超国家或国家间的法律的适用。

第136a条 矿工年金保险中的残疾、老年和遗属给付的联络机构

德国"矿工—铁路职工—海员"年金保险公司的权限也扩大到履行超国家或国家间的法律确定的联络机构的任务。第137a款第2句准用之。

第137条 保险实施和给付的特殊性

德国"矿工—铁路职工—海员"年金保险公司为由于以下原因被其保险的人员实施矿工年金保险：

1. 抚养子女，
2. 服兵役或民事服役，
3. 领取社会给付或提前退休津贴，

条件是他们在此期间开始前的最后一年因一份工作最后参与的是矿工年金保险。

第三 A 分节　德国"矿工—铁路职工—海员"年金保险公司对海员保险公司的责任

第 137a 条　德国"矿工—铁路职工—海员"年金保险公司对海员保险公司的责任

由海员同业合作社根据 1972 年 10 月 16 日《年金改革法》第 1 章第 4 条第 2 项中的《帝国保险法》第 891a 条以及修正或补充该法的法律建立和运作的海员保险公司，自 2009 年 1 月 1 日起，由德国"矿工—铁路职工—海员"年金保险公司根据第 137b—137e 条以其名义作为普通年金保险承担者继续实施。

第 137b 条　给付和保险实施的特殊性

[1]海员保险公司的任务是向被保险的海员以及从海上退休的沿海船员和沿海渔民发放在年满 55 周岁后领取的过渡性津贴。章程可以拟定，参保人在达到标准退休年龄后，以及在达到标准退休年龄前领取未降低准入系数的养老金的情况下，可以领取补充给付。

[2]以下对象被强制在海员保险公司投保：

1. 根据《社会法典》第四编第 13 条第 1 款，受雇于商船或渔船以获取报酬或接受职业教育，并在德国"矿工—铁路职工—海员"年金保险公司参加年金保险的海员，只要这种职业不是《社会法典》第四编第 8 条意义上的迷你雇佣工作；

2. 根据第 2 条第 1 句第 7 项或第 229a 条第 1 款参加了年金保险且非副业从事者的沿海船员和沿海渔民。

[2a]第 2 条第 1 款不适用于 2015 年 4 月 21 日之前根据《社会法典》第四编第 2 条第 3 款第 1 句第 1 项存在的强制保险，且未在行业内的同业合作社投保工伤保险的德国海员，除非雇主为这些人提交在海员保险公司强制投保的申请。

[2b]在公共雇主的申请下，根据《社会法典》第四编第 13 条第 1 款，

其雇用的所有在德国"矿工—铁路职工—海员"年金保险公司投保的海员都将在海员保险公司中投保。海员保险公司章程可以决定，在 2015 年 4 月 21 日受雇于公共雇主时存在的强制保险义务继续存在，并且这一义务也延伸到 2015 年 4 月 21 日之后开始受雇于这些雇主的海员。

[3]雇主向海员保险公司的报告应与向社会保险机构的报告（《社会法典》第四编第 28a 条）合并。

第 137c 条 资产，责任

[1]自 2009 年 1 月 1 日起，海员保险公司的资产将与所有权利和义务一并移交给德国"矿工—铁路职工—海员"年金保险公司。

[2]海员保险公司的资产将作为特殊资产，与德国"矿工—铁路职工—海员"年金保险公司的其他资产分开管理。收支相抵后的盈余应计入资产，赤字由资产补足。收入和支出的管理计划，包括行政费用的支出，应在德国"矿工—铁路职工—海员"年金保险公司预算计划中作出单独的计划。

[3]海员保险公司的资金将通过向投保的雇主或雇用投保人员的雇主征税的方式筹集。更多细节，尤其是福利的条件和范围以及保险费的确定和支付则由海员保险公司章程确定。该章程还可以拟定海员在资金筹集方面的参与。

[4]德国"矿工—铁路职工—海员"年金保险公司对海员保险公司债务的责任仅限于海员保险公司的特殊资产；特殊资产不为德国"矿工—铁路职工—海员"年金保险公司其他职责范围的债务提供担保。

[5]如果不能长期保证法定义务的履行，监管部门将停止海员保险公司的运行。

第 137d 条 机构

德国"矿工—铁路职工—海员"年金保险公司的自治机构和管理层根据作为年金保险承担者的德国"矿工—铁路职工—海员"年金保险公司可适用的法律，并按照海员保险公司章程，代表和管理海员保险公司。

第 137e 条 咨询委员会

[1]德国"矿工—铁路职工—海员"年金保险公司为海员保险公司的事

务成立一个咨询委员会，该咨询委员会由根据第 137c 条第 3 款规定的雇主代表以及在海员保险公司投保的海员代表组成。咨询委员会的成员及其副手由德国"矿工—铁路职工—海员"年金保险公司的董事会根据海运业劳资双方的建议进行委任。任期准用《社会法典》第四编第 58 条第 2 款的规定。咨询委员会成员因重大理由可在任期届满前予以罢免。

[2]志愿工作、志愿活动的补偿和责任准用《社会法典》第四编第 40—42 条的规定。

[3]咨询委员会就有关海员保险公司的事务向德国"矿工—铁路职工—海员"年金保险公司的自治机构提供咨询。咨询委员会要处理需决定的草案，也要自己提出决议草案。海员保险公司章程可以规定，德国"矿工—铁路职工—海员"年金保险公司董事会和代表大会的决定不得偏离咨询委员会提出的决议草案，特别是在涉及海员保险公司章程、保险、征税和特殊资产的问题上。如果参与决策过程的各部门无法在这些问题上达成共识，则由监管部门决定。更具体的由海员保险公司章程规定。

第四分节　德国年金保险的基本和交叉任务，扩大的理事会

第138条　德国年金保险的基本和交叉任务

[1]德国联邦年金保险公司履行德国年金保险的基本和交叉任务。这些任务包括：

1. 在政党、联邦、州、欧洲、其他国家和国际机构以及社会伙伴面前全权代表年金保险承担者，与有诉讼争议的年金保险承担者在欧洲法院、联邦宪法法院和联邦社会法院的诉讼程序中进行协商；

2. 公共工作，包括定期为雇主、参保人和退休者出版有关年金保险的信息和原则的地区手册；

3. 统计；

4. 厘清基本的技术和法律问题，以确保以下领域法律适用的一致性：

a) 恢复和参与，

b) 社会医疗，

c) 保险，

d) 费用，

e）费用监督，

f）年金，

g）涉及年金保险的外国法、社会保险、欧盟法；

5. 组织承担者之间的质量和效率竞争，特别是颁布建立和落实以目标为导向的给付和质量数据标准的框架准则；

6. 保留承担者自主权前提下组织结构、组织流程、人力资源和投资的原则；

7. 整个系统的财政宪法框架内财政配置和管理的原则和控制；

8. 协调康复措施的规划，特别是床位需求和分配的规划；

9. 数据处理和服务职能的原则和协调；

10. 年金保险电子服务的注册和认证功能；

11. 作为签字机构的功能；

12. 教育和培训的原则；

13. 问讯和咨询中心的组织和任务分配原则；

14. 为年金保险承担者提供信息；

15. 养老保障和康复领域的研究，以及；

16. 根据规定了《基本法》第131条所提到人士的法律关系的法律进行信托。

[2] 德国联邦年金保险公司关于德国年金保险基本任务和交叉任务的决定，以及确定可能必要的进一步基本任务和交叉任务，应由德国联邦年金保险公司代表大会根据《社会法典》第四编第64条第4款作出；这些决定对年金保险承担者具有约束力。联邦代表大会可根据《社会法典》第四编第64条第4款将决策权全部或部分转移给德国联邦年金保险公司联邦董事会，联邦董事会应根据《社会法典》第四编第64条第4款作出决定。关于法律问题的解释，由联邦代表大会和联邦董事会根据章程规定的成员人数的所有加权票的简单多数作出决定。

[3] 联邦董事会可将根据《社会法典》第四编第64条第4款将决策权全部或部分转移给联邦董事会的一个委员小组。委员小组作出的决定必须是一致的。委员小组应将决定提交给联邦董事会；联邦董事会可根据《社会法典》第四编第64条第4款作出不同的决定。

[4] 如果理事会向联邦代表大会或联邦董事会提交的草案涉及具有约束

力的决定或进一步的基本和交叉任务的必要确认,那么这些草案需要得到扩大理事会的事先批准。代表所有年金保险承担者的专门委员会的咨询结果必须转达给联邦代表大会或联邦董事会。更具体的由章程规定。

[5]具有约束力的决定以及对进一步的基本和交叉任务的确定应在德国联邦年金保险公司的官方公报上公布。

第139条 扩大理事会

[1]德国联邦年金保险公司的扩大理事会由来自区域承担者范围内的五名企业负责人、德国联邦年金保险公司理事会全部成员和德国"矿工—铁路职工—海员"年金保险公司管理层的一名成员组成。扩大理事会应从其成员中以全部加权票的至少2/3多数选出一名主席。来自区域承担者地区的企业负责人是根据联邦董事会区域承担者代表的提名,在联邦代表大会上通过区域承担者代表的多数票选出。德国联邦年金保险公司章程规定了扩大理事会决策和议程的细节。

[2]扩大理事会的决议应以全部加权票的至少2/3多数作出。区域承担者的投票权重为55%,联邦承担者的投票权重为45%。联邦承担者的选票应相互根据参保人的人数进行加权。第2句中选票权重的进一步细节规定在章程中。

第140条 德国年金保险的职工代表协会工作组

[1]在德国联邦年金保险公司根据第138条第1款作出具有约束力的下述决定之前,应征求德国年金保险的职工代表协会工作组的意见:

1. 组织结构、组织流程和人力资源的原则;
2. 数据处理的原则和协调;
3. 教育和培训的原则;
4. 问讯和咨询中心的组织原则,以及;
5. 可能会对雇员的工作条件产生影响的决定,该影响与第1—4项的决定产生的影响一致。

[2]德国年金保险的职工代表协会工作组的组成如下:

1. 三名来自于德国联邦年金保险公司职工代表协会的成员以及一名来自于德国"矿工—铁路职工—海员"年金保险公司的成员;成员各为

全体职工委员会主席，或在有代表级别的情况下，为主要职工委员会主席，如果是德国联邦年金保险公司的职工代表协会，还包括董事会的另外两名成员，以及；

2. 从每个州直属的年金保险承担者的职工代表协会中选出一名成员；这些成员的选拔规则和派遣程序根据各州的法律确定。

职工代表协会工作组的成员参加其各自的主要职工代表协会，若主要职工代表协会尚未建立的，则参加全体职工代表协会。德国年金保险的职工代表协会工作组按多数成员的票数决定议程，议程中必须包含主席、内部决策程序以及通过决议的相关规定。其他适用《联邦职工代表协会法》的规定。德国联邦年金保险公司是《联邦职工代表协会法》第44条所指的费用承担机构。

第五分节　区域承担者的合并

第141条　代表大会决定的区域承担者的合并

[1]为了改善经济或提高效率，区域承担者可以通过其代表大会的决议联合起来成立一个区域承担者，条件是新的区域承担者的职责范围不因合并而超过三个州。合并决议应得到有关州负责社会保险的最高州当局的批准。

[2]合并决议必须特别说明新的区域承担者的名称和所在地。在跨州合并的情况下，应至少按照一个相关州负责社会保险的最高当局的要求，确定参与此次合并的区域承担者所涉及的各州区域之间的工作量分配。

[3]有关区域承担者应向合并后负责监管的部门提交章程、部门成员任命的建议和与第三方法律关系的协议。该监管部门应与区域承担者所在区域的其他州的监管部门达成批准章程和协议、任命部门成员并确定合并的生效日期的统一意见。自生效日期起，新的区域承担者继受原区域承担者的权利和义务。

[4]新区域承担者代表大会的决议如果与合并决议中关于名称、所在地或工作量分配的决议有很大出入，需要得到新区域承担者涉及的负责社会保险的州最高当局的批准。

第142条 通过法规性命令合并区域承担者

[1]如果一个州有一个以上的区域承担者,州政府可通过法规性命令将两个或两个以上的区域承担者合并,以提高经济性或效率。进一步的细节应由州政府在与有关区域承担者协商后,在第1句提到的法规性命令中加以规定。

[2]最多三个州的州政府可以根据第1款提到的目的,通过措辞相同的法规性命令合并其地区内涉及的区域承担者。第1款第2句准用之。

第六分节 保险承担者的雇员

第143条 直接隶属于联邦的保险承担者

[1]根据《联邦公务员法》第2条的规定,德国联邦年金保险公司、德国"矿工—铁路职工—海员"年金保险公司和直接隶属于联邦的区域承担者有权聘用公务员。

[2]德国联邦年金保险公司的理事会成员由联邦总统根据联邦政府的建议任命为附期限的公务员,任期6年。不适用公务员法关于职业生涯和试用期的规定。

[3]如果德国联邦年金保险公司理事会成员曾在公务员或法官岗位被终身任职,则在任期内,除公务员保密义务和禁止接受奖励、馈赠外,最后一个公务员或法官岗位上终身任职所产生的权利和义务停止。准用《公务员供给法》第15a条的规定。

[4]如果德国联邦年金保险公司理事会成员不曾在公务员或法官岗位被终身任职,则适用《公务员供给法》第66条第1款,但条件是根据《联邦公务员法》第51条第1款和第2款,在达到适用于联邦公务员的标准退休年龄的当月月底,存在附期限的公务员关系中的退休金请求权。退休金的数额根据《公务员供给法》第14条第1款和第3款计算。

[5]如果德国联邦年金保险公司的负责人在任期结束后被任命为德国联邦年金保险公司主席,则准用《公务员供给法》第66条第4款第2句的规定。

[6]德国"矿工—铁路职工—海员"年金保险公司和直接隶属于联邦的

区域承担者的管理层成员由联邦总统根据联邦政府的提名任命为公务员。

[7]联邦劳动和社会事务部根据各董事会的提名,任命德国联邦年金保险公司、德国"矿工—铁路职工—海员"年金保险公司和直接隶属于联邦的区域承担者的其他公务员。它可以将权限下放给董事会,后者可以将任命基层、中级和高级公务员的权限下放给理事会或管理层。如果任命权转让给董事会、理事会或管理层,则章程应确定委任书的颁发人。

[8]德国联邦年金保险公司董事会成员、德国"矿工—铁路职工—海员"年金保险公司管理层成员和隶属于联邦的区域承担者成员的最高主管当局是联邦劳动和社会事务部,其他公务员的最高主管当局是董事会。后者可以将权力移转给董事长、理事会、总经理或管理层。《联邦公务员法》第144条第1款和《联邦纪律法》第83条第1款不受影响。

[9](已废止)

第144条 州直属的保险承担者

[1]在第2款的情况下,根据《公务员身份法》第2条的规定,州直属的区域承担者有权聘用公务员。

[2]州直属区域承担者的公务员为州公务员,但州法律另有规定的除外。

[3]州直属的区域承担者承担公务员及其遗属的收入。

第七分节 年金保险的数据部门

第145条 年金保险数据部门的任务

[1]年金保险承担者共同维护一个由德国联邦年金保险公司管理的数据部门。与此同时必须确保德国联邦年金保险公司作为年金保险承担者所掌管的数据库与年金保险数据部门的数据库保持永久分离。年金保险承担者可以将数据部门作为一个中转机构。

[2]德国联邦年金保险公司只能在数据部门维护一个社会数据的数据系统,该系统不是专门用于归类参保人的法定年金保险号的,且只有在法律规定设立该数据系统的情况下才能设立。

[3]德国联邦年金保险公司可以通过公法协议订立保险合同,规定数据部门在供养补偿问题中有履行作为中介机构为其他公法关系的供养提供者

完成电子法律交易的义务。这些承担者有义务报销德国联邦年金保险公司产生的费用。

[4]就法律规定的或因法律原因产生的任务，数据部门应接受联邦劳动和社会部的监督。该监督准用《社会法典》第四编第 87—89 条的规定。联邦劳动和社会事务部可将全部或部分监督义务交给联邦社会保障局。

[5](已废止)

第 146 条（已废止）

第二节 数据保护及数据安全

第 147 条 法定年金保险号

[1]在法定年金保险号是为执行《社会法典》规定的法定任务而进行的个人数据分配所必需的情况下，或法定年金保险号是由法律规定的或因法律原因确定的，则年金保险数据部门可以给个人分配一个法定年金保险号。根据本编投保的人员应被分配到一个法定年金保险号。

[2]一个人的法定年金保险号由以下几个部分组成：

1. 年金保险主管机构的区号；
2. 出生日期；
3. 出生姓的首字母；
4. 序列号，其中还可包含关于这个人性别的说明，以及；
5. 校验数字。

法定年金保险号不得包含其他个人特征。

[3]获得法定年金保险号分配的每个人及对其负责的年金保险承担者都应立即被告知已分配的法定年金保险号及根据第 127 条进行的分配。

第 148 条 年金保险承担者的数据处理

[1]年金保险承担者只能在为了履行法定指派或授权其任务所必需的情况下才能处理社会数据。根据本编的任务如下：

1. 保险关系，包括保险特权或保险豁免权的确定；

2. 年金法定期间的证明；
3. 参与给付的确认及落实；
4. 养老金及其他现金给付的确定、支付、调整、监管、中断或结算；
5. 资料的提供以及保险账户的管理和厘清；
6. 保费及其退还的证明。

年金保险承担者可以根据《所得税法》第 91 条第 1 款第 1 句将中央部门鉴于数据请求传送给它的法定年金保险号、姓、出生姓、名、出生地和地的一部分，用作保险账户中已存储的姓名和地址数据的更新。

[2]只有当通过技术和组织方面的措施确保有关疾病的数据仅供需要这些数据来完成其任务的人使用的情况下，年金保险承担者才能将可确定该疾病类型的数据与其他数据一起储存在一个共同的数据系统中。

[3]只有在年金保险承担者与法定健康保险、农业养老保险、艺术家社会保险、作为健康基金管理人的联邦社会保障局、联邦就业署之间，或在《社会法典》第二编第 6a 条的情况下经授权的市政承担者、德国"矿工—铁路职工—海员"年金保险公司（在根据《所得税法》进行迷你雇佣工作任务的情况下）、德国邮政股份公司（被委托计算或支付社会给付的情况下）、联邦和州的供给机构、市政和教会的附加和公务员供给公司以及冶金工人附加保险公司（这些数据是确定给付所必需的情况下）、保险局和乡镇地方局（被委托进行法定年金保险给付的申请的情况下）才允许设立一种能够通过检索从年金保险承担者的数据系统中传输社会数据的自动申请程序；此外也允许中介机构出面。如果根据超国家或国家间的法律确定给付时需要使用这些数据，并且没有理由认为值得保护的有关人员的利益会因此受到损害，才允许向在《社会法典》适用范围之外的给付承担者提供这些数据。根据《社会法典》第十编第 79 条第 1 款的规定，也允许在没有批准的情况下通过检索在自动申请程序实现数据传送。

[4]年金保险承担者只有在为了维护数据系统或完成法律规定或授权的其他任务所必需的情况下，才能向年金保险的数据部门传送社会数据。如果社会数据是以匿名形式传送的，则不适用第 1 句的限制。

第149条 保险账户

[1]年金保险承担者为每个参保人运行一个保险账户，该保险账户是根

据法定年金保险号安排的。保险账户应储存包括年金报表在内的保险实施以及确定和提供给付所需的数据。如果为了明确保险义务或缴纳保费的义务以及为了雇主的审计（《社会法典》第四编第 28p 条），也可以为没有按照本编规定投保的人运行一个保险账户。

[2]年金保险承担者应确保保险账户存储数据的完整、清晰。数据应当能随时被调取，并能在机器可处理的数据载体上或通过数据传输被传送。年金保险承担者如确认根据《社会法典》第四编第 8 条第 1 款第 1 项或第 8a 条规定为某一雇员办理了多次雇佣登记或超过《社会法典》第四编第 8 条第 1 款第 2 项规定的时限，应立即对这些雇佣关系进行审查。年金保险承担者如确认某项雇佣因合计而应强制参加保险，但未申报或已申报免于参加强制保险的，应将该项雇佣与必要的数据通知征缴机构。如果年金保险承担者确认，在几种雇佣关系同时存在的情况下，适用关于过渡范围的规定的前提条件不存在或不再存在，则准用第 4 句的规定。

[3]年金保险承担者应定期向参保人通知其保险账户中存储的与确定年金期待权数额有关的社会数据（保险历史）。

[4]参保人有义务配合厘清保险账户，特别是检查保险历史的正确性和完整性，说明与厘清同账户有关的所有事实，并提供必要的证明文件和其他证据。

[5]保险承担者已对保险账户进行了厘清，或者参保人在保险历史发送后 6 个日历月内未对其内容提出异议的，保险承担者将以通知的方式确认保险历史中尚未确定的、可追溯至 6 个日历年以上的数据。如果确认通知所依据的条例发生变化，确认通知必须通过新的确认通知或通过对过去有效的年金通知取消；《社会法典》第十编第 24、48 条不适用。只有在确定给付时，才能决定对保险历史中的数据进行折算和估价。

第 150 条　数据部门的资料系统

[1]在下述必要的情况下，可在数据部门保留一份原始数据档案，目的是：

1. 确保一个人只收到一个法定年金保险号，且所分配的法定年金保险号不能再用于另一个人；

2. 确定分配给个人的法定年金保险号；

3. 查明哪一家年金保险承担者负责或曾经负责过运行一个保险账户；

4. 能够向主管机构转交根据法律或超国家或国家间的法律必须收到的数据；

5. 查明国外哪些年金保险承担者或福利机构存储了某人的进一步数据；

6. 如果在出生通知中不能明确地给母亲分配法定年金保险号，通知母亲在养育子女期间的强制保险；

7. 确定本人保险年金和遗属抚恤金与劳动报酬的同时发生，以便能够核实年金领取者对法定健康保险保费的正确计算和支付；

8. 使年金保险承担者能够告知未亡配偶或同性生活伴侣给付请求权的存在；

9. 使年金保险承担者在权利人结婚或建立同性生活伴侣关系后能够避免错误发放遗孀和鳏夫抚恤金及育儿年金。

为完成分配或转交给德国联邦年金保险公司的任务所必需的、以匿名形式不足以完成处理的、进一步的社会数据只能存储在数据部门的原始数据档案中。

[2]除私人数据外，原始数据档案只能包含与个人年金保险关系有关的以下数据：

1. 法定年金保险号，如果是因死亡而获得抚恤金的领取者，还包括已故参保人的法定年金保险号；

2. 姓氏和名字，包括出生时的姓氏；

3. 出生地，包括出生国；

4. 国籍；

5. 死亡；

6. 地址；

7. 雇主的企业编号；

8. 开始就业的日期。

[3]为了核实本编范围内的雇佣工作或自雇工作是否符合根据（欧洲经济共同体）第 883/2004 条例第 2 目的规定不能适用德国的社会保障法这一前提条件，年金保险数据部门应储存以下数据：

1. 社会保障制度行政协调委员会确定的法律适用证明或包含在欧盟

另一成员国、《欧洲经济区协定》另一缔约国或瑞士的承担者的相应结构性文件中的数据；

2. 被签发证明或制定相应结构性文件的人的识别特征；
3. 外国雇主的一个识别特征；
4. 国内雇主的一个识别特征；
5. 签发第 1 项所述的证明或相应的结构性文件的承担者的询问通知；
6. 第 1 项所述证明或相应结构化文件的审查结果。

雇员的识别特征是法定年金保险号。如果没有分配法定年金保险号，数据部门会分配一个新的识别特征。独立从业者的识别特征准用之。这些识别特征的构成适用第 147 条第 2 款。外国雇主的识别特征由数据部门指定。德国企业的识别特征是企业编号。尚未分配企业编号的，由数据部门指定一个明确的识别特征作为临时企业编号。为了第 1 句提到的审查目的，必要时，数据部门将对第 1 句提到的数据进行处理。数据部门应将第 1 句提到的数据传送给建筑业假期和工资补偿保险公司，只要这是完成建筑业假期和工资补偿保险公司因劳资协议而产生的以收取保费和发放福利为目的的任务所必需的。数据必须在证书或相应的结构化文件中规定的有效期届满后的 5 年内删除，如果没有规定，则在与事实有关的期限届满后删除。更具体的由德国联邦年金保险公司和法定工伤保险中央协会在共同原则中规定。共同原则由联邦劳动和社会事务部与联邦财政部商定一致后批准。

[4]在数据部门，除法律规定的数据系统外，还可以运行另一个数据系统，只要这是确保实施数据保护，特别是确定文件系统的用户所必需的。

[5]只有针对第 148 条第 3 款提到的机构或德国联邦年金保险公司（仅在作为中央机构执行《所得税法》规定的任务的情况下）、法定工伤保险承担者（仅在检查某项就业是否符合不适用德国社会保障法的条件，或根据《社会法典》第七编第 110 条第 3 款第 2 句检查某项就业的通知是否已根据《社会法典》第四编第 28a 条的规定被作出的情况下）、海关管理局（仅在根据《打击非法劳动法》第 2 条执行任务的情况下），才允许为数据部门的数据系统建立一个自动调取数据的程序。在第 1 句的情况下，还必须满足针对德国邮政股份公司、保险局、乡镇地方局以及国外给付承担者的特殊前提条件。此外，联邦货运局根据《公路运输法》第 11 条第

2款第3项字母a的规定履行任务时，允许为数据部门的数据系统建立一个自动调取数据的程序。

第151条　德国邮政股份公司的资料

[1]德国邮政股份公司只能从社会数据中传送以下数据，这些数据是德国邮政股份公司根据本编了解到的与年金或其他现金给付的支付、调整、监管、中断或结算有关的，并且根据《社会法典》第十编第二章的规定，德国邮政股份公司有权传输给负责社会给付的给付承担者以及与其同等的给付承担者的（《社会法典》第一编第35条及第十编第69条第2款）：

1. 姓氏、名字，包括出生时的名字；
2. 出生日期；
3. 法定年金保险号；
4. 与婚姻状况有关的数据；
5. 与死亡有关的数据，包括《社会法典》第十编第101a条的登记机构给出的死亡通知上的数据；
6. 与保险关系有关的数据；
7. 与现金给付的类型及数额有关的数据，包括直接确定该给付的数据；
8. 与现金给付的开始、变更及结束有关的数据，包括直接确定该给付的数据；
9. 与支付现金给付有关的数据；
10. 与通知收取人或非暂时全权代理人，以及其他债权人有关的数据。

[2]如果是与其他社会给付承担者提供的社会给付及其同等的社会给付承担者提供的其他现金给付的支付、调整、监管、中断或结算有关的社会数据，德国邮政股份公司只能从中向年金保险承担者传送本条第1款所述的数据。

[3]如果德国邮政股份公司不自我调整年金保险的年金或其他现金给付，但根据第1款或第2款的规定，其他社会给付承担者或其同等机构需要这些数据作为参考时，年金保险承担者也可以将调整年金或其他现金给付所

需的社会数据传输给德国邮政股份公司。

第 151a 条　在保险局的自动程序中提出申请

[1]如果参保人或其他给付权利人的住所或惯常居住地，雇佣工作地或自雇工作地在保险局的管辖区或在乡镇，则为了保险局或乡镇地方局能够接收给付申请并将申请转交给年金保险承担者，可以建立一个自动程序，使保险局或乡镇地方局能够从年金保险数据部门的原始数据档案（第 150 条第 2 款）以及保险账户（第 149 条第 1 款）中检索自动程序所需的参保人的数据。

[2]只有第 150 条第 2 款第 1—4 项规定的数据才能从原始数据档案中被检索到。只有以下数据以及当前运行账户的年金保险承担者的说明可以从保险账户中被检索到：

1. 最后一次从国外移居的日期，并注明国家；
2. 最后一次厘清账户的日期；
3. 住址；
4. 参保日期；
5. 参保人尚未帮助厘清的保险史空白；
6. 育儿期间和因育儿获得的福利期间；
7. 职业教育期间；
8. 关于所申请年金的等待期信息，包括根据第 52 条完成等待期的情况；
9. 主管的征缴机构及各时期的说明。

[3]德国联邦年金保险公司在与联邦信息安全局协商一致后，制定建立自动程序的安全概念，其中必须特别包含根据欧洲议会和理事会自 2016 年 4 月 27 日起为在处理个人数据方面保护自然人，数据的自由流动以及废除第 95/46/EG 条例（一般数据保护条例）【《欧盟公报（立法）》2016 年 5 月 4 日第 119 期，第 1 页；2016 年 11 月 22 日第 314 期，第 72 页；2018 年 5 月 23 日第 127 期，第 2 页】的欧盟条例第 24、25 和 32 条的各个有效的版本所要求的技术和组织措施。如果对自动程序进行了安全相关的修改，或由于任何其他原因，安全概念不适合确保数据的安全，则最迟必须每四年与联邦信息安全局协商一致，更新安全概念。为达成一

致，联邦信息安全办公室应审查安全概念。根据第2句建立程序和适用更新的安全概念要事先征得根据第1款为自动调取提供数据的机构的监管部门的同意。申请同意时要提交安全概念，并附上联邦信息安全局关于达成一致的声明。如果监管部门在提交申请后三个月内没有作出不同的决定，则视为同意。如果没有按照第2句的规定更新安全概念，监管部门可以禁止程序的运作。

第152条　行政立法授权

兹授权联邦劳动和社会事务部在征得联邦参议院同意的情况下，通过法规性命令规定：

1. 发放法定年金保险号的对象；
2. 发放法定年金保险号的日期；
3. 关于法定年金保险号的构成以及变更的详细情况；
4. 负责发放法定年金保险号的保险承担者；
5. 保险史的前提要求、形式和内容，以及保险史发送程序的详细说明；
6. 年金保险承担者之间以及与德国邮政股份公司之间的数据交换的类型和范围，以及保险账户的运行和其中可以存储的数据类型；
7. 最迟必须删除社会数据的期限；
8. 对保险单据的处理，包括在什么条件下可以销毁以及销毁的类型、范围和时间。

第四章 财政

第一节 财政原则和年金保险报告

第一分节 现收现付制度

第153条 现收现付制度

[1]在年金保险中,一个日历年的支出由同一日历年的收入覆盖,必要时从可持续发展储备金中提取。

[2]普通年金保险的收入主要是保费和联邦的补贴,矿工年金保险的收入主要是保费和联邦平衡收支的资金。

[3]根据《社会法典》第四编第7f条第1句第2项移转的时间账户不属于现收现付制度的部分。尤其是普通年金保险中的收入、支出和支付义务,不属于因时间账户的转账和使用产生的流动的管理资金。

第二分节 年金保险报告和社会咨询委员会

第154条 年金保险报告,保险费率的稳定,年金水平的保障

[1]联邦政府每年发布年度年金保险报告。报告内容包括:

1. 最新确定的参保人和年金领取者的人数,收入、支出和可持续发展储备金,特别是对未来15个日历年收入和支出的发展、可持续发展储备金以及各自所需保险费率的模拟计算;

2. 根据目前对中期经济发展的评估,对未来5个日历年年金保险财政发展的预期概况;

3. 对提高年龄限制如何对就业形势、年金保险和其他公共预算的财政状况产生影响的介绍。

普通年金保险和矿工年金保险的发展情况要分开介绍。该报告于每年的 11 月 30 日前提交给立法机关。

[2] 年金保险报告在德国联邦议院的每个选举期内补充一次，其中特别说明：

1. 其他全部或部分由公共资金资助的养老保障制度所提供的福利及其财政；

2. 养老保障制度下给付领取者的收入情况；

3. 养老保障制度下各给付的同时发生；

4. 根据《所得税法》第 10a 条或第十一章和第 3 条第 63 项申请的税收优惠的程度，以及因此而产生的企业和私人养老的普及程度，以及；

5. 在考虑到以从养老资助合同获得养老金的形式，以及以在法定年金保险免税保费和税负获得的净收入增加布局中获得养老金的形式的完善养老护理情况下，为每年的典型养老金领取者确定的总体供给水平的数额。

关于第 4 项的说明应于 2005 年首次提交。

[3] 在普通年金保险中，到 2025 年，按照第 3a 款规定的税前保障水平不得超过 48%，保险费率不得超过 20%。联邦政府应向立法机构提议适当的措施，如果在年金保险报告 15 年预测的中间变量中：

1. 到 2030 年，保险费率超过 22%，或；

2. 到 2030 年，根据第 3a 款规定的税前保障水平超过 43%。

如果通过促进自愿附加养老护理的方式显然无法达到足够的普及时，联邦政府应向立法机构提议适当的措施。

[3a] 有关每个日历年的税前保障水平是指可支配的标准养老金与有关日历年的平均可支配收入的比值。每年的可支配标准养老金是指标准养老金减去养老金领取者承担的社会保险缴款。标准养老金是指普通年金保险的常规养老金连同 45 个收入指数，按该日历年 7 月 1 日起有效的 12 个月的当前年金价值计算所得。养老金领取者应承担的社会保费的计算方法如下：将有关日历年的标准养老金乘以养老金领取者应承担的普通保险费率份额加上根据有关日历年《社会法典》第十一编第 55 条第 1 款第 1 句规

定的健康保险平均额外保险费率和护理保险保险费率的份额之和。每个日历年的平均可支配收入是通过调整上一年的平均可支配收入,再加上与年金调整有关的雇员毛收入的标准变化(第 68 条第 2 款),以及每个日历年与上一年相比净比率的变化来确定的。各个日历年的净比率是通过从 100% 的数值中减去根据《联邦司法部公报》第 163 条 10 款第 5 句公布的该日历年雇员应承担的社会保险缴款总额的份额来确定的。为确定 2019 年的税前保障水平,上一年度的平均可支配收入为 32064 欧元。税前保障水平的预先计算准用第 1—5 句。

[4] 自 2010 年起,联邦政府必须每四年向立法机构报告一次老年雇员的就业发展情况,并以就业形势的发展情况和老年雇员的经济社会状况为参考,评估是否提高标准退休年龄仍然合理,以及所通过的法律规定是否可以继续适用。在这份报告中,联邦政府将提议适当的措施以维持 2020 年后 46% 的税前目标水平,同时保持保险费率的稳定。联邦政府还将从 2018 年起报告《年金保险给付改善法》版本中特别长期服务参保人的养老金的效果,特别是在考虑到领取失业津贴期间背景下的该养老金的需求规模和领取要求的满足情况,并将为进一步发展这种类型的养老金提出建议。

第 155 条　社会咨询委员会的任务

[1] 社会咨询委员会的特别任务是对联邦政府的年金保险报告提出专家意见。

[2] 社会咨询委员会的专家意见应与年金保险报告一并交予立法机构。

第 156 条　社会咨询委员会的组成

[1] 社会咨询委员会由以下人员组成:

1. 四名参保人代表;
2. 四名雇主代表;
3. 一名德国联邦银行代表,以及;
4. 三名经济和社会科学代表。

其事务由联邦劳动和社会事务部主导。

[2] 联邦政府任命社会咨询委员会的成员,任期为四年。应根据以下提

名参保人及雇主代表：

1. 根据第四编第 64 条第 4 款，德国联邦年金保险公司董事会的普通年金保险代表各三位，以及；

2. 作为矿工年金保险承担者的德国"矿工—铁路职工—海员"年金保险公司的董事会中的代表各一位；必须确保区域承担者和联邦承担者在社会咨询委员会中的代表人数相等。

[3]被提名的人必须符合自治机构成员的前提要求（《社会法典》第四编第 51 条）。在聘请经济和社会科学代表前应征求大学校长会议的意见。

第二节　保费及程序

第一分节　保费

第一目　概述

第 157 条　原则

保费按保费计算基准的百分率（保险费率）收取，保险费率只考虑到相应的保费计算上限。

第 158 条　保险费率

[1]如果在这一年的 12 月 31 日，在保持原有保险费率的同时可持续发展储备金的资金出现以下情况时，从下一年的 1 月 1 日起应改变普通年金保险的保险费率。

1. 有可能低于普通年金保险承担者一个日历月自费平均支出的 0.2 倍（最低储备金），或；

2. 预计在一个日历月内将超过第 1 项所述支出的 1.5 倍（最高可持续发展储备金）。

自费支出是指扣除第 213 条第 2 款中的联邦补贴、退还部分及收到的补偿支付后的所有支出。

[2]保险费率应重新确定，使预期的保费收入［考虑到每个雇员毛收入

的预期发展情况（第68条第2款第1句）和强制投保人数]，加上联邦的补贴和其他收入（考虑到可持续发展储备金中提取），足以支付接下来确定的日历年的预期支出，并确保该日历年年底可持续发展储备金中的资金预计等于：

1. 在第1款第1项的情况下，最低储备金的数额，或；

2. 在第1款第2项的情况下，最高可持续性储备金的数额。

保险费率四舍五入到小数点后一位。

³矿工年金保险的保险费率在每一种情况下都应与普通年金保险的保险费率的变化比例相同；保险费率只针对当时的日历年四舍五入到小数点后一位。

⁴若普通年金保险的保险费率从当年1月1日起没有改变，则联邦劳动和社会事务部应在《联邦法律公报》上宣布保险费率将继续适用。

第159条 保费计算上限

普通年金保险和矿工年金保险的保费计算上限于每年1月1日发生变化，其比例与去年每名雇员的毛收入（第68条第2款第1句）和前年相应的毛收入的比例相同。变更后的费用只针对确定保费计算上限的日历年，四舍五入到600的下一个较高倍数。

第160条 行政立法授权

兹授权联邦政府在联邦参议院的同意下通过法规性命令确定：

1. 年金保险的保险费率；

2. 除附件2外的保费计算上限。

第二目 保费计算基准

第161条 原则

¹参加强制保险的人员的保费计算基准为应缴纳强制保费的收入。

²自愿投保人的保费计算基准应为最低保费计算基准（第167条）与保费计算上限之间的任何数额。

第162条 雇员应缴纳保费的收入

应缴纳保费的收入：

1. 就受雇领取报酬的人员而言，为强制投保的雇佣工作的报酬，而就接受职业教育的人员而言，至少达到参考数值的1%；

2. 就残疾人而言，为雇佣工作的报酬，至少为参考数值的80%；

2a. 如果残疾人在《社会法典》第九编承认的残疾人工厂就业，或根据《社会法典》第九编第60条因某份职业在其他给付提供者的残疾人参与企业（《社会法典》第九编第215条）就业，应缴纳保费的收入为工作报酬，至少为参考数值的80%；

3. 对于有资格获得有偿就业的人，或根据《社会法典》第九编第55条在支持性就业范畴内有资格独自经营的人，为月参考数值20%的工作报酬；

3a.（已废止）

4. 对于精神合作社成员、教会中的女护士和类似群体的成员，为他们个人获得的现金报酬和实物报酬，但对于完成培训后不能期待获得社区普遍的供给或不能保证获得供给的成员（第5条第1款第1句第3项），至少为参考数值的40%；

5. 对于其工作根据《个人所得税法》被评估为自雇工作的人，为参考数值的收入，但如果证明收入较此更低或更高，则为这一收入，但每月至少450欧元。准用第165条第1款第2—10句。

脚注

(+++第162条第3a项：对于至2019年12月31日前有效版本的继续适用，参见2020年3月4日的版本第276条+++)

第163条 关于雇员应缴纳保费收入的特别规定

[1]对于临时受雇的人员，在一个日历月内所赚取的收入，只要不超过月保费计算上限，就作为应缴纳保费的收入，而不论就业时间长短。如果一项雇佣的性质或雇佣合同的规定使得雇佣期限少于一周，则被视为临时

雇佣。如果一个日历月内有多份临时雇佣工作，且薪酬总额超过了月保费计算上限，那么只有在总额不超过月保费计算上限的情况下，才考虑单独薪酬按比例计算需缴保费。如果参保人或雇主提出要求，主管征缴机构将根据应考虑的临时雇佣工作的报酬分配保费。

[2]对于海员来说，应缴纳保费的收入金额是《法定工伤保险法》规定的保费计算数额。《社会法典》第七编第215条第4款准用之。

[3]在雇员是志愿者的情况下，如果其劳动报酬因志愿工作而减少，那么，如果雇员向雇主提出申请，则雇员实际获得的劳动报酬与其不从事志愿工作本应获得的劳动报酬之间的金额也被视为劳动报酬（差额），但最多不得超过保费计算上限。第1句只适用于公法人、机构或基金会，或其协会，包括核心组织或其合伙企业、政党、工会以及因专门和直接为慈善、仁爱或教会目的服务的而免缴企业所得税的法人、个人协会和遗产的志愿活动。申请只能在当期和未来的收入结算期间提出。

[4]如果参保人从事强制参保的志愿工作，并在上一个日历年支付了自愿保费，且参保人向雇主提出申请，则劳动报酬与保费计算上限之间的任何金额应被视为劳动报酬（差额）。第1句只适用于必须参加强制保险的公法人的志愿工作。申请只能在当前和未来的收入结算期间提出。

[5]对于根据《老年兼职法》领取劳动报酬增加金额的雇员，老年兼职工作的金额至少相当于标准劳动报酬的80%，该金额只限于月保费计算上限的90%与标准劳动报酬之间的差额，但最高不超过保费计算上限，这部分被视为应缴纳保费的收入。对于根据第3条第1句第3项被疾病津贴、疾病供给津贴、工伤津贴或过渡津贴保障的人员以及根据第4条第3款第1句第2项，在丧失劳动能力或领取参与给付期间从私人健康保险公司领取每日疾病津贴的人员，准用第1句的规定。

[6]在支付短期工作津贴的情况下，根据《社会法典》第三编第106条，应当报酬与实际报酬差额的80%被视为应缴纳保费的收入。

[7]（已废止）

[8]对于从事迷你雇佣工作的雇员，应缴纳保费的收入为劳动报酬，至少为175欧元。

[9]（已废止）

[10]如果雇员的月劳动报酬超过过渡地区的上限（《社会法典》第四编

第20条第2款），应缴纳保费的收入是由下列公式计算出来的数额：

$$F \times 450 + \left(\left\{\frac{1300}{1300-450}\right\} - \left\{\frac{450}{1300-450}\right\} \times F\right) \times (AE-450)$$

此时 AE 是报酬，F 是用数值的 30% 除以享有报酬请求权的日历年的社会保险总保险费率后得出的系数。一个日历年社会保险总保险费率是指同一日历年 1 月 1 日适用的普通年金保险、法定长期护理保险和促进就业的保险费率，加上法定健康保险在平均附加保险费率基础上增加的一般保险费率。2006 年 7 月 1 日至 2006 年 12 月 31 日期间，系数 F 为 0.7160。联邦劳动和社会事务部于每年 12 月 31 日前在《联邦司法部公报》上公布下一日历年的社会保险总保险费率和系数 F。第 1 句不适用于以职业教育为目的而受雇的人员。

第 164 条（已废止）

第 165 条 独立从业者的应缴纳保费收入

[1]应缴纳保费的收入：

1. 如果是自雇职业者，为参考数值的自雇收入，如果证明自雇收入低于或高于这个数额，则仍为该工作收入，但不少于每月 450 欧元；

2. 就海上领航员而言，为自雇收入；

3. 就艺术家和政治评论家而言，为预计的年自雇收入（《艺术家社会保险法》第 12 条），但至少为 3900 欧元，其中的自雇收入还包括他人对受版权保护的作品或服务的利用和使用所得的报酬；

4. 对于家庭手工业者来说，为自雇收入；

5. 如果是沿海船工和沿海渔民，则为工伤保险中有决定性的应缴纳保费的自雇收入。

如果是不同于第 1 句第 1 项规定的自雇工作，应缴纳保费的收入是指在自雇工作开始后的第三个日历年之前达到参考数值 50% 的自雇收入，但应参保人的要求，可为参考数值的自雇收入。在提交新的所得税通知之前，根据第 1 句第 1 项的规定，在最近一个日历年的最后一次所得税通知中产生的必须进行保险的自雇工作的收入，对于证明自雇收入与参考数值存在出入具有决定性的意义；如果这一收入不是在整个日历年内赚取的，则应推算为年自雇收入。根据第 3 句确定的自雇收入，应乘以待证实自雇收入的日历年的临时平均收入（附件 1）与所得税通知中的标准评估年份的平均收入（附件 1）的比例的百分比。如果根据第 4 句确定的自雇收入超过了待证实自雇收入的日历年的保费计算上限，则以金额为相应保费计算上限的自雇收入作为基础，直至新的所得税通知表明自雇收入降低为止。所得税通知必须在下发后两个日历月内提交给年金保险承担者。税务局的证明可代替所得税通知提交，该证明包含可证实自雇收入所需的所得税通知的数据。自雇收入的变化应从提交通知书或证明后的第一个日历月开始考虑，但不迟于所得税通知发出后第三个日历月的月初。如果尚未对必须进行保险的自雇工作进行所得税评估，则应以参保人待提交的证明材料中表明的年自雇收入作为强制保险开始年份的基础。第 4 句类推适用于以后各年。

[1a] 如果目前的自雇收入可能比第 1 款第 3 句规定的自雇收入平均至少低 30%，则背离第 1 款第 3 句的旨意，根据参保人的要求以目前的收入为准。目前的自雇收入应以适当的文件为证。自雇收入的变化从提交证据后的第一个日历月开始考虑。在考虑并提交本纳税年度的所得税通知之前，已经确定的当前自雇收入仍具有决定性的意义。第 1 款第 4 句于往后各年变通适用。第 1—3 句适用于沿海船员和沿海渔民，如果目前的平均收入比第 1 款第 1 句第 5 项规定的自雇收入预计至少低 30%。为沿海船员和沿海渔民确定的当前收入在一年内具有决定性的意义。第 6 和第 7 句于往后各年再次适用。

[1b] 就艺术家和政治评论家而言，如果预计在领取父母津贴或育儿津贴期间，或在仅仅因为要考虑收入而没有领取育儿津贴的期间得到的自雇收入平均每月超过 325 欧元，则在参保人申请的情况下将该预计自雇收入作为基础。

[2] 对于志愿工作的家庭手工业者，准用志愿工作的雇员的规定。

[3] 对于申请时必须参加强制保险的独立从业者，《社会法典》第四编第 15 条意义上的自雇收入也包括在税收方面被视为从属就业的收入。

第 166 条　其他参保人应缴纳保费的收入

[1] 应缴纳保费的收入：

1. 对于以服兵役或民事服役的身份投保的人员，为参考数值的 80%；

对于兼职工作，这一百分比应乘以兼职份额。

1a. 对于以服兵役或民事服役的身份投保并根据第5条或第8条第1款第1句，结合《预备役军人保障法》附件1得到给付的人员，为扣除税额和保费之前该给付所依据或将依据的劳动报酬，但至少是参考数值的80%；对于兼职工作，这一百分比应乘以兼职份额。

1b. 根据《国外受伤部署人员复原法》第6条，在特殊类型的兵役关系下投保的人员，为按之前雇员身份考虑的劳动报酬范围内的有保障的服役工资。

2. 对于领取失业津贴、过渡津贴、疾病津贴、工伤津贴或疾病供给津贴的人员，为该津贴所依据的劳动报酬或自雇收入的80%，其中需缴纳保费的劳动报酬的80%须来自非迷你雇佣关系，如果在领取另一津贴的同时还领取疾病津贴，则领取疾病津贴所依据的收入不在考虑范围内。

2a. 对于领取失业津贴Ⅱ，过渡津贴或工伤津贴的人员，为每月205欧元。

2b. 根据《社会法典》第五编第44a条领取疾病津贴的人，为领取津贴所依据的劳动报酬或自雇收入；如果这种疾病津贴是根据《社会法典》第五编第47b条支付的，适用第2项。

2c. 对于领取部分失业津贴的人，为该津贴所依据的收入的80%。

2d. 对于从私人健康保险公司、联邦政府福利机构、负责联邦一级疾病费用的其他公法机构、联邦范围内的免费医疗机构、部队医疗的供应机构或负责州一级疾病费用的公法机构领取福利的人，在州法律有规定的情况下，由于根据《器官移植法》第8条和第8a条捐献器官或组织，或根据《输血法》第9条捐献血液以分离造血干细胞或其他血液成分失去工作收入而领取给付的，为这些给付所依据的劳动报酬或自雇收入。

2e. 对于根据《社会法典》第五编第45条第1款领取疾病津贴的人，或根据《社会法典》第七编第45条第4款以及《社会法典》第五编第45条第1款领取工伤津贴的人，为休假期间损失的目前劳动报酬或以给付为依据的自雇收入的80%。

2f. 对于领取护理支持津贴的人，为休假期间损失的当前劳动报酬的80%。

3. 对于领取提前退休津贴的人，为提前退休津贴。

4. 对于发展援助人员，为劳动报酬，或如果在金额更有利的情况下，则为保费计算上限乘以根据第 4 条第 1 款强制保险的工作或活动开始前的强制保费的最后三个日历月的劳动报酬或自雇收入之和与这一时期保费计算上限金额之和的比值；该比值至少为 0.6667。

4a. 对于在国外短期工作的人，如果与申请机构达成协议的，则为劳动报酬或根据第 4 项得出的与自雇收入有出入的数额；该协议只能在目前和未来的收入结算期间内达成。

4b. 对于辅助人员，为根据《社会保障辅助法》第 9 条规定的劳动报酬和给付；此外准用第四项的规定。

4c. 对于其他在国外就业，经申请参加了强制保险的人员，为劳动报酬。

5. 对于处于丧失劳动能力时期或因执行参与给付而无权领取疾病津贴时期的被保险人员，为最后一个被完整保险的日历月的劳动报酬或自雇收入的 80%。

[2]对于兼职工作的护理人员，其应缴纳保费的收入为：

1. 根据《社会法典》第十一编第 15 条第 3 款第 4 句第 5 项，当护理一名护理等级 5 的有护理需求的人时：

a) 当有护理需求的人按照《社会法典》第十一编第 37 条仅领取护理津贴时，参考数值的 100%；

b) 当有护理需求的人按照《社会法典》第十一编第 38 条领取综合给付时，参考数值的 85%；

c) 当有护理需求的人按照《社会法典》第十一编第 36 条仅领取护理实物给付时，参考数值的 70%。

2. 根据《社会法典》第十一编第 15 条第 3 款第 4 句第 4 项，当护理一名护理等级 4 的有护理需求的人时：

a) 当有护理需求的人按照《社会法典》第十一编第 37 条仅领取护理津贴时，参考数值的 70%；

b) 当有护理需求的人按照《社会法典》第十一编第 38 条领取综合给付时，参考数值的 59.5%；

c) 当有护理需求的人按照《社会法典》第十一编第 36 条仅领取护理实物给付时，参考数值的 49%。

3. 根据《社会法典》第十一编第 15 条第 3 款第 4 句第 3 项，当护理一名护理等级 3 的有护理需求的人时：

a）当有护理需求的人按照《社会法典》第十一编第 37 条仅领取护理津贴时，参考数值的 43%；

b）当有护理需求的人按照《社会法典》第十一编第 38 条领取综合给付时，参考数值的 36.55%；

c）当有护理需求的人按照《社会法典》第十一编第 36 条仅领取护理实物给付时，参考数值的 30.1%。

4. 根据《社会法典》第十一编第 15 条第 3 款第 4 句第 2 项，当护理一名护理等级 2 的有护理需求的人时：

a）当有护理需求的人按照《社会法典》第十一编第 37 条仅领取护理津贴时，参考数值的 27%；

b）当有护理需求的人按照《社会法典》第十一编第 38 条领取综合给付时，参考数值的 22.95%；

c）当有护理需求的人按照《社会法典》第十一编第 36 条仅领取护理实物给付时，参考数值的 18.9%。

如果几名兼职工作的护理人员共同进行护理（多重护理），第 1 句的强制缴费收入应根据由《社会法典》第十一编第 44 条第 1 款第 3 句确定的各自的护理活动占每个有护理需求的人的护理总费用的百分比进行分配。如果护理了多名需要护理的人，则根据第 1 句和第 2 句各自计算强制缴费收入。

[3]（已废止）

第 167 条 自愿参保人

自愿参保人的最低保费计算基准为每月 450 欧元。

第三目 保费负担的分配

第 168 条 雇员的保费承担

[1]保费由以下人员承担：

1. 有受薪工作的，由参保人和雇主各自承担一半；

1a. 领取短期工作津贴的雇员，由雇主承担；

1b. 对于强制参保的受薪迷你雇佣工作者，雇主承担数额为雇佣工作中劳动报酬15%的保费，此外由参保人承担；

1c. 在私人家庭中强制参保的受薪迷你雇佣工作者，雇主承担数额为雇佣工作中劳动报酬5%的保费，此外由参保人承担；

1d. 其强制缴费收入根据第163条第10款第1句确定的雇员，若保险费率适用于其雇佣工作中的劳动报酬，则由雇主承担一半，此外由参保人承担。

2. 对于残疾人，如果没有劳动报酬或月劳动报酬不超过月参考数值的20%，根据《社会法典》第九编第60条由机构的承担者或其他给付提供者承担，如果月劳动报酬不超过月参考数值的80%，则承担的数额为月劳动报酬和月参考数值的80%之间的差额，此外由参保人和机构的承担者或其他给付提供者根据《社会法典》第九编第60条各自承担一半；

2a. 在受雇于《社会法典》第九编认可的残疾人工厂或《社会法典》第九编第60条的其他给付提供者后，在一家残疾人参与企业（《社会法典》第九编第215条）工作的残疾人，如果月劳动报酬不超过月参考数值的80%，由残疾人参与企业的承担者承担月劳动报酬和月参考数值的80%之间的差额，此外由参保人和残疾人参与企业的承担者各自承担一半；

3. 对于应当有劳动能力的人员，由机构的承担者承担；

3a. 对于根据《社会法典》第九编第55条在支持性就业范围内有个人经营资格的残疾人，由主管康复机构的承担者承担；

4. 对于精神合作社的成员、教会中的女护士和类似组织的成员，如果月劳动报酬不超过月参考数值的40%，由合作社或组织承担，此外由成员和合作社或组织各自承担一半；

5. 从事名誉工作的雇员，其差额由自己承担；

6. 根据《老年兼职法》领取额外劳动报酬补贴的雇员，其根据第163条第5款第1句得出的强制缴费收入对应的保费，由雇主承担；

7. 根据《老年兼职法》领取额外疾病津贴、疾病供给津贴、工伤津贴、过渡津贴和每日疾病津贴的雇员，对其根据第163条第5款第2句得出的强制缴费收入对应的保费：

a）若满足《老年兼职法》第4条的条件，则由联邦机构承担，或在根据《老年兼职法》第10条第2款第2句提供给付时，由雇主承担；

b）若不满足《老年兼职法》第4条的条件，由雇主承担。

[2]如果由于一次性支付导致劳动报酬超出了第1款第2项规定的月参考数值20%的限制，则参保人和雇主各自承担超出此限制的部分的劳动报酬对应保费的一半；此外由雇主独立承担。

[3]参加矿工年金保险的人员所承担的保费，应为假设他们参保普通年金保险时所必须承担的百分比；此外由雇主承担。

脚注

(+++第168条第1款第3a项对于在2019年12月31日之前生效的版本中的进一步适用，参见2020年3月4日版本的第276F条 +++)

第169条　独立从业者的保费承担

保费由以下人员承担：

1. 对于独立从业者由其自己承担；
2. 对于艺术工作者和新闻工作者由艺术工作者社会保险公司承担；
3. 对于家庭企业经营者，由参保人和雇主各承担一半；
4. 对于从事名誉工作的家庭企业经营者，差额由自己承担。

第170条　其他参保人的保费承担

[1]保费由以下人员承担：

1. 对于服兵役者或服民役者，根据《国外受伤部署人员复原法》第6条在特殊兵役关系中的人员，以及在育儿期间的人员，由联邦承担。

2. 对于以下人员：

a）领取疾病津贴或工伤津贴的人员，由给付获得者和给付承担者各承担一半，只要其以某项给付为依据且该项给付不按照联邦劳动局的给付额度来支付，此外由给付承担者承担；如果给付获得者在接受职业教育并且以给付为基础的劳动报酬每月不超过450欧元，保费也由给付承担者承担；

b）领取疾病供给津贴、过渡津贴或者失业津贴的人，由给付承担者承担；

c）按照《社会法典》第五编第 44a 条领取疾病津贴的人，由给付承担者负担；

d）对于因根据《器官移植法》第 8 条和第 8a 条捐赠器官或组织，或因《输血法》第 9 条规定意义上的为分离出干细胞或其他血液成分而献血，因此致使劳动收入受损而获得给付的人，由提供给付的机构承担，如果给付是由多个机构提供的，则按比例承担保费；

e）领取护理支持津贴的人，该津贴的领取者承担一半，只要其以给付为依据，此外：

aa）如果有护理需求的人已投保社会护理保险，由护理保险公司承担；

bb）如果有护理需求的人是免于参保社会护理保险，由私人保险公司承担；

cc）如果有护理需求的人享有津贴或免费医疗请求权并且已投保社会护理保险或在私人保险公司投保，则由津贴设立机构或主管部门和护理保险公司或私人保险公司，按比例负担。如果年金保险承担者是津贴设立机构，则视为保费已缴纳；这也适用于年金保险承担者之间的关系。

如果给付的获得者在接受职业教育，并且给付所依据的劳动报酬每月不超过 450 欧元，则保费由提供给付的机构承担；字母 cc 准用之。

3. 对于领取提前退休津贴的人，由津贴领取者和负有给付该津贴义务者各承担一半。

4. 对于发展援助人员、限期时间内在国外受雇人员、基于《社会保障辅助法》受到保障的人或其他在国外工作的人，由接收申请的机构承担。

5. 对于长时间丧失劳动能力或因参与给付的执行而没有疾病津贴请求权的人，由参保人自己承担。

6. 对于兼职工作的护理人员：

a）若护理一个参保社会护理保险的有护理需求的人，由护理保险公司承担；

b）若护理一个免于参保社会护理保险的有护理需求的人，由私人保险公司承担；

c) 若护理一个有护理需求的人，其由于需要护理而获得津贴给付或免费医疗，以及护理保险公司或私人保险公司的给付，则由津贴设立机构或主管部门和护理保险公司或私人保险公司按比例承担；如果年金保险承担者是津贴设立机构，则视为保费已缴纳；这也适用于年金保险承担者之间的关系。

²参保了矿工年金保险的疾病津贴、护理支持津贴或工伤津贴的领取者，其承担的保费相当于假设其在普通年金保险中所必须承担的百分比；此外由给付承担者承担。第1句亦适用于参保矿工年金保险的提前退休津贴领取者。

第171条　自愿参保人

自愿参保人的保费由自己承担。

第172条　免于参保和参保义务豁免时的雇主承担份额

¹对于因以下原因免于参保的雇员：

1. 因达到标准退休年龄所在月份后领取全额养老金，

2. 领取抚恤金，

3. 达到标准退休年龄或，

4. 保费退还，

雇主承担假设该雇员是强制参保时的一半保费；在矿工年金保险中，应支付的则是雇主应分摊的保费份额，而不是一半。第1句不适用于免于参保的迷你雇员和第1条第1句第2项规定的雇员。

²(已废止)

³对于《社会法典》第四编第8条第1款第1项规定的雇员，在其雇佣工作中根据第6条第1b款或其他规定可豁免参保义务，或根据第5条第4款免于参保，则雇主承担的保费为假设其强制参保时强制缴费的劳动报酬的15%。这不适用于学习期间在技术学校或高等学校作为正式学生完成了其学习条例或考试规则中未规定的实习的人员。

³ª对于根据《社会法典》第四编第8a条第1句在私人家庭中工作的雇员，在其雇佣工作根据第6条第1b款或其他规定可豁免参保义务，或

根据第 5 条第 4 款免于参保时，雇主承担的保费为假设其强制参保时强制缴费的劳动报酬的 5%。

[4]《社会法典》第四编第三节的规定以及《社会法典》第四编第 111 条第 1 款第 2—4 项、第 8 项以及第 2 款和第 4 款中的罚金规定准用于雇主承担的保费缴纳份额。

第 172a 条　雇主对职业供给机构成员的保费补贴

对于根据第 6 条第 1 款第 1 句第 1 项豁免参保义务的雇员，雇主支付的补贴为职业供给机构保费的一半，最高不得超过假设该雇员在法定年金保险中没有豁免参保义务时应缴纳的保费的一半。

第四目　保费的缴纳

第 173 条　原则

除非另有规定，保费应由有义务负担的人（保费债务人）直接支付给年金保险承担者。

第 174 条　劳动报酬和自雇收入的保费缴纳

[1]对于参保人的劳动报酬和家庭企业经营者的保费缴纳，适用于关于社会保险费用总额的规定（《社会法典》第四编第 28d—28n 条和第 28r 条）。

[2]对于以下保费的缴纳：

1. 海上领航员的劳动报酬，

2. 提前退休津贴，

3. 发展援助人员、限定时间内在国外工作的受雇人员，基于《社会保障辅助法》受到保障的人员或其他在国外工作的人员所获得的须进行标准强制缴费的劳动报酬，

第 1 款准用之。

[3]对于第 2 款的保费缴纳，以下机构被视为雇主：

1. 领航员协会，

2. 有义务支付提前退休津贴的机构，

3. 提出申请的机构。

第 175 条　艺术工作者和新闻工作者的保费缴纳

[1]艺术工作者社会保险公司不为领取疾病津贴、工伤津贴、疾病供给津贴、过渡津贴或生育津贴的可被证明的期间，以及艺术工作者和新闻工作者可被证明的视同缴费期间缴纳任何保费。

[2]艺术工作者社会保险公司仅在艺术工作者和新闻工作者根据《艺术工作者社会保险法》分期向艺术工作者社会保险公司缴纳其年金保险的保费份额时，才有为艺术工作者和新闻工作者缴纳年金保费的义务。

第 176 条　领取社会给付时的保费缴纳和结算、在被认可的残疾人工厂的初始程序和职业教育领域内的给付的保费缴纳和结算

[1]如果领取疾病津贴、护理支持津贴或工伤津贴的人员参与年金保险缴费，则给付承担者向年金保险承担者缴纳保费。在领取护理支持津贴时，私人保险公司、津贴和免费医疗的设立机构也被视为给付提供者。对于保费扣除，《社会法典》第四编第 28g 条第 1 句准用之。

[2]有关社会给付获得者的保费缴纳和结算详情可由给付提供者和德国联邦年金保险公司通过协议规定。对于获得护理支持津贴的情况，第 176a 条准用之。

[3]如年金保险承担者同时是康复给付提供者，则视为已缴纳保费。根据《社会法典》第九编第 60 条，对于在被认可的残疾人工厂的初始程序和职业教育领域内的给付，或其他给付提供者提供的相应给付，第 1 句准用之。

第 176a 条　护理人员的保费缴纳及结算

有关兼职工作的护理人员的保费缴纳和结算的详情可由护理保险公司的中央协会、已登记的私人健康保险协会、津贴设立机构和德国联邦年金保险公司通过协议规定。

第 177 条　育儿期间的保费缴纳

[1]育儿期间由联邦支付保费。

[2]联邦于2000年向普通年金保险一次性支付了224亿德国马克，用于支付育儿期间的保费。此金额在接下来的每个日历年中的变化比例如下：

1. 上一日历年中每名雇员的毛收入（第68条第2款第1句）与再上一日历年中相应的毛收入比例相符；

2. 如果保险费率发生变化，则保险费率被确定的当年的保险费率与当前日历年的保险费率相对应；

3. 上一日历年中未满三岁的人员数与再上一日历年中相应的未满三岁的人员数相对应。

[3]对于每名雇员的毛收入确定过程，应以做出决定的日历年年初由联邦统计局获得的上一日历年与再上一日历年的相关数据作为基础。每一日历年中未满三岁的人员数据应以联邦统计局在相应日历年年底所统计的数据为基础。

[4]由联邦缴纳的保费分12个月缴纳。每月保费的确定、缴纳和结算由联邦社会保障局根据财政法的规定执行。

第178条　行政立法授权

[1]经联邦参议院同意，与联邦国防部，联邦家庭、老年人、妇女和青年事务部以及联邦财政部达成一致，联邦劳动和社会事务部被授权通过法规性命令来确定：

1. 服兵役者和服民役者的保费总价计算以及根据《国外受伤部署人员复原法》第6条在特殊兵役关系中的人员的保费计算；

2. 年金保险承担者之间的总金额分配；

3. 缴费方式及缴费程序。

[2]经联邦参议院同意，联邦劳动和社会事务部被授权通过法规性命令，确定保费计算和缴纳方式，社会保险费用总额规定以外的保费缴纳程序以及在国外居住期间的强制保费和自愿保费缴纳程序。

[3]联邦劳动和社会事务部经与联邦财政部达成一致，在《联邦司法部公报》上公布联邦在直接育儿期间应向普通年金保险缴纳的总额。

第五目　退款

第179条　费用退还

[1]第1条第1句第2项字母a之规定的残疾人，在得到认可的残疾人

工厂的工作领域内或根据《社会法典》第九编第60条规定的其他给付提供者处工作,如果实际每月获得的劳动报酬不超过月参考数值的80%,则联邦向机构承担者或《社会法典》第九编第60条规定的其他提供者退还每月实际劳动报酬和月参考数值80%之间金额对应的保费;此外,联邦政府向机构承担者或《社会法典》第九编第60条规定的其他给付提供者退还残疾人在被认可的残疾人工厂的初始程序和职业教育领域内或根据《社会法典》第九编第60条规定其他给付提供者的相应培训措施中的保费,除非第2句另有规定。此外,费用承担者应根据《社会法典》第九编第60条退还机构承担者或其他给付提供者为残疾人承担的保费;这同样适用于,在被认可的残疾人工厂的初始程序和职业教育领域内缴纳的保费,或根据《社会法典》第九编第60条规定的另一给付提供者为残疾人的职业教育所缴纳的保费,只要联邦劳动局、工伤保险承担者或年金保险承担者是主管的费用承担者。对于在被认可的残疾人工厂工作后或在《社会法典》第九编第60条规定的另一给付提供者处工作后,受雇于一家残疾人参与企业(《社会法典》第九编第215条)的残疾人,第1句准用之。根据第1句或第3句负责执行联邦退款的机构,在退款后也可在退款范围内的机构、《社会法典》第九编第60条规定的其他给付提供者、残疾人参与企业或其承担者处审查退款的必要条件。在个别情况下,退款范围内的机构,《社会法典》第九编第60条所述的其他给付提供者,残疾人参与企业或退款承担者必须按要求向主管机构提供有关审查退款必要条件的所有必要信息。他们必须在营业时间内选择在其营业地点或主管机构处,按要求向主管机构递交账目、清单或证明退款所依据之工作的陈述的材料等其他文件,以供审查。如有特殊原因,在机构、《社会法典》第九编第60条所述的其他给付提供者、残疾人参与企业或其承担者的营业场所内进行审查有正当性,则不适用第6句所述的选择权。

[1a]根据其他法律规定产生的损害赔偿请求权应移转给联邦政府,只要其基于损害事件根据第1款第1句和第3句获得了补偿给付。根据联邦州法律负责给在残疾人工厂或《社会法典》第九编第60条规定的其他给付提供者中工作的残疾人的法定年金保险退还费用的机构,同样可主张根据第1句移转的请求权。《社会法典》第十编第116条第2—7款,第9款及第117条、第118条准用之。如果保费根据第1款第2句获得退还,则第

1 句和第 3 句将在请求权移转给费用承担者的条件下准用之。费用承担者应质询是否发生了损害事件，并将所获回答提交给提出退还年金保费请求的机构。

[2]第 4 条第 1 款规定的参保人，在不违反关于保费承担的规定的情况下，允许通过协议规定，参保人向提出申请的机构全部或部分退还保费。如有义务根据《发展援助人员法》第 11 条之规定提交申请，只要发展援助人员从《发展援助人员法》第 5 条第 2 款规定的机构处获得旨在覆盖由年金保险保障的风险的资助，则协议被批准。

第 180 条　行政立法授权

联邦劳动和社会事务部被授权在联邦参议院同意的情况下，经与联邦财政部达成一致，通过法规性命令，详细规定残疾人保费的退还，预付款的缴纳，以及机构、根据《社会法典》第九编第 60 条规定的其他给付提供者、残疾人参与企业或其承担者，包括他们根据第 179 条第 1 款规定的合作，关于退款要求的审查。

第六目　补充保险

第 181 条　保费的计算与承担

[1]保费按照缴纳保费时适用于强制参保的雇员的规定计算。年金保险承担者账户中计入与保费等值的价值的日期视为保费缴纳的日期。

[2]保费计算基准是在补充保险期内从工作中获得的强制缴费收入，直至当时的保费计算上限。如果将供给期待权的保障进一步扩大到其他雇佣工作，保费计算基准为补充保险期内其他雇佣工作的强制缴费收入，对于发展援助工作者和限定时间内在国外工作的受雇人员，保费计算基准为根据第 166 条第 1 款第 4 项和第 4a 项所计算出的数额，直至当时的保费计算上限。

[2a]对于补充参保的临时服役士兵，不适用第 2 款第 1 句，保费计算基准在强制缴费收入的基础上增加 20%。与第 157 条相反，在增加强制缴费收入时，还必须考虑到超过当时的保费计算上限的强制缴费收入，最高不超过被提高 20% 的保费计算上限。

[3]最低保费计算基准为当时参考数值的40%，职业教育期间为此金额的一半，兼职工作期间则为此金额和被减少的工作时间与标准工作时间的比例相当的一部分。临时服役士兵和职业士兵与基本兵役相对应的在役期间的最低保费计算基准为当时计算基本兵役应缴保费的决定性数额。

[4]在计算保费时，保费计算基准和最低保费计算基准须按缴纳保费的日历年的暂定平均收入超过或低于缴费日历年的平均收入的百分比进行调整。

[5]保费由雇主、合作社或组织承担。如果供养期待权的保障范围已扩大到其他雇佣工作，则这一时期的保费应由提供保障的雇主、合作社或组织承担；允许达成退款协议。

脚注
(+++相关适用参见第277条第2款+++)

第182条 与现有保费同时发生

[1]如已在补充保险期内缴纳义务保费，则雇主、合作社或组织只须在不超过当前的保费计算上限的范围内为补充保险缴纳保费。对于补充参保的临时服役士兵，则根据第181条第2a款的规定可以超过保费计算上限。

[2]如已在补充保险期内缴纳自愿保费，则其可被退还。雇主、合作社或组织承担的自愿保费被视为补充保险期内的已缴纳保费，并从保费总额中扣除；其价值增加的幅度为缴纳补充保费的日历年的暂定平均收入超过缴纳自愿保费的日历年的平均收入的百分比。

第183条 供养补偿时保费的增加与减少

[1]已为其进行供养补偿的补充参保人，如已向雇主或供养负担的承担者缴纳一笔款项，以完全或部分避免其供养金额的减少，则保费相应增加。增加的数额是缴纳补充保费时为确立与避免供养期待权的减损相同额度的年金期待权所必要的数额。

[2]已为其进行供养补偿的补充保险人，缴费在以下情况减少：
1. 供养负担的承担者已从有权获得供养者的保险中退还了年金保险

承担者的支出（第225条第1款）；

2. 供养负担的承担者已为有权获得供养者缴纳保费，以履行获得年金期待权的退款义务（第225条第2款）。

保费减少的数额为：

1. 在第1句第1项的情况下，数额相当于已退还保费的2/3；

2. 在第1句第2项的情况下，已缴纳的保费数额加上缴纳补充保险费的日历年的暂定平均收入超过对计算履行退款义务的保费具有决定性意义的平均收入的百分比。

第184条　保费的到期和延期

[1]保费须在满足补充保险的先决条件下被缴纳，特别是在没有理由延迟缴纳保费的情况下。《社会法典》第四编第24条适用于，给付迟延在到期日起三个月后开始，且对于剩余金额的确定适用对该时点有效的计算值。如果保费应于1994年10月1日之前缴纳，则默认从1995年1月1日起开始陷于迟延；计算剩余金额时，应适用对该时点有效的计算值。

[2]如有以下情况，保费可延期缴纳：

1. 雇佣工作预计会在中断后恢复，中断的时间因其性质或事先签订的合同而有限制；

2. 在离职后立即或预计在两年内从事另一份工作，在此期间，由于供给期待权的保证可以免于参保或可以豁免参保义务，但是在来自其他雇佣工作的供给期待权的情形下以补充保险期间被考虑为限；

3. 支付至少与因补充保险产生的年金期待权等价值的可撤回供给。

在第1句第1项和第2项规定的情况下，保费缴纳的延期可扩展至恢复工作或其他工作期间，并在满足这一工作的补充保险要求时结束。

[3]雇主，合作社或组织决定是否推迟缴纳保费。

[4]如果延期缴费，雇主、合作社或组织应向离职的雇员和年金保险承担者提供关于补充保险期和推迟保费缴纳原因的证明（延期证明）。离职雇员和年金保险承担者可以要求将延期证明扩展至将用作各日历年补充保险基础的强制缴费收入。

第185条　保费缴纳和保费缴纳的效果

[1]雇主、合作社或组织直接向年金保险承担者缴纳保费。在缴纳保费

时，它们必须告知年金保险承担者是否以及在多大程度上由补充参保人负担供给补偿，以及一次性支付可避免供给金额的减少。第 1 句不适用于雇主是年金保险承担者的情况；在这种情况下，在满足补充保险条件的时间点视为已缴纳保费。

[2]已缴纳的保费被视为按时缴纳的强制保费。如果家事法院在补充保险实行前已实行由补充参保人负担供给补偿，则：

1. 设立年金期待权，以及；
2. 根据公务员供给的内部划分，从公务员供给中移转权利。

在以下情形下视为在年金保险中被移转，即在向年金保险承担者缴纳保费后，或在第 1 款第 3 句的情形下，满足补充保险的先决条件时。在第 2 句第 2 项的情况下，对于减扣收入指数的确定，第 76 条第 4 款和第 264a 条第 2 款准用之；家事法院为有权通过内部分割获得补偿的人员所确定的月度金额取代年金期待权的月度金额。

[2a]在领取过渡费期间为前临时服役士兵缴纳的保费在过渡费停止后 18 个月内视为可撤回地被缴纳。在此之前，雇主有权在下列情况下撤回付款：

1. 在过渡费停止后一年期满前，补充保险参保人从事了因供给期待权的保障而免于参保的工作，或被豁免参保义务的工作；
2. 在来自其他雇佣工作的供给期待权的情形下补充保险期间被考虑；
3. 直至撤回时，考虑到补充保险的年金保险给付既未被提供，也未根据直至撤回时已提出的申请予以提供，且；
4. 直至撤回之时，没有考虑到补充保险而作出不利于补充保险参保人的供给补偿的决定。

如果付款被撤回，则保费被退还。六个月内有权提出退还保费。在保费退还后，补充保险被视为从未发生，并根据第 184 条第 2 款第 1 句第 2 项的规定延期。

[3]雇主、合作社或者组织应当向补充保险参保人或者遗属和年金保险承担者签发补充保险期证明和各日历年的补充保险所依据的强制缴费收入证明（补充保险证明）。根据第 181 条第 2a 款规定增加的强制缴费收入的金额必须在补充保险证明中单独列出。

[4]年金保险承担者会将基于补充保险而储存在其年金保险账户中的数

据通知补充保险参保人。

第 186 条　向职业供给机构的缴纳的保费

[1]在以下情况下，补充保险参保人可以提出申请，由雇主、合作社或组织向职业供给机构缴纳保费：

1. 在补充保险期内，并非免于参保但可以满足第 6 条第 1 款第 1 句第 1 项的豁免要求，或；

2. 基于通过法律规定的或者以法律为基础的义务，在满足补充保险条件后一年内成为该机构的成员。

[2]在补充保险参保人去世后，以下人员依次享有申请权；

1. 尚存的配偶或同性生活伴侣；

2. 孤儿团体；

3. 前任配偶或同性生活伴侣。

[3]申请只能在满足补充保险条件后的一年内提交。

第 186a 条　在补充保险期内的特殊国外派遣期

[1]如果第 76e 条规定所述的特殊国外派遣期在补充保险期内，则第 188 条第 1 款在符合下列条件时适用，即当满足补充保险的先决条件时，收入指数附加费的保费应被缴纳；第 184 条准用之。

[2]联邦政府应通知年金保险承担者在补充保险期内按照第 76e 条确定收入指数附加费的特殊国外派遣期。补充保险参保人将收到相应的证明。年金保险承担者根据第 185 条第 4 款的规定向补充保险参保人通知第 1 句规定的期间。

[3]如补充保险的保费按照第 186 条向职业供给机构缴纳，则第 188 条第 3 款规定的保费亦向该职业供给机构缴纳。

第七目　特殊情形下的保费缴纳

第 187 条　供养补偿时的保费缴纳和保费收入指数确定

[1]在供养补偿的范围内，可以通过缴纳保费：

1. 完全或部分补足被减损的相当于收入指数减少数额的年金期待权。

2. 基于：

a) 家事法院的判决通过外部分配实现权利平等（《供养补偿法》第 15 条），或者；

b)《供养补偿法》第 6 条规定的有效协议，确立年金期待权。

3. 为有权获得供给者履行确立年金期待权的退款义务（第 225 条第 2 款）。

[2]在缴纳保费时，应将年金期待权转换为收入指数进行计算。收入指数的确定方式是，将年金期待权的月度金额除以其婚姻或同性生活伴侣关系期间终止时的现行年金价值。矿工年金保险的年金期待权月度金额除以现行年金值的 1.3333 倍。

[3]就每一收入指数而言，须缴纳的保费是缴纳保费时适用的保险费率应用于缴纳保费时该日历年确定的临时平均收入得出的金额。缴纳的金额根据联邦劳动和社会事务部在《联邦法律公报》上公布的用于执行供养补偿的计算值确定。计算值包含用于将收入指数转换为保费的系数以及相反的，即将资金价值转换为收入指数的系数；为了获得更精确的结果，可以不考虑计算原则中的取整规则。

[3a]根据第 1 款第 1 项或第 2 项字母 b 保费缴纳的收入指数是通过保费与根据第 3 款规定的在缴纳保费时起决定性作用的系数相乘计算得出。

[4]在全额养老金的批准有约束力后，如果达到标准退休年龄的月份已经过，则不允许缴纳保费以补足或设立年金期待权。

[5]第 1 款第 1 项规定的保费，在以下情形下由负有补偿义务的人缴纳时，在婚姻或同性生活伴侣关系期间终止时视为已缴纳，即负有补偿义务人的经常居住地：

1. 在德国境内的，直至关于家事法院判决的法律效力的通知到达后第三个日历月结束；

2. 在德国境外的，直至关于家事法院判决的法律效力的通知到达后第六个日历月结束。

如果供养补偿不是《家庭事务和自愿管辖事项诉讼法》第 137 条第 2 款第 1 项所指的后续事项，则婚姻或同性生活伴侣关系期间终止的时点将被家事法院收到实施供养补偿申请的时间所取代。在修改程序中，婚姻或同性生活伴侣关系期间终止的时点或第 2 句中规定的时点被家事法院收到修改申请的时间取代。如果家事法院中止了供养补偿程序，则对于保费数额婚姻或同性生活伴侣关系期间终止的时点或在第2句或第3句中规定的时点被恢复供养补偿程序的时点所取代。

[6]根据第1款第2项字母b规定的保费，如果在关于家事法院判决的法律效力的通知到达后的第三个日历月结束时已缴纳，则被视为在根据《供养补偿法》第6条订立协议之时已缴纳。如负有补偿义务的人经常居住地在国外，则六个日历月的期限取代三个日历月的期限。如果第1句规定的时点：

1. 在婚姻或同性生活伴侣关系期间终止之前，则婚姻或同性生活伴侣关系期间终止时间代替第1句规定的时点；

2. 在家事法院收到实施供养补偿申请的时间之前，在供养补偿不是《家庭事务和自愿管辖事项诉讼法》第137条第2款第1句第1项所指的后续事项的情形下，家事法院收到实施供养补偿申请的时间代替第1句规定的时点；

3. 在家事法院收到修改申请之前，以家事法院收到修改申请的时点代替第1句规定的时点；

4. 在恢复供养补偿程序之前，在家事法院中止供养补偿的情形下，对于保费数额以供养补偿程序恢复的时点代替第1句中规定的时点。

如已约定了保费利息，则开始计算利息的时点取代第1—3句中关于保费数额的时点。

[7]如已按照第1款第1项缴纳了保费，并在离婚后决定更改价值补偿，则在计算提供的给付时应在更改的范围内退还多付的保费。

第187a条 提前领取养老金的保费缴纳

[1]在达到标准退休年龄之前，因提前领取养老金而减少的年金，可通过保费缴纳予以补偿。有权获得缴费补偿的前提是，参保人先前在保费缴纳数额补偿提前领取养老金情形下年金的减少（第109条第5款第4句）的信息的框架内已声明愿意领取这些年金。从参保人不再有权要求提供信息的养老金之时起，或从参保人领取养老金但年金未因此减损开始，不再允许根据相应提供信息的补偿支付。

[1a]第109条第5款第4句规定的信息是缴费补偿的基础。参保人在年

满50周岁后对于这些信息存在第109条第1款第3句规定的权益。

[2]保费缴纳最高可至这一数额,即在个人收入指数最高减少值的情形,通过提前领取养老金,根据关于在提前领取养老金情形下补偿年金减少所必要的保费缴纳的数额的信息,得出的数额。减少额根据所有收入指数之和确定,该总和将乘以准入系数,并在计算养老金时基于预期的开始领取年金时得出。此外对于尚未被证明的未来年金法定期间的每个日历月,在预期的开始领取年金时间之前以根据雇主证明的劳动报酬确定的保费缴纳为基础。该证明是基于根据以前的雇佣工作和工作时间的目前强制缴费的劳动报酬。如果不存在预先证明,则以可以确定最后一个收入指数的日历年的缴纳保费期间的月平均收入指数为基础。

[3]就每个扣减的个人收入指数而言,要缴纳的数额是为补足在供给补偿的范围内减损的年金期待权对于收入指数应缴纳的数额除以当时的准入系数后所得的数额。允许部分缴纳。已缴纳的保费不会退还。

第187b条 在供养补偿保险公司对企业老年供给期待权或权利补偿时的保费缴纳

[1]在根据《改善企业老年供给法》规定的条件终止雇佣关系时,获得对于企业老年供给未到期期待权的补偿金的参保人,可以在补偿金支付后一年内向普通年金保险缴纳不超过获得的补偿金数额的保费。

[1a]第1款准用于由供给补偿保险公司设立的对权利的补偿。

[2]在获得领取全额养老金的有约束力的批准后,如达到标准退休年龄所在月份已经经过,则不允许缴纳保费。

第188条 特殊国外派遣期间的保费缴纳

[1]对于第76e条规定的特殊国外派遣期间的收入指数附加值由联邦缴纳保费。如果参保人满足第76e条规定的收入指数附加值的要求,最早应在当时的特殊国外派遣结束后开始缴纳保费。关于保费的数额,第187条第3款准用之。《社会法典》第四编第24条在以下条件下适用,即迟延从到期日后三个月开始,且对于未结清保费的确定适用当时适用的计算值。

[2]联邦国防部和德国联邦年金保险公司可以通过协议规定国外派遣期

的保费缴纳支付和结算细节。该协议须获得联邦劳动和社会事务部的同意。

[3]对于职业供给机构的成员，对于特殊国外派遣期间联邦政府向职业供给机构缴纳的保费数额为对于第1款规定的收入指数附加值应缴纳的数额。

第八目　计算原则

第189条　计算原则

除非另有说明，否则第二章（第121—124条）的计算原则准用之。

第二分节　程序

第一目　告知

第190条　对雇员和家庭企业经营者的告知义务

除非另行规定，否则须按照《社会法典》第四编第三节有关雇主告知义务的规定对负有参保义务的雇员和家庭企业经营者进行告知。

第190a条　负有参保义务的独立从业者的告知义务

[1]第2条第1款第1—3项和第9项规定的独立从业者有义务在开始自雇工作后的三个月内向主管年金保险承担者告知。第2条第1句第8项规定的独立从业者有义务在具备下列要件后的三个月内向主管年金保险机构告知其本人满足被登记入手工业行业目录所必需的条件，以及对作为主业的手工业活动的管理，且该活动此前作为《手工业条例》第2条和第3条所指的副业被管理。如果相关事实已经被登记入手工业行业目录，则无须告知。应使用年金保险承担者的表格。

[2]联邦劳动和社会事务部被授权经联邦参议院同意，通过法规性命令规定如何理解第2条第1句第1—3项和第9项提及的参保独立从业者。

第191条　对其他负有参保义务人员的告知义务

根据《社会法典》第四编第28a条第1—3款的规定，下列机构应向以下人员进行告知：

1. 对于海上领航员是领航员协会；

2. 对于需要缴纳来自社会给付的保费的人员是给付提供者，以及对于护理支持津贴领取者是社会护理保险或私人护理保险公司；

3. 对于领取提前退休津贴的人员是有义务支付提前退休津贴的机构；

4. 对于发展援助工作者、限定时间内在国外工作的受雇人员、受《社会保障辅助法》保障的人员或在国外受雇的其他人，是提出申请的机构。

《社会法典》第四编第 28a 条第 5 款和第 28b 条、第 28c 条准用之。

第 192 条　对被征召服兵役者或民事服役者的告知义务

[1]如被征召服兵役，联邦国防部或其指定机构应告知兵役的开始与结束时间。

[2]如被征召进行民事服役，则联邦家庭与公民社会服务局必须告知民事服役的开始与结束时间。

[3]《社会法典》第四编第 28a 条第 5 款和第 28c 条准用之。

第 192a 条　特殊国外派遣期间的告知义务

[1]联邦国防部或其指定的机构应告知用于确定第 76e 条规定的收入指数附加值的特殊国外派遣期间。

[2]《社会法典》第四编第 28a 条第 5 款和第 28c 条准用之。

第 193 条　其他法定期间的告知

对于视同缴费期间和对于认定视同缴费期间具有重要意义的期间应由主管的健康保险公司、德国"矿工—铁路职工—海员"年金保险公司、根据《社会法典》第二编第 6a 条获准的乡镇承担者或联邦劳动局向参保人告知。

第 194 条　单独告知和推断

[1]应年金申请人的要求，雇主应最早在开始领取年金前三个月单独告知强制缴费收入，从 2019 年 7 月 1 日起在过渡地区从事雇佣工作的情况

下（《社会法典》第四编第 20 条第 2 款），附加告知的已到期期间的劳动报酬，第 163 条第 10 款不适用。在供养补偿程序中在家事法院要求提供信息的情形下准用之。第 1 条的告知请求通过年金保险承担者以电子方式提出。第 3 句不适用于电子告知程序不能被经济地执行的个别情形。例外情况由德国联邦年金保险公司在原则中确定；并得到联邦劳动和社会事务部的批准。如果根据第 1 句进行告知，则在申请养老金情形下，根据最近 12 个日历月被告知的强制缴费收入，年金保险承担者计算得出对于直至开始领取年金的剩余的雇佣期间对年金计算起决定性作用的预期收入，计算三个月止，在过渡地区（《社会法典》第四编第 20 条第 2 款）从事雇佣工作的情况下，则根据被告知的劳动报酬，而不适用第 163 条第 10 款。《社会法典》第四编第 28a 条规定的进一步告知义务不受影响。

[2]根据第 1 款第 1 句，给付承担者应单独告知领取社会给付者的强制缴费收入，护理保险公司以及私人保险公司应向兼职工作的护理人员单独告知强制缴费收入。第 1 款第 6 句准用之。根据第 191 条第 1 句第 2 项和《社会法典》第十一编第 44 条第 3 款的告知义务不受影响。

[3]保费根据实际强制缴费收入计算。

第 195 条　行政法规授权

联邦劳动和社会事务部有权在联邦参议院同意的情况下，通过法规性命令对于第 193 条规定的告知确定：

1. 应告知的视同缴费期间和应告知的对视同缴费期间的认定具有重要意义的期间；

2. 告知的要求和方式，以及；

3. 告知所含信息的处理、保存和转发的详细情况。

第二目　答复及通知义务

第 196 条　答复及通知义务

[1]除非参保人或应参保的人员已根据《社会法典》第四编第 28o 条负有提供信息的义务，否则应向年金保险承担者：

1. 按要求毫无迟延地提供以下信息，即对于确定参保义务和缴纳保费义务以及对于履行年金保险承担者的职责所必需的所有事实；

2. 毫无迟延地告知对确定参保义务和缴纳保费义务重要的且未由第三方告知的关系中的变化。

参保人或应参保的人员必须应要求毫无迟延地向年金保险承担者提交显示事实或关系变化的文件。

[2]主管告知机关应向年金保险数据部门告知初次登记（信息）、居民的姓名、性别、学历的每一次更改、出生年月日、出生地以及唯一或主要住所的地址，以履行第 150 规定的职责，因育儿产生的保险执行和根据《社会法典》第十编第 101a 条规定的通知转达。更改地址时，还应告知以前的住址，如果是新生儿，还必须根据第 1 句的规定告知母亲的信息，如果是多胞胎，还应告知出生婴儿的人数；如果是死胎，还应告知死者的死亡日期。根据《社会法典》第四编第 28i 条，年金保险数据部门在同一天将初次登记或更改的数据传输到负责的采集部门，只要这些数据是已知的。第 1 句亦准用于来自境外的德国公民的死亡通知。在此情况之下，由德国驻外代表机构直接以电子形式通知年金保险数据部门。如果年金保险数据部门收到了人员发送的其执行第 1 句的任务所不需要的数据，则必须毫无迟延地删除该数据。

[2a]主管告知机关应告知年金保险的数据部门以下数据，以履行其职责：

1. 根据第 150 条第 1 款第 1 句第 8 项，对于死亡通知还需要告知死者或同性生活伴侣的姓氏、名字、出生年月日和死者的配偶或同性生活伴侣的唯一或主要住所的地址；

2. 根据第 150 条第 1 款第 1 句第 9 项，在居民结婚或建立生活伴侣关系的情况下，应毫无迟延地通知该婚姻或生活伴侣关系的确立日期。

年金保险的数据部门必须将此数据传输到主管的年金保险承担者，然后毫无迟延地将其删除。如果年金保险的数据部门在第 1 句第 2 项的情况下确定居民没有领取遗孀抚恤金或鳏夫抚恤金和育儿年金，则不会将数据传输到主管的年金保险承担者。第 1 句第 1 项准用于负责的德国驻外代表机构，但以已知这些信息为限。

[3]手工业协会有义务毫无迟延地将手工业行业目录中关于自然人和合伙企业股东的登记、更改和删除向年金保险的数据部门告知。根据《手

工业条例》第2条和第3条规定的手工业企业的登记，更改和删除，以及根据《手工业条例》第4条的继续经营，均不包括在告知义务中。如果有以下信息，与告知一起发送：

1. 姓氏和名字；

2. 出生时的姓氏（如果有）；

3. 出生日期；

4. 国籍；

5. 家庭住址；

6. 法定代表人的姓氏和名字（如果有）；

7. 法律规定的名称，根据其规定企业经营者满足登记入手工业行业目录的要求；

8. 对已经在手工业行业目录中登记的企业经营者进行的审查的方式和时间，以此证明从事该行业所必需的知识和技能；

9. 商业分支机构的公司名和地址；

10. 要从事的一种或多种手工业；

11. 记入手工业行业目录的日期或更改、删除的日期，以及；

12. 如果发生更改或删除，对于更改或删除的原因。

告知须使用eXTra标准和安全超文本传输协议（https）以电子方式提交。在2021年12月31日之前，不适用第2句的规定，告知可以通过年金保险数据中心提供的网络应用程序，利用普遍可访问的网络进行传输。对于每一个企业经营者和股东应分别单独告知。年金保险的数据部门将被告知的数据传送给主管的年金保险承担者。

[4]（已废止）

第196a条（已废止）

第三目　保费缴纳的效力

第197条　保费的效力

[1]如果义务保费在其缴纳请求权尚未罹于诉讼时效时得到缴纳，则是有效的。

²如果自愿保费在其应当生效的次年的3月31日之前被缴纳，则是有效的。

³在特别困难的情况下，特别是面临丧失某一年金期待权的情况下，如果参保人不是因自己的过错导致没有及时缴费，即使在第1款和第2款规定的期限届满后，也允许参保人通过申请缴纳保费。申请须在阻碍原因消失后的三个月内提出。保费须在由年金保险承担者确定的合理期限内完成缴纳。

⁴排除根据《社会法典》第十编第27条恢复原状的情况。

第198条 期限的重新起算和停止

第197条第2款规定的期限可以通过保费程序或年金请求程序被中断；该期限在程序结束后重新起算。这些事实也导致保费缴纳请求权的消灭时效（《社会法典》第四编第25条第1款）和退还错误缴纳的保费请求权的消灭时效（《社会法典》第四编第27条第2款）停止；停止在第1句所述程序结束六个月后终止。

第199条 保费缴纳的推定

对于已按规定向年金保险承担者告知的雇佣期间，推定在这一期间内，存在已告知劳动报酬的有参保义务的雇佣关系，并且保费已有效缴纳。参保人可以向年金保险承担者要求确认，在按规定被告知的雇佣期间内存在有效的保险关系。第1句和第2句准用于与收入不相符的家庭护理期间。

第200条 保费计算基准的变更

在缴纳过去某一时期的自愿保费时，以：
1. 在缴纳时适用的最低保费计算基准和保险费率，以及；
2. 缴纳保费的那一年的保费缴纳上限；

为准。在降低保险费率的情形下，与第1句规定不同，适用保费缴纳当月的保险费率。

第201条 向非主管的年金保险承担者的缴纳的保费

¹已缴纳给非主管的年金保险承担者的保费，视为已缴纳给主管的年

金保险承担者。仅在第 2 款规定的情况下才汇款到主管的年金保险承担者。

[2]如果向作为非主管的年金保险承担者的矿工年金保险承担者的德国"矿工—铁路职工—海员"年金保险公司缴纳保费,则应将其汇款至主管的年金保险承担者。若作为矿工年金保险承担者的德国"矿工—铁路职工—海员"年金保险公司负责保险的执行,保费应从非主管的年金保险承担者汇至作为矿工年金保险承担者的德国"矿工—铁路职工—海员"年金保险公司。

[3]矿工年金保险的保费和普通年金保险的保费之间的差额由雇主补缴或退还给雇主。

第 202 条 错误的强制保费缴纳

错误地认为有参保义务而被缴纳的保费,并因此被拒收但未被请求返还的,视为自愿保费。如果保费被请求返还,则可以在拒收不可撤销后的三个月内,缴纳这一时期的自愿保费。第 1 和第 2 句仅当在应当缴纳保费或保费视为已经缴纳的期间内有权自愿参保的情况下才适用。如果雇主要求退还其承担的保费份额,则参保人应缴纳退还给雇主的数额。

第 203 条 保费缴纳的释明

[1]如果参保人释明自己从事一份获得劳动报酬的强制参保的雇佣工作,并且已为此工作缴纳了相应的保费,则应将该受雇期确认为保费缴纳期间。

[2]如果参保人释明已从其劳动报酬中扣除了其应分摊的保费份额,则视为保费已缴纳。

第四目 补充支付

第 204 条 从国际组织离职时保费的补充支付

[1]从国家间或超国家组织离职的德国人,在以下情形中可通过申请补充支付在此服务期间的自愿保费:

1. 该工作是由德意志联邦共和国促成或为该国的利益而进行的,

并且；

2. 在此期间其没有通过该组织或其他公法意义上的法人得到终身供给或在年老时有终身供给期待权和遗属供给期待权的保障。

如果申请补充支付已被自愿保费涵盖期间的自愿保费，则已经缴纳的保费会被退还。

[2]申请只能在从组织离职后的六个月内提出。如果因为在这一时期内终身供给或在年老时的终身供给期待权和遗属供给期待权通过其他公法意义上的法人得到了保障而无法补充支付，则可以在因从免于参保的雇佣工作离职而补充参保的情况下，在补充保险执行后的六个月内可以提出申请；该申请期限最早于1992年12月31日终止。在申请期内满足领取年金的要求并不阻碍补充支付。保费最迟在补充支付通知产生约束力后的六个月之内补缴。

第205条　关于刑事追诉措施的补充支付

[1]根据《刑事追诉措施赔偿法》依法确立了刑事追诉期间的赔偿请求权的参保人，可以申请补充支付该期间的自愿保费。如果在已被保费涵盖的刑事追诉期间申请补充支付自愿保费，则已经缴纳的保费被退还给承担此保费的人。如果应强制参保的雇佣工作或自雇工作被产生赔偿请求权的刑事追溯措施中断，则补充支付的保费被视为强制保费。满足领取年金的要求并不阻碍补充支付。

[2]申请只能在确定国库赔偿义务的判决生效的日历月结束后的一年内被提出。保费应在由年金保险承担者确定的合理期限内被缴纳。

第206条　神职人员和宗教人士的补充支付

[1]被认定为公法上的法人的宗教团体的神职人员和其他雇员、精神合作社成员、教会中的女护士和类似慈善团体的成员，被认定为被驱逐者且在被驱逐之前从事第5条第1款第1句第2项或第3项规定的雇佣或自雇工作，以其不再在德国境内从事同种雇佣或自雇工作为限，可以申请为免于参保期间，最迟回溯至1943年1月1日，补充支付自愿保费，但以此期间尚未被包含在保费中为限。

[2]如果在从以下关系中得到供给的情况下在免于参保期间可领取养老

金，或在供给情形开始时被认定为可领取养老金的，则第 1 款不适用：

1. 公法上的服务关系，或；

2. 根据公务员法的规定或原则或相应的教会法规定有供给请求权的劳动关系；

[3]仅当一般等待期已被满足或在境内居住至少 24 个日历月后已缴纳强制保费时，才允许补充支付。

第 207 条　教育期间的补充支付

[1]对于年满 16 岁以后不作为视同缴费期间被考虑的学校教育期间，参保人可以申请补充支付自愿保费，但以此期间尚未被包含在保费中为限。

[2]申请只可至年满 45 周岁提出。在 2004 年 12 月 31 日之前申请也可在年满 45 周岁之后提交。从免于参保的雇佣工作离职的并补充参保的人员，以及从被豁免参保义务的雇佣工作离职的人员，可以在补充保险实施后或结束豁免后 6 个月内提出申请。年金保险承担者可以允许最多五年的部分缴费。

[3]已补充支付保费的学校教育期间，如被视为视同缴费期间，参保人可要求退还保费。第 210 条第 5 款准用之。

第 208 条（已废止）

第 209 条　补充支付的资格和保费计算

[1]以下人员有权进行补充支付：

1. 有强制参保义务的或，

2. 有权自愿参保的人员，

除非关于补充支付的个别条款另有规定。

仅允许在 16 周岁之后的时期补充支付。

[2]对于保费的计算，在补充支付的时点适用的：

1. 最低保费计算基准，

2. 保费计算上限及，

3. 保险费率，

是具有决定性的。

第五目　保费退还和保费监管

第 210 条　保费退还

[1]保费依申请退还给以下人员：

1. 不负有参保义务及无自愿参保权利的参保人；
2. 已达到标准退休年龄但未完成一般等待期的参保人；
3. 由于未完成一般等待期而没有死亡抚恤金请求权的遗孀、鳏夫、尚存的同性生活伴侣或孤儿，仅在不存在遗孀、鳏夫或尚存的生活伴侣时，给仅丧父或丧母的孤儿。数名孤儿有权平分被退还的保费。

[1a]对于免于参保和豁免参保义务的参保人，如果未完成一般等待期，也可以依申请退还保费。但这不适用于因迷你雇佣工作或自雇工作而免于参保或豁免参保义务的人员。以下情况保费不予退还：

1. 如果在免于参保或豁免参保义务期间，行使了第 7 条规定的自愿保险权利，或；
2. 如果参保人是作为临时或试用公务员、法官，临时服役士兵，可撤回预备役公务员而免于参保或仅临时豁免参保义务。

第 3 句第 2 项所指的免于参保或豁免参保义务期间自愿缴纳的保费与第 1 句的保费退还无关。

[2]仅在退出强制保险后 24 个日历月且未发生新的参保义务的情况下才可退还保费。

[3]保费按参保人已缴纳的金额予以退还。如果与参保人就净劳动报酬达成一致，则雇主承担的雇员保费份额将被退还。基于《社会法典》第四编第 20 条第 2 款规定的雇佣工作、自雇工作产生的保费或自愿保费被退还一半。高额保险的保费全额退还。只有在联邦领域内 1948 年 6 月 20 日之后、在柏林州 1948 年 6 月 24 日之后和萨尔州 1947 年 11 月 19 日之后缴纳的保费才会被退还。在新加入地区只有在 1990 年 6 月 30 日之后缴纳的保费会被退还。

[4]如果执行有利于或由参保人负担的供养补偿，退还的金额将增加或减少以下数额的一半，即在婚姻或同性生活伴侣关系期终止时缴纳的对附加值的保费或在保费退还时仍存在的差额。这准用于年金分割的情形。

[5]如果参保人已据有来自保险的实物或金钱给付，只能要求退还其后缴纳的保费。

[6]退款申请不限于单个保费缴纳期间或部分保费。原保险关系随着保费退还解除。来自直至退款前被保留的法定年金期间的请求权不再存在。

第 211 条　关于错缴保费管辖权的特别规定

错缴保费的退还（《社会法典》第四编第 26 条第 2 款和第 3 款）不适用第三章的规定，如果年金保险承担者已与采集部门或给付承担者达成一致，通过以下方式进行：

1. 如果退款请求权尚未罹于诉讼时效且年金保险承担者的保费未被拒收，由主管的采集部门退还；

2. 如果保费缴纳是基于因领取社会给付产生的参保义务，由给付承担者退还。

对于退还金额的计算起决定性作用的是保费所依据的被证明的保费计算基准。关于退款将通过电子方式通知主管的年金保险承担者。

第 212 条　保费的监管

年金保险承担者监督强制保费的及时和全额缴纳，只要这些保费直接向其缴纳。年金保险承担者有权审查保费缴纳情况。

第 212a 条　对于保费缴纳的审查以及对其他参保人、补充参保人和特殊国外派遣期间的告知的审查

[1]年金保险承担者向为其他参保人和补充参保人缴纳强制保费的机构（义务缴费者）审查，其是否按照本法典正确履行了与缴纳强制保费有关的告知义务和其他义务。年金保险承担者尤其需要审查保费缴纳和告知的正确性。审查应至少每四年进行一次；如果义务缴费者要求，审查应在更短的时间间隔内进行。第 1—3 项准用于缴纳特殊国外派遣期间保费的机构。

[2]一名义务缴费者每次只接受一位年金保险承担者的审查。年金保险承担者商定对哪些义务缴费者进行审查。如果审查是由地区承担者进行的，则由义务缴费者所在地或其住所所在地的地区承担者负责。根据

《社会法典》第四编第 28p 条对雇主的审查应与对义务缴费者的审查一起进行；允许根据《社会法典》第四编第 28p 条第 8 款第 1 句在数据系统中对雇主进行相应标记。

[3]义务缴费者必须为审查提供合适的帮助。自动清算程序被包含在审查中。义务缴费者与年金保险承担者达成相关的协议。

[4]数据处理中心或其他类似机构也应被审查，只要这些机构受义务缴费者或其委托的机构委托，计算、缴纳强制保费或汇报情况。如果审查是由地区承担者进行的，地方管辖权取决于机构的所在地。第 3 款准用之。

[5]德国联邦年金保险公司运营一个用于审查义务缴费人的数据系统，其中存储了以下数据：

1. 名称；
2. 地址；
3. 公司编号，如有必要，还包括义务缴费人的进一步识别标记；
4. 规划审查所需的义务缴费人的数据，以及；
5. 审查的结果。

德国联邦年金保险公司只能将存储在该数据系统中的数据用于对义务缴费人和雇主的审查。年金保险数据部门运营一个用于审查义务缴费人的数据系统，其中储存有以下信息：

1. 公司编号，如有必要，还包括义务缴费人的进一步识别标记；
2. 义务缴费人有用于缴纳强制保费的参保人的保险号码，以及；
3. 保费缴纳义务的开始和终止。

在第 4 句的情况下，数据部门可以根据《社会法典》第四编第 28p 条第 8 款第 1 句和第 3 句保存、更改、使用、传输或在协议中限制原始数据档案（第 150 条）和数据系统的数据，用于对义务缴费人的审查。年金保险的数据部门有义务在进行审查的年金保险承担者的要求下，对以下数据进行处理，只要这些数据是第 1 款中审查所需要的：

1. 数据系统中根据第 1 句和第 3 句所储存的数据；
2. 参保人在审查期间有关的储存在年金保险承担者的保险账户上的数据，且义务缴费人已经或将要为其缴纳强制保费，以及；
3. 年金保险承担者存储的关于直接向其缴纳的强制保费的凭证的数据。

审查结束后，传送给进行审查的年金保险承担者的数据必须毫无迟延地从年金保险的数据部门和进行审查的年金保险承担者处删除。义务缴费者和年金保险承担者有义务向德国联邦年金保险公司和年金保险的数据部门传送根据第 1 句对于审查必需的数据。传送也可以通过自动化程序进行，无须《社会法典》第十编第 79 条第 1 款规定的批准。

[6]经联邦参议院批准，联邦政府可通过法规性命令，对下列事项作出详细规定：

1. 义务缴费人和第 4 款所述机构在自动结算程序中的义务；

2. 审查的执行和纠正审查中发现的缺陷，以及；

3. 第 5 款第 1 句规定的数据系统的内容中，涉及规划和存储义务缴费人的审查结果所必需的数据，以及关于数据系统构建和更新的内容。

第 212b 条　对负有参保义务的独立从业者的保费缴纳的审查

年金保险承担者有权对负有参保义务的独立从业者进行审查。第 212a 条第 2 款第 1—3 句、第 3 款第 1 句和第 6 款第 1 项和第 2 项准用之。第 212a 条第 4 款准用之，但前提是该审查也可以在受负有参保义务的独立从业者委托的税务咨询机构进行。《社会法典》第十编第 98 条第 1 款第 2—4 句、第 2 款、第 4 款和第 5 款第 1 句第 2 项和第 2 句准用之。

第三节　联邦参与、财务关系和退款

第一分节　联邦参与

第 213 条　联邦补贴

[1]联邦政府为普通年金保险的支出提供补贴。

[2]对普通年金保险支出的联邦补贴在接下来的每个日历年应按上一日历年中每名雇员的毛收入（第 68 条第 2 款第 1 句）与再上一日历年中相应的毛收入的比例变化。如果保险费率发生变化，联邦补贴应按保险费率被确定的当年的保险费率与上一年的保险费率相对应变化。在适用第 2 句的情况下，是以当时的保险费率作为基础，且该保险费率不考虑第 3 款规

定的额外联邦补贴和第 4 款规定的增加额。联邦补贴在 2019—2021 年每年增加 4 亿欧元，2022 年增加 5.6 亿欧元，2023—2025 年每年增加 4.8 亿欧元；对于联邦补贴在随后的日历年中的变化，这些金额根据第 1—3 句须被逐一考虑到。

[2a]2006 年联邦补贴总计减少 1.7 亿欧元，从 2007 年起每年减少 3.4 亿欧元。由于对周日、节假日和夜间附加值的免于参保社会保险限制为每小时工资不超过 25 欧元而产生的额外收入，以及由于在工商业领域对无参保义务的迷你雇佣工作的总支出金额在法定年金保险中从劳动报酬的 12%提高到 15%而导致的总计减少数额与每一日历年的实际额外收入的偏差，应根据第 2 款从结算后的财政年度的联邦补贴结算。联邦补贴的起始金额是根据第 2 款最后确定的联邦补贴，不包括减少数额。

[3]联邦政府在每个日历年向普通年金保险支付额外的联邦补贴，以对保费未覆盖的给付进行总补偿。1998 年 4—12 月的额外联邦补贴为 96 亿德国马克，1999 年为 156 亿德国马克。从 2000 年起的日历年，额外的联邦补贴每年根据对营业额的税收变化率进行更改；此时生效年份的税率变化不被考虑在内。根据第 3 句得出的额外联邦补贴数额在 2000 年减少 11 亿德国马克，2001 年减少 11 亿德国马克，2002 年减少 66467.9 万欧元，在 2003 年减少 10225.8 万欧元。退款按第 291b 条被计入额外联邦补贴中。对于额外的联邦补贴的支付、分配和结算，适用关于联邦补贴的规定。

[4]第 3 款规定的额外联邦补贴应根据从《继续生态税改革法》获得的联邦收入增加（增加额），但在 2000 年扣减 25 亿德国马克，自 2001 年起扣减 19 亿德国马克。第 1 句规定的增加额在 2000 年为 26 亿德国马克，2001 年为 81.4 亿德国马克，2002 年为 68.140 亿欧元，2003 年为 95.1002 亿欧元。对于 2003 年之后的日历年，增加额应按上一日历年的毛收入与再上一日历年中相应的毛收入的比例变化；第 68 条第 2 款第 1 句准用之。对于增加额的支付、分配和结算，适用关于联邦补贴的规定。

[5]从 2003 年起，增加额减少 4.09 亿欧元。根据第 4 款第 3 句确定增加额的变化时，不考虑第 1 句的扣减额。

[6]联邦社会保障局负责设定、支付和结算每月付款。

脚注

(+++第 213 条第 6 款的适用参见第 287a 条+++)

第 214 条　流动资金担保

[1]如果普通年金保险中可持续发展储备金的流动资金不足以履行保费缴纳义务，联邦政府向普通年金保险承担者提供所缺资金数额的流动资金援助（联邦担保）。

[2]联邦政府提供的用作流动性援助的资金应被偿还，只要在本日历年内不再需要这些资金来履行保费缴纳义务，最迟应在发放后的第二年的 12 月 31 日之前偿还；无须支付利息。

第 214a 条　流动资金记录

[1]德国联邦年金保险公司在每个工作日记录普通年金保险的流动资金状况。普通年金保险承担者将对此所需的数据告知德国联邦年金保险公司。德国联邦年金保险公司的扩展理事会决定程序的细节。

[2]德国联邦年金保险公司每月或应要求以快速报告的形式向联邦劳动和社会事务部和联邦社会保障局提交有关当前流动资金数额的说明。该告知程序的结构细节由联邦社会保障局和德国联邦年金保险公司之间通过协议规定。

第 215 条　联邦在矿工年金保险中的参与

在矿工年金保险中，联邦承担每一日历年的收入与支出之间的差额；同时联邦确保其持续性的给付能力。

第二分节　可持续发展储备金与财政补偿

第 216 条　可持续发展储备金

[1]普通年金保险的承担者持有联合可持续发展储备金（运营资金和储备金），收入超过支出的盈余用于该储备金，并从中弥补赤字。国有资产不属于可持续发展储备金。

²联合可持续发展储备金在不超过所有普通年金保险承担者一个日历月自费的平均支出的50%范围内，由德国联邦年金保险公司长期管理。如果联合可持续发展储备金在更长的时间内超过了这一数额，则必须由普通年金保险承担者在这一范围内进行管理。详细信息由德国联邦年金保险公司的扩展理事会规定。

第217条 可持续发展储备金的结构

¹可持续发展储备金以流动形式被存放。有效期、解约通知期或剩余期限不超过12个月的所有长期投资均被视为具有流动性，但具有解约通知期的长期投资只有在保证合理的利息外，还保证至少有投资数额的回报情况下，才被视为具有流动性。如果不能保证至少可以获得所投资数额的回报，则解约通知期不超过12个月的长期投资至少在差额被相应较高的利息所补偿的情况下被视为具有流动性。如果除合理的利息之外，还可以确保可以在12个月内至少能够以购置成本转让或购置成本的差额至少可被较高的利息补偿，则有效期或剩余期限超过12个月的长期投资也被视为具有流动性。

²如果专项基金仅由年金保险承担者根据第1款可直接获得的长期投资组成，则专项基金中股票形式的长期投资被视为是流动的。

³如果根据第214a条的流动资金记录可以确认，可持续发展储备金的流动资金不足以满足对普通年金保险的缴费义务，则不适用第1款和第2款的规定，可持续发展储备金可以在最迟至下一个法律规定的支付日期之前全部或部分被固定。

第218条（已废止）

第219条 普通年金保险中的财务联合

¹年金支出，保费退款，由普通年金保险承担的健康保险保费以及其他不属于参与给付或行政和诉讼费用支出及投资的金钱给付，由普通年金保险承担者根据该日历年各自保费收入的比例共同负担。联邦补贴，联邦对育儿期间的保费缴纳和联邦退款，不包括第270条规定的对儿童补贴的退款和第290a规定的新加入地区的供给负担的承担者向普通年金保险承

担者的退款，应按其保费收入的比例被分配。联合可持续发展储备金包括其收益，根据其保费收入的比例分配给普通年金保险的承担者。

[2]地区承担者和作为矿工年金保险承担者的德国"矿工—铁路职员—海员"年金保险公司每月将其管理的资金全部汇款给德国邮政股份公司的年金服务处或德国联邦年金保险公司，只要这些费用不需直接用于参与给付、行政和诉讼费用，创建或维护固定资产非流动性的部分或必须由其作为可持续发展储备金进行管理。尤其是向国内支付年金给付的预付款日期和其他共同金融支出的日期属于每月付款日期。德国联邦年金保险公司的扩展理事会规定详细信息。

[3]在考虑到第三方支付的情况下，德国联邦年金保险公司填补对于当时的普通年金保险的保费缴纳义务所缺少的资金。如果所有普通年金保险承担者的可用资金不足以满足当时的保费缴纳义务，则其可向联邦政府申请额外的财政援助。

第220条　与参与给付、行政和诉讼的支出

[1]普通年金保险和矿工年金保险中用于参与给付的年度支出根据每名雇员的毛收入（第68条第2款第1句）的预期增长确定。如果在日历年末的支出超过了当时为该日历年所确定的金额，则超出第1句规定支出的年份之后的第二个日历年的为各领域产生的金额相应减少。第179条第1款第2句所规定的保费退还的支出中，在残疾人工厂的初始程序和职业教育领域内根据第16条规定的给付产生的支出不算作第2句意义上的支出。

[2]普通年金保险的承担者商定德国联邦年金保险公司的参与给付的总金额中分配给其的份额。对此应努力确保参与给付依据范围和费用被统一提供。德国联邦年金保险公司的扩展理事会规定详细信息。

[3]第1款和第2款准用于行政和诉讼费用，但条件是年金领取者和年金领取通道的数量变化以及行政职能的变化须被考虑在内。德国联邦年金保险公司致力于到2010年将年度行政和诉讼支出减少2004年行政和诉讼费用实际支出的10%。从2007年起，德国联邦年金保险公司必须每年向联邦劳动和社会事务部报告各个承担者和法定年金保险中行政和诉讼费用的发展情况，以及针对优化这些支出已实施和计划采取的措施。在这方面，应单独探讨从保险承担者基准化分析中得出的结论。

第221条 固定资产支出

对于固定资产的非流动性部分的建立或维护，只有在此种情形下才能使用资金，即对于促成和保障年金保险承担者适当地和经济地履行其职责。用于年金保险承担者的自营企业建筑物的建造、扩建和改建资金只能在以下附加条件下使用，即考虑到所有年金保险承担者的总需求这些计划是必要的。年金保险承担者在德国联邦年金保险公司中共同确保，对第2句规定的建筑计划的必要性按照统一原则进行评估。

第222条 授权

[1]联邦劳动和社会事务部被授权在联邦参议院同意的情况下，经与联邦财政部达成一致，通过法规性命令详细规定第221条第1句规定的可动用资金范围。相应支出的许可性也可以在时间上被限制。

[2]经联邦参议院同意，联邦劳动和社会事务部有权通过一般行政法规来界定国有资产的范围。

第三分节 退款

第223条 迁徙保险补偿和迁徙补偿

[1]只要作为矿工年金保险承担者的德国"矿工—铁路职员—海员"年金保险公司在给付情况下为此负责，则普通年金保险的承担者应向前者退还由其承担的给付份额。应承担的给付份额是分摊到普通年金保险期间的部分。

[2]只要普通年金保险承担者在给付情况下为此负责，则作为矿工年金保险承担者的德国"矿工—铁路职员—海员"保险公司应向前者退还由其承担的给付份额。由其承担的给付份额是分摊到矿工年金保险期间的部分。

[3]参与给付的支出按与年金给付相同的比例退还。只有提出申请之前的日历年经过之前的年金法定期间才被考虑到。可以规定退款一次付清。

[4]第1款和第2款准用于由年金保险承担的法定健康保险保费以及对健康保险的补贴。

[5]在采用计入规定时,应根据这些给付份额的数额比例确定应分摊给各年金保险承担者的计入金额部分。

[6]普通年金保险承担者向作为矿工年金保险承担者的德国"矿工—铁路职员—海员"保险公司支付迁徙补偿。普通年金保险承担者应分摊的迁徙补偿份额按其保费收入的比例确定。对于迁徙补偿的计算应将以下数据相乘:

1. 迁徙补偿被支付当年的矿工参保人人数与1991年1月1日矿工参保人人数之差(参保人减少数额);

2. 迁移补偿被支付当年的平均收入;

3. 迁移补偿被支付当年普通年金保险的保险费率;

4. 将2018年的迁徙补偿除以2018年的参保人减少数额、2018年的平均收入和2018年普通年金保险的保险费率的乘积所得的系数。

其他参保人(第166条)也被视为矿工年金保险的参保人。迁徙补偿通过一个系数被调整,该系数应考虑到矿工年金保险中年金领取者人数和年金总额的长期变化。

第224条 联邦劳动局的退款

[1]为了补偿对于完全劳动能力减损年金的年金保险产生的费用,在此情形下请求权也取决于当时的就业形势,联邦劳动局向年金保险承担者支付补偿金。这是根据完全劳动能力减损年金产生的支出的一半计算的,包括就此分摊的年金保险对健康保险的保费的参与以及代替完全劳动能力减损年金而产生的失业津贴请求权的平均期间。

[2]联邦劳动局对补偿金额进行分期付款,分期款项应在一个日历季度的最后一个月的向国内的年金预付款到期日被支付。分期款项在2001年为1.85亿德国马克,2002年为1.92亿欧元。在接下来的几年中,分期款项是根据相应上一年的结算结果确定的。退款金额的结算在分期付款年份次年的9月30日之前进行。

[3]联邦社会保障局执行普通年金保险和矿工年金保险承担者之间的结算和支付补偿,并对普通年金保险的承担者进行分配。2003年首次确定了年度分期付款的金额。

[4]第227条第1款准用于结算和分配。与矿工年金保险承担者的结算

基于以下比例：年金承担者对完全劳动能力减损年金的支出，包括迁徙保险补偿中应被缴纳和退还的金额，与相应的普通年金保险承担者支出之比。

第 224a 条　完全劳动能力减损年金的总保费承担

[1]对于《社会法典》第三编第 345a 条规定的保费总额，联邦社会保障局在普通年金保险承担者和矿工年金保险承担者之间进行分配。根据第 224 条的规定，保费总额在补偿金额的年度结算框架内用联邦劳动局的补偿金额结算。

[2]第 227 条第 1 款准用于分配。与矿工年金保险承担者的结算是基于以下比例：年金承担者对完全劳动能力减损年金的支出，包括迁徙保险补偿中应被缴纳和退还的金额，与相应的普通年金保险承担者支出之比。

第 224b 条　对基本保障事项评定的退款

[1]从 2010 年 5 月 1 日开始，联邦政府于每年的 5 月 1 日向德国联邦年金保险公司退还年金保险承担者在上一年履行第 109a 条第 2 款规定的职责时所产生的费用和垫款。联邦劳动和社会事务部、联邦财政部和德国联邦年金保险公司共同商定第 109a 条第 2 款规定的各种情况下产生的费用和垫款的合理总金额。

[2]第 1 款准用于履行第 109a 条第 3 款规定的职责时所产生的费用和垫款。

[3]联邦社会保障局根据第 1 款和第 2 款进行结算。德国联邦年金保险公司从 2010 年 3 月 1 日起，于每年 3 月 1 日之前将上一年的案件数发送给联邦社会保障局。退款金额由德国联邦年金保险公司分配给年金保险承担者。对于普通年金保险承担者，该分配需通过簿记进行。

第 225 条　通过供给负担承担者的退款

[1]年金保险承担者基于通过家事法院的判决确定的年金期待权产生的支出，由主管的供给负担承担者退还。领取供给补偿的配偶或同性生活伴侣若在之后补充参保，则只有截至日历年年末的费用可被退还，且在该日历年在缴纳补充保险的保费或在第 185 条第 1 款第 3 句的情形下满足补充

保险的前提条件之前。如果补充保险被向职业供给机构缴纳保费所替代（第 186 条第 1 款），则在第 2 句中提到的日历年末，第 1 句中的退款义务将被转移至作为新的供给负担承担者的职业供给机构。

[2]如果年金期待权通过家事法院的判决被确立，且其月度金额不超过在婚姻或同性生活伴侣关系期间结束时适用的月参考数值的 1%，则供给负担的承担者必须缴纳保费。第 1 款不适用。如果家事法庭的判决发生变更的情形下，第 187 条第 7 款准用之。

第 226 条　行政立法授权

[1]经联邦参议院批准，联邦政府被授权通过法规性命令，规定关于供给负担承担者的费用退还的计算和执行的详情。

[2]联邦劳动和社会事务部被授权在联邦参议院同意的情况下，经与联邦财政部达成一致，通过法规性命令规定关于第 223 条第 3 款的退款详情。

[3]联邦劳动和社会事务部被授权在联邦参议院同意的情况下，经与联邦财政部达成一致，通过法规性命令规定第 223 条第 6 款确立迁徙补偿的详情。

[4]联邦劳动和社会事务部被授权在联邦参议院同意的情况下，经与联邦财政部达成一致，通过法规性命令规定关于第 224 条补偿款总数额的详情。

[5]经联邦参议院批准，联邦劳动和社会事务部被授权通过法规性命令确定关于第 224a 条完全劳动能力减损年金的保费总额分配的详情。

第四分节　费用计算

第 227 条　费用计算

[1]德国联邦年金保险公司根据第 219 条第 1 款和第 223 条对普通年金保险承担者进行金额分配，并对普通年金保险承担者和矿工年金保险承担者以及德国邮政股份公司进行结算。普通年金保险承担者之间保费缴纳义务的补偿仅通过簿记进行。对普通年金保险与矿工年金保险承担者和德国邮政股份公司的补偿支付由德国联邦年金保险公司在结算公告后的四周内

进行。

[1a]联邦社会保障局对联邦向法定年金保险的缴费进行结算。联邦向普通年金保险的补充缴费以德国联邦年金保险公司为受益人,向矿工年金保险的补充缴费在结算公告后的四周内支付给矿工年金保险承担者。

[2]在一个日历年结束时,德国邮政股份有限公司向德国联邦年金保险公司和联邦社会保障局通报根据普通年金保险承担者的指示已经被支付的金额。

[3]此外,德国联邦年金保险公司扩展理事会负责在整个德国年金保险系统适用的法律框架内制定财务资源和财务管理的原则并对其进行控制。

第五章 特别规定

第一节 对特殊情形的补充

第一分节 原则

第228条 原则

本节的规定是对前几章以下事实的规定的补充,即从前几章规定生效之日起可能不再出现的事项,或仅以过渡的方式出现的事项。

第228a条 新加入地区的特殊性

[1]只要本编对劳动报酬、自雇收入或保费计算基准的规定与以下内容有关:

1. 与参考数值相关,则该参考数值对新加入地区〔参考数值(东部)〕,

2. 与保费计算上限相关,则该保费计算上限对新加入地区〔保费计算上限(东部),附件2a〕,

在收入来自新加入地区的雇佣或自雇工作时,是具有决定性的。第1句准用于其他参保人的保费计算基准的确定。

[2](已废止)

[3]只要本编的规定在死亡抚恤金收入计算的情形下与当前年金价值相关,如果权利人的经常居住地在新加入地区内,则以当前的年金价值(东部)为准。

第五章　特别规定

第 228b 条　调整阶段的决定性价值

在确定 2024 年 12 月 31 日之前（含该日）的价值时，只要本编的规定考虑到每名雇员的毛收入（第 68 条第 2 款第 1 句）变化或平均收入，则在除新加入地区以外的联邦领域内以该确定的价值为准，除非下文中另有规定。

第二分节　参保人群

第 229 条　强制参保义务

[1]在 1991 年 12 月 31 日负有参保义务的以下人员：

1. 股份公司董事会成员，

2. 独立从业教师、保育员或在其自雇工作中没有白领雇员，但至少有一名蓝领雇员的护理人员，

在其工作中仍有义务参保。参保人可以通过申请豁免参保义务，豁免自收到申请之日起生效。豁免仅限于当时的工作。

[1a]若股份公司的董事会成员于 2003 年 11 月 6 日在其他雇佣或自雇工作中不负有参保义务，则在该雇佣或自雇工作中保持无参保义务。他们可以在 2004 年 12 月 31 日之前申请在未来生效的参保义务。

[1b]在 2011 年 6 月 28 日基于国外的雇佣工作在联邦或各州的官方代表机构或其领导、德国成员或工作人员处负有参保义务的人员，在该雇佣工作中仍有参保义务。在雇主和雇员共同提出申请的情况下，参保义务终止；申请应在 2012 年 6 月 30 日之前提出。参保义务自收到申请之日的下一个日历月起终止。

[2]在 1999 年 12 月 31 日不负有参保义务的手工业者在该工作中仍不负有参保义务。

[2a]在 2003 年 12 月 31 日负有参保义务的手工业者在该工作中仍负有参保义务；第 6 条第 1 款第 1 句第 4 项不予考虑。

[3]如果自雇工作是在 1999 年 1 月 1 日至 2006 年 7 月 1 日进行的，则第 2 条第 1 句第 9 项字母 b 后半句和第 4 句第 3 项也适用。如果雇员在 1999 年 1 月 1 日至 2007 年 4 月 30 日受雇，则在自 2007 年 5 月 1 日生效的版本

中的第 2 条第 1 句第 1 项、第 2 项和第 9 项字母 a 适用。

[4]社会给付获得者，在 1995 年 12 月 31 日通过申请负有参保义务且根据第 4 条第 3a 款不再符合强制参保义务的要求的，则在当时的社会给付领取期内仍有参保义务。

[5]在 2012 年 12 月 31 日按照 2012 年 12 月 31 日之前生效的版本中第 5 条第 2 款的规定由于放弃了免于参保，在迷你雇佣工作或比迷你工作规模更大的雇佣工作中作为雇员负有参保义务的人员，仍负有参保义务；自 2013 年 1 月 1 日生效的版本中的第 6 条第 1b 款不适用于以下人员，即在 2012 年 12 月 31 日从事的雇佣工作或其他雇佣工作中涉及按照 2012 年 12 月 31 日之前生效的版本中第 5 条第 2 款的规定放弃免于参保的情形。

[6]在 2003 年 3 月 31 日在雇佣或自雇工作中并未放弃免于参保（2012 年 12 月 31 日之前生效的版本中第 5 条第 2 款第 2 句）而仍有参保义务的人员，其工作满足《社会法典》第四编第 8 条（自 2003 年 4 月 1 日起生效的版本）规定的迷你雇佣工作或自雇工作特点的，或者满足在私人家庭中的迷你雇佣工作或自雇工作特点的（《社会法典》第四编第 8a 条），在该雇佣或自雇工作中仍有参保义务。其可以通过申请被豁免参保义务。如果豁免在 2003 年 6 月 30 日之前被提出，则从 2003 年 4 月 1 日开始生效，否则从收到申请之时起生效。申请仅限于当时的雇佣或自雇工作。对于满足第 2 条第 1 句第 10 项规定的参保义务前提条件的人员，第 2 句规定的豁免于 2004 年 7 月 31 日终止。

[7]在 2012 年 12 月 31 日因雇用负有参保义务的雇员而不负有参保义务的独立从业者，若受雇的雇员不是《社会法典》第四编第 8 条第 1 款第 1 项（2012 年 12 月 31 日之前生效的版本）规定的迷你雇员工作者，则在此自雇工作中仍不负有参保义务。于 2012 年 12 月 31 日在自雇工作中有参保义务的人员，满足《社会法典》第四编第 8 条第 3 款结合第 8 条第 1 款第 1 项，或满足第 8 条第 3 款结合第 8a 条和第 8 条第 1 款第 1 项（自 2013 年 1 月 1 日起生效的版本）中规定的迷你雇佣工作特点的，则在该自雇工作中保持负有参保义务至 2014 年 12 月 31 日。

[8]在 2020 年 2 月 13 日没有按照第 2 条第 1 句第 8 项的规定负有参保义务的独立从业的企业经营者，如果仅因 2020 年 2 月 14 日对《手工业条例》附件 A 的修订而成为有参保义务的主体，则在该从事的自雇工作中

仍不负有参保义务。

[9]第1条第5句第3项原则上仅适用于2020年6月30日后开始的教育。若教育在此时点之前开始，且：

1. 保费已缴纳，则第1条第5句第3项自开始缴纳保费时适用；

2. 保费未缴纳，则从雇主在参与者同意下缴纳保费的时点起第1条第5句第3项适用。

第229a条 新加入地区的参保义务

[1]1991年12月31日在新加入地区负有参保义务的人员，若不是按照第1—3条的规定自1992年1月1日起负有参保义务且直到1994年12月31日没有申请终止参保义务，则在当时的工作中或当时领取给付的期间内，仍有参保义务。

[2]在新加入地区独立从业的农业经营者，满足《第二农业经营者健康保险法》第2条第1款第1项规定的条件，在农业经营者健康保险中作为企业主参保且在1995年1月1日在该自雇工作中负有参保义务的，在此自雇工作中仍有参保义务。

第230条 免于参保

[1]在1991年12月31日作为以下人员免于参保的：

1. 可撤回的狱警，

2. 手工业者或，

3. 德国铁路和电车养老保险公司成员。

在该雇佣或自雇工作中仍然免于参保。在1991年12月31日根据人寿保险合同而免于参保的手工业者，以及在1991年12月31日作为供给领取者免于参保的人员，在任何雇佣工作或自雇工作中仍免于参保。

[2]在1991年12月31日作为负有参保义务的以下人员：

1. 公法规定的法人、机构或基金会或其协会的雇员或，

2. 精神合作社的符合章程规定的成员、教会中的女护士或类似组织的成员，

未免于参保和未豁免参保义务的，在该雇佣工作中仍应负有参保义务。但若满足第5条第1款第1句的条件可以申请豁免参保义务。对于联

邦雇员和在受联邦监督的雇主处的雇员，在联邦主管部门以及在雇主、合作社或组织所在州的最高行政当局确认符合前提条件后，年金保险的承担者决定是否豁免。该豁免自收到申请时生效。豁免只限于当时的雇佣工作。

[3]在1991年12月31日作为雇员或独立从业者未被免于参保或豁免参保义务的人员，在此雇佣或自雇工作中不得根据第5条第4款第2项和第3项的规定免于参保。但其可以申请豁免参保义务。该豁免自收到申请起生效。豁免适用于每一份雇佣工作或自雇工作。

[4]在1996年10月1日，作为技术学校或高等学校的正式学生在雇佣或自雇工作中免于参保的人员，在此雇佣或自雇工作中仍免于参保。但其可以申请终止免于参保。

[5]如果在2002年2月1日之前，基于第5条第1款第3句作出的决定，已经存在第5条第1款第1句第2项或第3项的免于参保，则第5条第1款第4句不适用。

[6]根据2008年12月31日之前生效的版本中的第5条第1款第1句第2项，免于参保的人员，在此雇佣工作中仍免于参保。

[7]根据《武装部队人事结构调整法》第6条领取供给的人员，不得根据第5条第4款第2项的规定免于参保。

[8]在2012年12月31日，根据2012年12月31日之前生效的版本中的第5条第2款第1句第1项，作为雇员免于参保的人员，只要根据《社会法典》第四编第8条第1款第1项，或第8a条结合第8条第1款第1项（2012年12月31日前生效的版本）的规定具备迷你雇佣工作的前提条件，在此雇佣工作中仍免于参保。其可以通过向雇主作出书面声明放弃免于参保的权利；弃权声明只对未来有效，且在有多份雇佣工作的情况下，只能统一声明，并在雇佣工作持续期间具有约束力。

[9]在2016年12月31日因在达到标准退休年龄前领取全额养老金而在雇佣或自雇工作中免于参保的人员，在该雇佣或自雇工作中仍免于参保。雇员可以通过向雇主提交书面声明放弃免于参保的权利。弃权声明只对未来有效，并在雇佣工作持续期间具有约束力。第2句和第3句准用于向主管的年金保险承担者声明弃权的独立从业者。

第231条　参保义务的豁免

[1]在1991年12月31日被豁免参保义务的人员，在同一雇佣或自雇工作中仍被豁免。在1991年12月31日作为以下人员：

1. 与提高或取消年劳动收入上限有关的雇员，

2. 手工业者或，

3. 领取供给的人员，

被豁免参保义务的，在任何雇佣或自雇工作中，以及兵役给付中，仍被豁免参保义务。

[2]基于1995年12月31日前提交的且最迟从该时点起生效的申请，根据该时点生效的版本中第6条第1款第1项的规定，被豁免参保义务的人员，在当时的雇佣或自雇工作中仍被豁免。

[3]职业供养机构的成员，因为在1994年12月31日对于职业群体的某些成员在职业协会中存在的成员义务在1994年12月31日之后扩展至当时的职业群体的其他成员，因此仅是其职业协会的义务成员的，在满足第6条第1款的其他条件时被豁免参保义务，如果：

1. 在1996年7月1日之前颁布了将职业协会中的成员义务扩展至职业群体的其他成员的法律，且；

2. 随着职业协会的成员义务扩大至职业群体的其他成员，关于属于职业协会的义务成员的人群范围，在1994年12月31日已经形成了至少在一半的联邦州已经存在的法律状况。

[4]职业供养机构的成员，因对于其职业群体在1994年12月31日存在的职业供养机构的成员义务在1994年12月31日之后扩展至职业群体的以下成员，即完成法律规定的预备或候补服务的人员，因此仅是职业供养机构的义务成员的，在满足第6条第1款的其他要求时被豁免参保义务，如果：

1. 在1996年7月1日之前供给法律规定进行了修订，即职业供给机构的成员义务已扩展至完成了法律规定的预备或候补服务的人员，且；

2. 随着职业供给机构的成员义务扩展至完成法律规定的预备或候选服务的人员，对于属于职业供给机构的义务成员的人群范围，在1994年12月31日已经形成了对于当时的职业群体在至少一个联邦州已经存在的法律状况。

[4a]根据 2015 年 12 月 21 日《关于重组顾问律师法和修订财政法院条例的法案》(《联邦法律公报》第 1 卷第 2517 页)第 1 条第 3 款和第 6 条对《联邦律师条例》和《专利律师条例》的修订不应视为扩大第 6 条第 1 款第 3 句意义上的职业协会义务成员范围的修订。

[4b]根据第 6 条第 1 款第 1 句第 1 项的规定,在考虑到《联邦律师条例》(2016 年 1 月 1 日起生效的版本)或《专利律师条例》(2016 年 1 月 1 日起生效的版本)的情况下,作为顾问律师或顾问专利律师的参保义务豁免通过申请从开始从事豁免参保义务的雇佣工作起生效。如果在此雇佣工作期间存在职业供养机构的义务成员资格,则豁免从开始从事在此之前的雇佣工作起生效。第 1 句和第 2 句规定的豁免最早从 2014 年 4 月 1 日起生效。如果在 2014 年 4 月 1 日之前向职业供养机构缴纳了与收入相关的义务保费,则豁免对于 2014 年 4 月 1 日前的期间也生效。第 1—4 句不适用于,作为顾问律师或顾问专利律师的参保义务豁免由于 2014 年 4 月 4 日前公布的判决被否决并最终生效的雇佣工作。第 1 句和第 2 句规定的具有追溯效力的豁免申请只能在 2016 年 4 月 1 日结束前提交。

[4c]通过法律规定的或者以法律为基础的,第 6 条第 1 款第 1 句第 1 项意义上的职业供养机构的成员义务,视为存在于以下人员中:

1. 在 2014 年 4 月 3 日之后放弃了因律师专利律师资格许可而产生的权利,以及;

2. 至 2016 年 4 月 1 日结束前,根据《联邦律师条例》(2016 年 1 月 1 日起生效版本)或《专利律师条例》(2016 年 1 月 1 日起生效版本)申请了顾问律师或顾问专利律师许可。

第 1 句只适用于被许可为顾问律师或顾问专利律师并作为供养机构的自愿成员缴纳与收入有关的保费的人员。如果在 2016 年 1 月 1 日前,由于律师活动地点的改变,因超过年龄限制,在新主管的职业供养机构中义务成员资格不再成立,则第 1 句不适用。

[4d]如果在 2016 年 1 月 1 日存在建立义务会员资格年龄限制的职业供养机构中,在 2018 年 12 月 31 日前年龄限制的取消在该机构中生效,则对于由于地点改变而至今无法在此类职业供养机构建立义务会员资格,并作为自愿会员缴纳保费的人员,参保义务豁免从当时的职业供养机构的年龄

限制取消生效前的第 36 个日历月开始,通过申请生效。申请只能在取消年龄限制生效后三个日历月内提交。

[5]在 1998 年 12 月 31 日已从事自雇工作且在此工作中不负有参保义务的人员,此后根据第 2 条第 1 句第 9 项的规定负有参保义务的,在以下情形下,经申请可豁免参保义务:

1. 在 1949 年 1 月 2 日之前出生,或;

2. 在 1998 年 12 月 10 日之前已经与公共或私人保险公司签订了一份人寿保险或年金保险合同,该合同有如下规定,或在 2000 年 6 月 30 日之前或参保义务开始后的一年内有如下规定:

a)在参保人残疾和达到 60 周岁及以上的情况下提供给付,以及在参保人死亡的情况下,向遗属提供给付,且,

b)为该保险缴纳的保费至少与为年金保险缴纳的保费一样多,或;

3. 在 1998 年 12 月 10 日之前已经采取了类似形式的预防措施,或在该日之后至 2000 年 6 月 30 日之前或在参保义务开始后一年内采取这种预防措施;在以下情形下,存在类似形式的预防措施:

a)现有资产或,

b)在长期合同义务基础上储存的资产。

总体能确保在发生残疾和年满 60 周岁及以上的情形下存在保障,以及在死亡情形下对遗属有保障,其经济价值不低于第 2 项规定的人寿保险或年金保险的价值。第 1 句第 2 项准用于对企业老年供给的以下承诺,即通过此承诺满足第 1 句第 2 项中与给付和支出有关的前提条件。豁免应在参保义务开始后的一年内被申请;该期限不得在 2000 年 6 月 30 日前结束。该豁免自参保义务开始起生效。

[6]在 1998 年 12 月 31 日,根据第 2 条第 1 句第 1 项至第 3 项或第 229a 条第 1 款的规定,已从事负有参保义务的自雇工作的人员,在以下情形可以通过申请豁免参保义务:

1. 能够证明在此时点之前不知道自己有参保义务,并且;

2. 在 1949 年 1 月 2 日前出生,或;

3. 在 1998 年 12 月 10 日之前,已就残疾和年满 60 周岁或以上的情况以及死亡的情况下为遗属作出第 5 款第 1 句第 2 项或第 3 项或第 2 句意义上的其他准备;第 5 款第 1 句第 2 项和第 3 项及第 2 句在以下条件下适

用,即每一情形下日期处的 2000 年 6 月 30 日应改为 2001 年 9 月 30 日。豁免应在 2001 年 9 月 30 日之前被申请;其自参保义务开始起生效。

[7]根据 2008 年 12 月 31 日之前生效的版本中第 6 条第 1 款第 1 句第 2 项的规定被豁免参保义务的人员,在此雇佣工作中仍被豁免参保义务。

[8]根据 2008 年 12 月 31 日之前生效的版本中第 6 条第 1 款第 1 句第 2 项,符合豁免参保义务的条件,但不符合自 2009 年 1 月 1 日起生效的版本中第 6 条第 1 款第 1 句第 2 项的条件的人员,如果其根据公务员法的原则或相应的教会法规定,在劳动能力减损和年老时供给期待权被保障,以及通过为特定人群设立的供养机构遗属供给期待权被保障,并且其在一所在 2008 年 11 月 13 日之前成为供养机构成员的非公立学校工作,则被豁免参保义务。

[9]第 6 条第 1b 款在 2014 年 12 月 31 日之前不适用于在 2012 年 12 月 31 日根据《社会法典》第四编第 8 条第 1 款第 1 项,或第 8a 条结合第 8 条第 1 款第 1 项的规定,在比迷你工作规模更大工作中负有参保义务的人员,其工作满足自 2013 年 1 月 1 日起生效版本的这些规定中的迷你雇佣工作的特征,只要从此雇佣工作中获得的劳动报酬每月超过 400 欧元。

第 231a 条　新加入地区的参保义务豁免

在 1991 年 12 月 31 日根据保险合同在新加入地区内被豁免参保义务的独立从业者,且在 1994 年 12 月 31 日之前没有声明要终止参保义务豁免的,则在任何雇佣或自雇工作以及兵役给付中仍被豁免参保义务。

第 232 条　自愿保险

[1]不负有参保义务的人员,在 1992 年 1 月 1 日前行使自我保险、附加保险或自愿保险的权利的,可以继续自愿参保。这也适用于行使自我保险或附加保险权利的人员,即使其不是德国人且经常居住地在国外。

[2]在全额养老金被有效批准后,或在领取此类年金期间,如果达到标准退休年龄的月份已结束,则自愿保险不被允许。

第 233 条　补充保险

[1]在 1992 年 1 月 1 日之前从一份雇佣工作离职的人员,在工作期间根

据当时生效的符合第 5 条第 1 款、第 6 条第 1 款第 1 句第 2 项、第 230 条第 1 款第 1 和第 3 项或第 231 条第 1 款第 1 句规定的相应的法律不负有参保义务、免于参保或被豁免参保义务的,如果他们离职时没有供养既得权或期待权,则继续根据以前的规定补充参保。这也准用于在 1992 年 1 月 1 日之前失去供养请求权的人员。在 1957 年 3 月 1 日至 1961 年 4 月 30 日的基本兵役期间不负有参保义务的有服兵役义务者,即使不符合第 1 句的要求,也应在服役期内补充参保。

[2]在 1991 年 12 月 31 日之后从一份雇佣工作离职的人员,在工作期间根据第 5 条第 1 款、第 6 条第 1 款第 1 句第 2 项、第 230 条第 1 款第 1 项和第 3 项,或第 231 条第 1 款第 1 句的规定免于参保或被豁免参保义务的,根据自 1992 年 1 月 1 日起生效的规定,对于根据当时生效的符合这些条款规定的相应的法律不负有参保义务、免于参保或被豁免参保义务的时期也应预先补充参保。这也准用于 1991 年 12 月 31 日之后失去供养请求权的人员。

[3]补充保险也涵盖补充参保的人员由于缺乏与第 4 条第 1 款第 2 句相符的规定,或在第 2 款的情形下由于超过当时的年劳动收入上限,而不负有参保义务或免于参保的时期。

第 233a 条　新加入地区的补充保险

[1]1992 年 1 月 1 日之前在新加入地区从一份雇佣工作离职的人员,在工作期间根据当时生效的符合第 5 条第 1 款、第 6 条第 1 款第 1 句第 2 项和第 230 条第 1 款第 3 句规定的相应法律而不负有参保义务、免于参保或被豁免参保义务的,应补充参保,如果其:

1. 离职时没有供养既得权或期待权,并且;

2. 对根据本编规定计算的年金有请求权,或基于补充保险将获得这种权利。

补充保险假定以在除新加入地区以外的德意志联邦共和国领域内适用或曾经适用的迄今为止的规定为基础;补充保险只有在特定期间内或特定时点之前申请才有效的相关规定在此不适用。第 1 句和第 2 句准用于以下人员:

1. 在新加入地区以外从雇佣工作离职的人员,如果其因经常居住地在新加入地区内而不能补充参保；

2. 在 1992 年 1 月 1 日前失去供养请求权的人员。

对于离职时根据教会法规定享有供养期待权或享有第 5 条第 1 款第 1 句第 3 项意义上的人合组织通常供养期待权的人员，只有在 1994 年 12 月 31 日之前申请，才能按照第 1 句或第 2 句的规定办理补充保险。

[2]1991 年 12 月 31 日之后在新加入地区从雇佣工作离职的人员，在工作期间根据第 5 条第 1 款免于参保的，如果其有权获得按照本编规定计算的年金或基于补充保险将获得这种权利，根据自 1992 年 1 月 1 日起生效的规定，其也应在这一期间内预先补充参保，即根据前述规定或当时生效的符合前述规定的法律不负有参保义务、免于参保或被豁免参保义务的期间。这也准用于 1991 年 12 月 31 日后失去供养请求权的人员。

[3]新加入地区的牧师、道士、传教士、牧师助理和其他宗教团体的成员，根据宗教团体与德意志民主共和国之间的协议，在宗教团体任职期间已补交社会保险保费的，如果他们有权获得按照本编规定计算的年金，或基于补充保险将获得这种权利，则已补交保费的期间被视为已补充参保。

[4]教会中的女护士，根据新加入地区新教联合会与德意志民主共和国之间的协议，在发放和计算社会保险年金时考虑到 1985 年 1 月 1 日之前在新加入地区的教会女护士之家和女护士工厂的工作时间的，如果他们有权获得按照本编规定计算的年金，或基于补充保险将获得这种权利，则应在此期间补充参保。这也准用于 1985 年 1 月 1 日前在新加入地区从事类似工作的精神合作社成员。对于 1984 年 12 月 31 日之后离开组织的人员，1985 年 1 月 1 日之前的期间，根据第 1 句或第 2 句的补充保险应优先于根据第 1 款或第 2 款的补充保险。

[5]第 1 款和第 2 款不适用于已获得《年金过渡法》第 3 章第 1 条第 3 款意义上的新加入地区特殊供给体系既得权和期待权的时期。

第三分节　参与

第 234 条　领取失业援助时的过渡津贴请求权和过渡津贴计算

[1]在有医疗康复给付或其他参与给付的情况下，参保人在 2004 年 12 月 31 日之后也有过渡津贴请求权，如果他们在开始丧失劳动能力之前，

或没有失去劳动能力时,在给付开始前已直接获得失业援助,且已经缴纳了失业援助所依据的劳动报酬或自雇收入对应的年金保险保费。

[2]对于根据第1款享有请求权的人,在2004年12月31日当时生效的版本中的第21条第4款结合《社会法典》第五编第47b条适用于过渡津贴的计算。

第234a条 领取抚养津贴时的过渡津贴请求权和过渡津贴计算

[1]在有医疗康复给付或其他参与给付的情况下,在开始丧失劳动能力前或没有丧失能力,在给付开始前已直接获得抚养津贴的参保人,且缴纳了抚养津贴所依据的劳动报酬或自雇收入对应的年金保险保费的,在2004年12月31日之后也有过渡津贴请求权。

[2]对于根据第1款享有请求权的人,在2004年12月31日当时生效的版本中的本编第21条第4款结合《社会法典》第五编第47b条适用于过渡津贴的计算。

第四分节 各项年金的请求条件

第235条 标准养老金

[1]于1964年1月1日前出生的参保人,如果符合以下条件,享有标准养老金请求权:

1. 已达到标准退休年龄且,
2. 已完成一般等待期。

标准退休年龄最早在年满65周岁时达到。

[2]于1947年1月1日前出生的参保人,在年满65周岁时达到标准退休年龄。于1946年12月31日以后出生的参保人,标准退休年龄按照如下标准被提高:

参保人出生年份	延迟的月数	退休年龄	
		岁	月
1947	1	65	1
1948	2	65	2

续表

参保人出生年份	延迟的月数	退休年龄 岁	退休年龄 月
1949	3	65	3
1950	4	65	4
1951	5	65	5
1952	6	65	6
1953	7	65	7
1954	8	65	8
1955	9	65	9
1956	10	65	10
1957	11	65	11
1958	12	66	0
1959	14	66	2
1960	16	66	4
1961	18	66	6
1962	20	66	8
1963	22	66	10

对于以下参保人：

1. 出生于1955年1月1日之前并在2007年1月1日之前约定从事《老年兼职法》第2条和第3条第1款第1项意义上的老年兼职工作或，

2. 领取采矿业被解雇员工调整津贴，

标准退休年龄没有提高。

第236条 长年参保人养老金

[1]于1964年1月1日前出生的参保人，最早可在符合以下条件时享有长年参保人养老金请求权：

1. 已年满65周岁且，

2. 已完成35年的等待期。

年满63周岁后可提前领取此养老金。

[2]于1949年1月1日前出生的参保人，在年满65周岁后享有该养老金请求权。于1948年12月31日以后出生的参保人，65周岁的年龄限制

提高如下：

参保人出生年月	延迟的月数	退休年龄	
		岁	月
1949			
1月	1	65	1
2月	2	65	2
3—12月	3	65	3
1950	4	65	4
1951	5	65	5
1952	6	65	6
1953	7	65	7
1954	8	65	8
1955	9	65	9
1956	10	65	10
1957	11	65	11
1958	12	66	0
1959	14	66	2
1960	16	66	4
1961	18	66	6
1962	20	66	8
1963	22	66	10

对于以下参保人：

1. 出生于1955年1月1日之前并在2007年1月1日之前约定从事《老年兼职法》第2条和第3条第1款第1项意义上的老年兼职工作或，

2. 领取采矿业被解雇员工调整津贴，

65周岁的年龄限制没有被提高。

[3]对于以下参保人：

1. 于1947年12月31日以后出生的且，

2. 以下任一种情形：

a）出生于1955年1月1日之前并在2007年1月1日之前约定从事《老年兼职法》第2条和第3条第1款第1项意义上的老年兼职工作或，

b）领取采矿业被解雇员工调整津贴,

提前领取的年龄限制确定如下:

参保人出生年月	可以提前领取的年龄	
	岁	月
1948		
1—2月	62	11
3—4月	62	10
5—6月	62	9
7—8月	62	8
9—10月	62	7
11—12月	62	6
1949		
1—2月	62	5
3—4月	62	4
5—6月	62	3
7—8月	62	2
9—10月	62	1
11—12月	62	0
1950—1963	62	0

第236a条 重度残疾人养老金

[1]于1964年1月1日前出生的参保人,最早可在符合以下条件时享有重度残疾人养老金请求权:

1. 已年满63周岁,

2. 在开始领取年金时被认定为重度残疾人(《社会法典》第九编第2条第2款)且,

3. 已完成35年的等待期。

最早可从年满60周岁开始提早领取这种养老金。

[2]于1952年1月1日前出生的参保人,年满63周岁后享有该养老金请求权;其可在年满60周岁后提前领取。于1951年12月31日后出生的参保人,63周岁的年龄限制和提前领取的年龄限制提高如下:

参保人出生年月	延迟的月数	起始年龄		可以提前领取的年龄	
		岁	月	岁	月
1952					
1月	1	63	1	60	1
2月	2	63	2	60	2
3月	3	63	3	60	3
4月	4	63	4	60	4
5月	5	63	5	60	5
6—12月	6	63	6	60	6
1953	7	63	7	60	7
1954	8	63	8	60	8
1955	9	63	9	60	9
1956	10	63	10	60	10
1957	11	63	11	60	11
1958	12	64	0	61	0
1959	14	64	2	61	2
1960	16	64	4	61	4
1961	18	64	6	61	6
1962	20	64	8	61	8
1963	22	64	10	61	10

对于以下参保人：

1. 在2007年1月1日已被认定为重度残疾人（《社会法典》第九编第2条第2款）且，

2. 具有以下任一情形：

a）出生于1955年1月1日之前并在2007年1月1日之前约定从事《老年兼职法》第2条和第3条第1款第1项意义上的老年兼职工作，或，

b）领取采矿业被解雇员工调整津贴，

年龄限制没有提高。

[3]于1951年1月1日前出生的参保人，如果根据在2000年12月31日适用的法律在开始领取养老金时没有工作能力或劳动能力的，按照第1款第1句第1项和第3项规定的条件也享有该养老金请求权。

[4]于1950年11月17日以前出生，在2000年11月16日按照2000年

12月31日适用的法律为重度残疾（《社会法典》第九编第2条第2款），丧失工作能力或者丧失劳动能力的参保人，有权领取此养老金，如果其：

1. 已年满60周岁；

2. 在开始领取养老金时：

a) 被认定为重度残疾人（《社会法典》第九编第2条第2款）或，

b) 根据2000年12月31日适用的法律丧失工作能力或者丧失劳动能力，并且；

3. 已完成35年的等待期。

第236b条 特别长年参保人养老金

[1]于1964年1月1日前出生的参保人，最早可在符合以下条件时享有特别长年参保人养老金请求权：

1. 已年满63周岁且，

2. 已完成45年的等待期。

[2]于1953年1月1日前出生的参保人，年满63岁后可享有此养老金请求权。于1952年12月31日以后出生的参保人，63岁的年龄限制提高如下：

参保人出生年份	延迟的月数	年龄 岁	年龄 月
1953	2	63	2
1954	4	63	4
1955	6	63	6
1956	8	63	8
1957	10	63	10
1958	12	64	0
1959	14	64	2
1960	16	64	4
1961	18	64	6
1962	20	64	8
1963	22	64	10

第237条 因失业或老年兼职工作获得的养老金

[1]以下情形的参保人享有养老金请求权：

1. 于1952年1月1日以前出生；

2. 已年满60周岁；

3. 以下两种情形之一：

a) 在开始领取年金时处于失业状态，并且在年满58周岁6个月之后总计失业达52周，或已领取采矿业被解雇者调整津贴，或，

b) 基于《老年兼职法》第2条和第3条第1款第1项意义上的老年兼职工作的工作时间，已经减少了至少24个日历月；

4. 在开始领取年金之前的最后十年中，已为一份被保险的雇佣或自雇工作缴纳八年义务保费，据此，十年的期间延长视同缴费期间、因育儿获得的福利期间和领取来自自己的保险年金的期间，同时这些期间不是基于被保险的雇佣或自雇工作的义务保费缴纳期间，并且；

5. 已完成15年的等待期。

[2]以下参保人亦有权申请此类养老金：

1. 在52周的失业期内，因为没有准备好参加工作，没有利用也不想利用一切可能性来结束其失业状态而无法获得职业介绍的参保人；

2. 仅因为其根据《社会法典》第二编在补偿额外费用的工作机会框架内从事了每周15小时或以上的工作而没有失业达52周，或；

3. 在52周内和开始领取年金时不被视为失业，仅因为其在没有被提供强制参保社会保险的雇佣工作情况下，是有劳动能力的可领取给付者，且在年满58周岁后领取了至少12个月的求职者的基本保障给付。

以下十年期间，即必须存在为一份被保险的雇佣或自雇工作缴纳八年义务保费的十年期间，可以延长：

1. 第1句规定的失业期，

2. 替代期，

只要这些期间也不属于强制缴纳保费的被保险的雇佣或自雇工作。从2008年1月1日起，只有在2008年1月1日之前失业并且参保人在1950年1月2日之前出生的情况下，第1句第1项规定的失业期才被考虑。

[3]对于1936年12月31日以后出生的参保人，因失业或老年兼职工作

获得养老金时，60周岁的年龄限制被提高。提前申请此养老金是可能的。年龄限制的提高和提前申请养老金的可能性根据附件19确定。

[4]对于以下参保人，因失业或老年兼职工作获得的养老金时60周岁的年龄限制按下表提高：

1. 于1941年2月14日或之前出生，且：

a）在1996年2月14日处于失业状态或已领取采矿业被解雇者调整津贴，或，

b）在1996年2月13日之后因1996年2月14日之前的解雇通知或协议而终止雇佣关系的人员；

2. 于1944年2月14日或之前出生，由于1996年2月14日之前被批准的《欧洲煤钢共同体条约》（EGKS-V）第56章第2条字母b规定的措施而从采矿冶金业的企业离职，或；

3. 于1942年1月1日之前出生，并有45年的为被保险的雇佣或自雇工作缴纳强制保费的期间，据此第55条第2款不适用于参保人因领取失业津贴、失业援助或失业津贴Ⅱ而负有参保义务的期间。

参保人出生年月	延迟的月数	退休年龄		可以提前申请的年龄	
		岁	月	岁	月
1941年以前	0	60	0	60	0
1941					
1—4月	1	60	1	60	0
5—8月	2	60	2	60	0
9—12月	3	60	3	60	0
1942					
1—4月	4	60	4	60	0
5—8月	5	60	5	60	0
9—12月	6	60	6	60	0
1943					
1—4月	7	60	7	60	0
5—8月	8	60	8	60	0
9—12月	9	60	9	60	0
1944					
1—2月	10	60	10	60	0

在1996年2月14日前约定雇佣关系期限或批准有期限的劳动力市场政策措施等同于在该日之前达成的终止雇佣关系的协议。现有的信赖保护尤其不受后来建立的雇佣关系或新的劳动力市场政策措施开始的影响。

[5]对于以下参保人，60周岁的提前申请年龄限制不会被提高：

1. 在2004年1月1日处于失业状态；

2. 在2003年12月31日之后因2004年1月1日前签订的解雇通知或协议而终止雇佣关系的人员；

3. 最后一次雇佣关系在2004年1月1日之前结束，并且在2004年1月1日属于《社会法典》第三编第138条第1款第1项意义上的失业人员；

4. 在2004年1月1日之前，协议从事《老年兼职法》第2条和第3条第1款第1句意义上的老年兼职工作的人员，或；

5. 已领取采矿业被解雇者调整津贴。

在1996年2月14日前约定雇佣关系期限或批准有期限的劳动力市场政策措施等同于在该日之前达成的终止雇佣关系的协议。现有的信赖保护尤其不受后来建立的雇佣关系或新的劳动力市场政策措施开始的影响。

脚注：

根据德国联邦宪法法院2008年11月11日做出的第1 BvL 3/05，1 BvL 4/05，1 BvL 5/05，1 BvL 6/05，1 BvL 7/05号判决（《联邦法律公报》2008年第1卷第2792页）的判决表达，第237条第3款与基本法相符。

根据德国联邦宪法法院2008年11月11日做出的第1 BvL 3/05，1 BvL 4/05，1 BvL 5/05，1 BvL 6/05，1 BvL 7/05号判决（《联邦法律公报》2008年第1卷第2792页）的判决表达，第237条第4条第1句第3项与基本法相符。

第237a条 妇女养老金

[1]妇女参保人有权请求养老金，若其：

1. 于1952年1月1日前出生；

2. 年满 60 周岁；

3. 在年满 40 周岁以后，为受保雇佣工作或自雇工作缴纳强制保费已超过十年，且；

4. 已经满足 15 年等待期。

[2]1939 年 12 月 31 日之后出生的妇女参保人领取养老金的年龄限制由 60 岁起算。可以提前领取该养老金。年龄上限的提高和提前领取养老金的可能性由附件 20 确定。

[3]对于妇女，若其：

1. 于 1941 年 5 月 7 日及之前出生，且：

a) 于 1996 年 5 月 7 日失业，已领取被解雇采矿业雇员的调整津贴，海员的提前退休津贴或过渡津贴，或，

b) 由于 1996 年 5 月 7 日前缔结的解雇通知或由于达成解雇协议，其劳动关系于 1996 年 5 月 6 日后终止；

2. 于 1944 年 5 月 1 日前出生且根据 1996 年 5 月 7 日之前批准的《欧洲煤钢共同体条约》（ECSC-V）第 56 章第 2 条字母 b 规定的措施，从一个矿业企业离职，或；

3. 于 1942 年 1 月 1 日前出生且就一项受保雇佣工作或自雇工作缴纳强制保费已满 45 年，就此第 55 条第 2 款不适用于参保人因领取失业津贴或失业救济金而强制参保的期间；

则其妇女养老金中的 60 周岁年龄限制按如下标准提高：

参保人出生年月	延迟月数	普通领取年龄		可提前领取最早年龄	
		岁	月	岁	月
1941 年以前	0	60	0	60	0
1941					
1—4 月	1	60	1	60	0
5—8 月	2	60	2	60	0
9—12 月	3	60	3	60	0
1942					
1—4 月	4	60	4	60	0
5—8 月	5	60	5	60	0
9—12 月	6	60	6	60	0

续表

参保人出生年月	延迟月数	普通领取年龄		可提前领取最早年龄	
		岁	月	岁	月
1943					
1—4月	7	60	7	60	0
5—8月	8	60	8	60	0
9—12月	9	60	9	60	0
1944					
1—4月	10	60	10	60	0
5月	11	60	11	60	0

在1996年5月7日之前达成的对劳动关系的期限性规定或对附期限的就业政策性措施的同意，等同于在该日期之前缔结的关于终止劳动关系的协议。对信赖利益的现有保护，尤其不会受到随后开始的劳动关系或新的就业政策性措施的影响。

第238条 井下长年工作的矿工的养老金

[1]于1964年1月1日以前出生的参保人有权请求井下长年工作的矿工的养老金，若其：

1. 年满60周岁，且；
2. 已经满25年等待期。

[2]于1952年1月1日前出生的参保人于年满60周岁后有权请求该项养老金。对于1951年12月31日之后出生的参保人，60周岁的年龄限制按如下标准提高：

参保人出生年月	延迟月数	领取年龄	
		岁	月
1952			
1月	1	60	1
2月	2	60	2
3月	3	60	3
4月	4	60	4

续表

参保人出生年月	延迟月数	领取年龄	
		岁	月
5月	5	60	5
6—12月	6	60	6
1953	7	60	7
1954	8	60	8
1955	9	60	9
1956	10	60	10
1957	11	60	11
1958	12	61	0
1959	14	61	2
1960	16	61	4
1961	18	61	6
1962	20	61	8
1963	22	61	10

对于获得被解雇采矿业雇员的调整津贴或矿工补偿给付的参保人，60岁的年龄限制不提高。

[3](已废止)

[4]井下长年工作的矿工的养老金的等待期亦被满足，若参保人的矿业保费缴纳期间单独或者连同计入矿工年金保险的替换期已满25年，且：

a) 参保人从事采矿工作（附件9）已满15年，或；

b) 参保人的因井下连续雇佣工作而产生的保费缴纳期间单独或者连同计入矿工年金保险的替换期已满25年，当：

aa) 将每两个完整的采矿作业日历月，按照三个日历月，且，

bb) 将参保人自1968年1月1日起即和他人一起于井下作业的每三个完整的日历月，按照两个日历月，或，

cc) 就1968年1月1日前从事采矿工作且由于在采矿作业中发生的职业能力减损而不得不终止该工作的参保人，将其于1968年1月1日前从事井下作业的期间；

计算在内时。

第239条 矿工补偿给付

[1]参保人有权请求矿工补偿给付,当其:

1. 在年满55周岁后从矿业企业离职,由于在采矿作业中发生的职业能力减损而不得不于1971年12月31日之后变更其之前的井下雇佣工作,且已满足包括因井下连续雇佣工作而产生的保费缴纳期间在内的25年的等待期;

2. 非出于个人原因,在年满55周岁后,或当其领取被解雇采矿业雇员的调整津贴直至55岁时,在年满50周岁后,从矿业企业离职,且:

a) 已满足包括因井下连续雇佣工作而产生的保费缴纳期间在内的25年的等待期或,

b) 已满足包括保费缴纳期间在内的25年的等待期,曾经从事井下雇佣工作且此类工作由于疾病或身体、精神或心灵的残疾而不得不终止,或;

3. 在年满55周岁后从矿业企业离职,且已满足包括矿业保费缴纳期间在内的25年的等待期,且:

a) 于1972年1月1日前从事采矿工作已满15年(附件9),就此由于被限制或被剥夺自由或由于迫害措施而产生的归属于矿工年金保险的替换期被计入在内,或,

b) 于1972年1月1日前由于采矿作业中发生的职业能力减损而不得不放弃从事采矿工作且在井下连续工作25年或于1968年1月1日前受雇于井下工作,或,

c) 从事采矿工作至少满5年且从事井下连续工作或采矿工作共计25年,就此,将每两个完整的采矿工作日历月按三个日历月计入这25年之内。

最多五年的矿工全额年金的领取等同于第2项所述的被解雇采矿业雇员的调整津贴的领取。

[2]以下期间应折算为第1款所述的等待期:

1. 1968年1月1日之前参保人于井下雇佣工作的期间;

2. 折算为第1款第2项和第3项规定之等待期的因领取被解雇采矿业雇员津贴而产生的视同缴费期间,但对于折算为第1款第2项字母a规

定之等待期的视同缴费期间,仅限于当最后一次雇佣工作在井下进行时;

3. 可替代第1款第2项字母b和第3项字母a规定之等待期的归属于矿工年金保险的替换期。

[3]除第59条和第85条的规定外,关于矿工补偿给付的确定和支付适用于完全劳动能力减损年金的规定。准入系数为1.0。确定矿工补偿给付的月度金额的依据仅为计入矿工年金保险的个人总收入指数。第99条第1款规定的时点应为采矿活动结束的日历月下一个日历月的开始时间。在矿工补偿给付之外,不同时支付来源于个人保险的年金。只有在年度额外收入限额不超过6300欧元的情况下,才有权请求矿工补偿给付。

第240条 因职业能力丧失中的部分劳动能力减损而领取的年金

[1]在满足其他前提要求的情况下,参保人在达到标准退休年龄之前有权请求因部分劳动能力减损而领取的年金,若其:

1. 于1961年1月2日前出生且,
2. 丧失职业能力。

[2]若参保人的劳动能力由于疾病或者残疾,与身体上、精神上和心灵上健康的经过类似教育和具有同等知识与技能的参保人的劳动能力相比,降低到少于六小时,则参保人为丧失职业能力。对参保人的就业能力进行评估所依据的活动范围应包括与其长处和能力相符的,且在考虑到其教育的持续时间和范围、其迄今为止的职业以及其以前专业活动的具体要求的情况下,对其可预期的所有活动。参保人通过参与给付在教育或再教育中成功习得的活动,始终是可预期的活动。能够每天进行至少6小时的可预期活动的人,不属于丧失职业能力;对此,不考虑相关的劳动力市场情况。

第241条 劳动能力减损年金

[1]在劳动能力减损或职业能力丧失(第240条)发生之前的时长为五年的期间,应按照替换期时长延长,若在该期间内参保人必须为一项劳动能力减损年金请求权就一项受保雇佣工作或自雇工作缴纳三年的强制保费。

[2]在劳动能力减损或职业能力丧失(第240条)发生之前为受保雇佣

工作或自雇工作缴纳的强制保费，对于在 1984 年 1 月 1 日之前满足一般等待期的参保人而言并无强制性，若自 1984 年 1 月 1 日起至劳动能力减损或职业能力丧失（第 240 条）发生前的每一个日历月为：

1. 保费缴纳期间，

2. 保费免缴期间，

3. 仅仅因为不中断受保雇佣工作或自雇工作而不属于保费免缴期间的期间，若在该期间开始前的最后六个日历月中，至少有一笔强制保费、一段保费免缴期间或一段第 4、第 5 或第 6 项所述的期间存在，

4. 因育儿获得的福利期间，

5. 因劳动能力下降而领取年金的期间或，

6. 1992 年 1 月 1 日之前在新加入地区的惯常居住期间，

（期待权保留期间）所占用，或者在 1984 年 1 月 1 日之前已发生劳动能力受到减损或职业能力丧失（第 240 条）。对于仍允许支付保费的日历月，期待权保留期间的占用不是必需的。

第 242 条 矿工年金

[1]在采矿职业能力下降发生之前的时长为五年的期间，若在该期间内参保人必须为一项劳动能力减损年金请求权就一项受保矿业雇佣工作或自雇工作缴纳三年的强制保费，应按照替换期时长延长。

[2]若自 1984 年 1 月 1 日起至采矿职业能力减损发生之前的每个日历月都为期待权保留期间所占用，或采矿业职业能力下降发生在 1984 年 1 月 1 日之前，在采矿职业能力减损发生之前为受保的矿业雇佣工作或自雇工作缴纳的强制保费，对于在 1984 年 1 月 1 日之前满足一般等待期的参保人而言并无强制性。对于仍允许支付保费的日历月，期待权保留期间的占用不是必需的。

[3]因年满 50 周岁而领取的矿工年金的等待期亦被满足，若参保人的矿业保费缴纳期间单独或者连同计入矿工年金保险的替换期已满 25 年，且：

a）参保人从事采矿工作 15 年（附件 9），或；

b）参保人的因井下连续雇佣工作而产生的保费缴纳期间单独或者连同归属于矿工年金保险的替换期已满 25 年，当：

（aa）将每两个完整的采矿作业日历月，按照三个日历月，且，

（bb）将参保人于 1968 年 1 月 1 日之前和他人一起于井下作业的每三个完整的日历月，按照两个日历月，或，

（cc）就 1968 年 1 月 1 日前从事采矿工作且由于在采矿作业中发生的职业能力减损而不得不终止该工作的参保人，将其于 1968 年 1 月 1 日前从事井下作业的期间，

计算在内时。

第 242a 条　遗孀抚恤金与鳏夫抚恤金

[1]若配偶于 2002 年 1 月 1 日前死亡，则请求领取小额遗孀抚恤金和小额鳏夫抚恤金的权利在 24 个日历月中无限制地存续。此规定亦有效，若至少一方配偶于 1962 年 1 月 2 日前出生且其婚姻于 2002 年 1 月 1 日前缔结。

[2]若遗孀或鳏夫满足其他前提要求，且满足以下条件之一，则其有权请求大额遗孀抚恤金或大额鳏夫抚恤金：

1. 于 1961 年 1 月 2 日前出生且丧失职业能力（第 240 条第 2 款）或，

2. 于 2000 年 12 月 31 日已经丧失职业能力或丧失劳动能力且此种状态没有中断。

[3]若其婚姻于 2002 年 1 月 1 日前缔结，则结婚不少于一年的遗孀或鳏夫在满足其他前提要求的情况下亦有权请求遗孀抚恤金或鳏夫抚恤金。

[4]若满足其他前提要求，且参保人于 2012 年 1 月 1 日前死亡，则其自年满 45 周岁起有权请求大额遗孀抚恤金或大额鳏夫抚恤金。

[5]若参保人于 2011 年 12 月 31 日死亡，则领取大额遗孀抚恤金或大额鳏夫抚恤金的 45 岁年龄限制按如下标准提高：

参保人死亡年份	延迟月数	年龄 岁	年龄 月
2012	1	45	1
2013	2	45	2
2014	3	45	3
2015	4	45	4
2016	5	45	5

续表

参保人死亡年份	延迟月数	年龄 岁	年龄 月
2017	6	45	6
2018	7	45	7
2019	8	45	8
2020	9	45	9
2021	10	45	10
2022	11	45	11
2023	12	46	0
2024	14	46	2
2025	16	46	4
2026	18	46	6
2027	20	46	8
2028	22	46	10
自 2029 年	24	47	0

第 243 条 于 1977 年 7 月 1 日前离婚的配偶的遗孀抚恤金和鳏夫抚恤金

[1]请求领取小额遗孀抚恤金或小额鳏夫抚恤金的权利亦在 24 个日历月中无限制地存续，若已离婚配偶：

1. 其婚姻关系于 1977 年 7 月 1 日前终止；
2. 既没有再婚也没有建立同性生活伴侣关系，且；
3. 在离婚配偶（参保人）死亡前的最后一年曾从该配偶处领取了抚养费用，或有权在该配偶死亡前的最后一个经济上的持续稳定状态期间内领取抚养费用；

当参保人已满足一般等待期且在 1942 年 4 月 30 日之后死亡时。

[2]已离婚配偶亦有权请求大额遗孀抚恤金或大额鳏夫抚恤金，若已离婚配偶：

1. 其婚姻已于 1977 年 7 月 1 日前终止；
2. 既没有再婚也没有建立同性生活伴侣关系；

3. 在参保人死亡前的最后一年曾从该参保人处领取了抚养费用，或有权在参保人死亡前的最后一个经济上的持续稳定状态期间内领取抚养费，且；

4. 满足以下条件之一：

a）抚养自己或参保人的子女（第 46 条第 2 款），

b）年满 45 周岁，

c）劳动能力减损，

d）于 1961 年 1 月 2 日前出生且丧失职业能力（第 240 条第 2 款）或，

e）于 2000 年 12 月 31 日已经丧失职业能力或丧失劳动能力且此种状况并未中断，

若参保人满足一般等待期且于 1942 年 4 月 30 日后死亡。

[3] 离婚配偶在不具备第 2 款第 3 项所述抚养费用条件的情况下，若满足以下条件，亦有权请求大额遗孀抚恤金或大额鳏夫抚恤金：

1. 由于来自雇佣工作或自雇工作的劳动报酬或自雇收入或相应的补偿给付或由于参保人的总收入，无权获得第 2 款第 3 项规定的抚养费用，且；

2. 离婚时满足以下条件之一：

a）抚养一个自己的子女或一个参保人的子女（第 46 条第 2 款）或，

b）已年满 45 周岁，且；

3. 满足以下条件之一：

a）抚养一个自己的子女或一个参保人的子女（第 46 条第 2 款），

b）谋生能力下降，

c）于 1961 年 1 月 2 日前出生且丧失劳动能力（第 240 条第 2 款），

d）于 2000 年 12 月 31 日已经丧失劳动能力或谋生能力降低且此种状况没有中断或，

e）已年满 60 周岁。

如果即使在死亡年金的收入折算规则被适用之前，遗孀或鳏夫或比参保人活得更久的同性生活伴侣也不享有领取遗属抚恤金的年金期待权。若参保人于 2011 年 12 月 31 日以后死亡，则 60 岁的年龄限制按如下标准提高：

参保人死亡年份	延迟月数	年龄	
		岁	月
2012	1	60	1
2013	2	60	2
2014	3	60	3
2015	4	60	4
2016	5	60	5
2017	6	60	6
2018	7	60	7
2019	8	60	8
2020	9	60	9
2021	10	60	10
2022	11	60	11
2023	12	61	0
2024	14	61	2
2025	16	61	4
2026	18	61	6
2027	20	61	8
2028	22	61	10
自2029年	24	62	0

[4]在满足第1—3款规定的其他前提要求的情况下，已再婚的离婚配偶，若新婚被解除或被宣告无效，或已经成立的同性生活伴侣关系被终止或被解除，有权在前配偶死亡之后领取小额或大额的遗孀抚恤金或鳏夫抚恤金。

[5]婚姻关系被解除或被宣告无效的配偶，等同于离婚配偶。

第243a条　针对新加入地区范围内的于1977年7月1日前离婚的夫妇的死亡年金

已离婚配偶的抚恤金请求权由新加入地区的法律确定的，第243条不适用。此情况下，若其婚姻于1977年7月1日前结束，则其亦有权在满足其他条件时请求育儿年金。

第243b条　等待期

满足15年的等待期是享有以下权利的先决条件：

1. 因失业或从事老年兼职工作的养老金和，
2. 妇女养老金。

第244条　可计入的期间

[1]若35年的等待期被记入抚养子女的统一视同缴费期间和因育儿而获得的福利期间，此35年等待期在为确定总视同缴费期间的总期间结束之前，则该期间的月份数不得超过确定总视同缴费期间的空档期。

[2]包含保费缴纳期间和替换期在内的日历月数计入15年的等待期。

[3]领取失业救济金和失业津贴 II 的期间不计入45年的等待期。在2001年1月1日之前，除失业救济金或字母 b 释明的外，领取第51条第3a款第3项所述福利的期间应计入45年的等待期。作为一种释明的手段，保险也可以在作出法定声明后被接受。年金保险承担者负责检验法定声明。

[4]针对在井下长年从事雇佣工作的矿工有权领取的养老金，若最后一次的井下雇佣工作在这项给付开始之前，因领取被解雇采矿业雇员的调整津贴而产生的视同缴费期间计入25年的等待期。

第244a条　通过免于参保的迷你雇佣工作的劳动报酬的收入指数的附加值满足等待期

若第264b条规定的免于参保的迷你雇佣工作的劳动报酬的收入指数的附加值被确定，则总收入指数的附加值除以0.0313所产生的全部月份数应计入等待期。不考虑在日历月内进行的免于参保的迷你雇佣工作的总收入指数的附加值参保，若其已经计入等待期。在适用第52条第1款或第1a款之前，应分别确定在婚姻、同性生活伴侣关系或分居期内的免于参保的迷你雇佣工作的日历月的等待月数。

第245条　等待期提前结束

[1]等待期提前结束的规定仅在参保人在1972年12月31日之后劳动能力受到减损或死亡的情况下被适用。

² 若参保人在 1992 年 1 月前劳动能力受到减损或死亡，则一般等待期亦可提前结束，若其：

1. 于 1942 年 4 月 30 日后因工伤事故或因职业病，

2. 于 1956 年 12 月 31 日后作为服兵役者由于《士兵供给法》中规定的兵役损伤或者作为民事服役者由于《民事服役法》规定的民事服役伤害，

3. 在依法民事服役或服兵役期间，或在战争期间因承担军事或者类军事任务（《联邦供给法》第 2 条和 3 条），

4. 于 1956 年 12 月 31 日后由于上述第 3 项所述的服役或在其后的被俘期间或由于被俘，

5. 由于战争的直接影响（《联邦供给法》第 5 条），

6. 于 1933 年 1 月 29 日后作为被纳粹迫害的被迫害者由于迫害措施（《联邦赔偿法》第 1 条和第 2 条），

7. 于 1956 年 12 月 31 日后在监押期间或由于监押（《囚犯帮助法》第 1 条），

8. 于 1956 年 12 月 31 日后在被拘留或被驱逐出境的期间，或因为被拘留或被驱逐出境（第 250 条第 1 款第 2 项），

9. 于 1944 年 6 月 30 日后作为被驱逐者因被驱逐或逃亡（《联邦被驱逐者和难民事务法》第 1—5 条），

而劳动能力减损或死亡。

³ 若参保人在 1972 年 12 月 31 日之后且 1992 年 1 月 1 日之前丧失劳动能力或死亡，一般等待期也可提前结束，若其：

1. 在职业教育结束后六年内因意外而丧失劳动能力或死亡，

2. 在丧失劳动能力或死亡之前两年内，至少为受保的雇佣工作或自雇工作缴纳六个日历月的强制保费。

第 245a 条　新加入地区范围内的遗属抚恤金请求权的等待期完成条件

若于 1992 年 1 月 1 日之前按照新加入地区的规定对于遗属抚恤金享有请求权，则遗属抚恤金的一般等待期可视为已完成。

第246条　保费减少缴纳期间

若劳动者在1921年10月1日至1923年12月31日之间缴纳保费，非劳动者雇员在1921年8月1日至1923年12月31日之间缴纳保费，则此期间为保费减少缴纳期间。对于2009年1月1日之前起算的年金，对于截至年满25周岁时的受保雇佣工作或自雇工作需缴纳强制保费的前36个日历月被视为职业教育期间。因学徒培训产生的视同缴费期间计入这36个日历月。

第247条　保费缴纳期间

[1]保费缴纳期间也包括，自1984年1月1日至1991年12月31日为视同缴费期间缴纳保费的期间，该费用由参保人全部或部分承担。若有其他给付承担者共同缴费，则此期间为强制保费缴纳期间。

[2]由于受保的雇佣工作而产生的强制保费缴纳期间也包括，联邦劳动局自1978年7月1日至1982年12月31日支付强制保费的期间，或其他给付承担者在1974年10月1日到1983年12月31日因发放社会给付而支付强制保费的期间。

[2a]由于受保的雇佣工作而产生的强制保费缴纳期间也包括，自1945年6月1日至1965年6月1日作为学徒或为其自身的职业教育而工作且履行了基本保险义务的期间，但此期间不用支付强制保费（职业教育期间）。

[3]保费缴纳期间也包括按照《帝国保险法》的规定缴纳了强制保费或自愿缴纳的保费的期间。1924年1月1日之前的期间为保费缴纳期间，仅当：

1. 自1924年1月1日至1948年11月30日至少有一次保费被缴纳，
2. 自1948年12月31日至替换期结束后三年内至少有一次缴费被缴纳，
3. 至少有15年的等待期被满足。

第248条　新加入地区及萨尔州的保费缴纳期间

[1]若由于法定义务在1945年5月8日后于新加入地区服兵役或民事服

役三天以上，则此服役期间也为强制保费缴纳期间。

²若参保人在完成等待期之前完全丧失劳动能力且保持此状态不变，则其在年满16周岁之后于新加入地区停留的期间及在1975年7月1日至1991年12月31日之间丧失劳动能力的期间都被计入强制保费缴纳期间。

³1945年5月8日之后，根据联邦法律生效之前适用的法律规定为法定年金保险制度缴纳保费的期间，等同于联邦法律规定的保费缴纳期间，此规定同样准用于萨尔州1956年12月31日之前的保费缴纳期间。新加入地区的保费缴纳期间不包括：

1. 学校、职业学校、高等学校教育期间，

2. 除因年龄而领取的养老金或给付之外的雇佣工作或自雇工作的期间，

3. 自1947年1月28日生效的《社会保险自愿和附加参保条例》规定的1991年1月1日之前的自愿保险期间，其中未缴纳的保费至少低于附件11中指定的金额。

⁴若已按采矿业参保人的保险费率为受保的雇佣活动缴纳了保费，则保费缴纳期间视为违反《矿工年金保险》第三编的规定。新加入地区自雇者的强制保险期间与普通年金保险要求一致。

第249条 因育儿获得的保费缴纳期间

¹若新生儿于1992年1月1日之前出生，则育儿期间为其出生月后的30个日历月。

²在计算育儿期间时，在《帝国保险法》曾适用地区的育儿等同于在国内的育儿。但若基于同一时间段的保费缴纳期间因同其他国家订立的保险负担规则而不归属于德意志联邦共和国的保险负担之内，则上述规定不适用。

³(已废止)

⁴若父母中的一方在1921年1月1日之前出生，则其被排除在育儿期间的计算之外。

⁵在对1986年1月1日之前的育儿期间进行计算时，对于计算育儿期间具有重要意义的事实之确定，仅需释明即可。

⁶若母亲于1986年1月1日前去世，则将其育儿期间整体归属于父亲

名下。

⁷针对满足第 88 条第 1 款或第 2 款规定的前提要求，且将第 307d 条第 1 款第 1 句规定的个人收入指数附加值考虑在内的后续年金，1992 年 1 月 1 日之前出生子女的育儿期间在出生的月份结束后的 12 个日历月内结束。若只需将第 307d 条第 1 款第 3 句规定的个人收入指数的附加值或 307d 条第 1a 款规定的个人收入指数的附加值考虑在内，则育儿期间在出生月份结束后的 24 个日历月内结束。若就相关时间段已将第 307d 条第 5 款规定的个人收入指数的附加值考虑在内，则育儿期间不予计算。

⁸以下期间内对第 1 款规定的育儿期间不予计算：

1. 自子女出生月份结束后的第 13 个日历月开始至第 24 个日历月，若对于参保人，就同一个子女，第 307d 条第 1 款第 1 句规定的个人收入指数的附加值应当被考虑在内；

2. 自子女出生月份结束后得第 25 个日历月开始至第 30 个日历月，若对于参保人，就同一个子女，第 307d 条第 1 款第 3 句或第 307d 条第 1a 款规定的个人收入指数的附加值应当被考虑在内。

如果对于其他参保人或遗属，就同一个子女，个人收入指数的附加值在相关时间段内应当被考虑或已经被考虑在内，则准用第 1 句。

第 249a 条　因新加入地区的育儿而获得的保费缴纳期间

¹若父母双方于 1990 年 5 月 18 日在新加入地区有惯常居所且于 1927 年 1 月 1 日之前出生，则其育儿期间不被计算。

²若父母中的一方于 1996 年 12 月 31 日前去世，则其在 1992 年 1 月 1 日之前于新加入地区的育儿期间将全部归属于母亲名下，除非一份有利于父亲的真实声明被提交。

第 249b 条　因育儿获得的福利期间

根据要求，因育儿获得的福利期间包括 1992 年 1 月 1 日至 1995 年 5 月 31 日此期间内为需要抚育者提供的非工作抚育的期间，只要抚育者：

1. 因护理而有权缴纳保费，或要求将自愿缴纳的保费转变为强制保费，且；

2. 不属于第 56 条第 4 段中提到的不予计算育儿期间的人群。

若申请在抚育活动开始后的三个日历月内被提出,则抚育活动的期间从抚育活动开始时作为因育儿获得的福利期间被计算。

第 250 条 替换期

[1]替换期指 1992 年 1 月 1 日之前的期间,在此期间内强制保险尚未生效,且参保人在年满 14 周岁后:

1. 由于法定的民事服役义务或服兵役义务或在战争期间执行了《联邦供应法案》第 2 条和第 3 条意义上的军事或类军事服务,或因这些服务而被俘,或在 1945 年 5 月 8 日之后进行了德国扫雷服务,或在此后的期间由于疾病而丧失工作能力或在此期间之后无过错地失业;

2. 由于作为德国人而因其民族、国籍或因与战争有因果关系的原因而在联邦德国境外被拘留或被驱逐出境,或在此后的期间因病而丧失工作能力或并无过错地失业,且在 1945 年 5 月 8 日之后被释放并在此后两个日历月内于联邦德国境内获得永久居住权,这两个日历月的期间不包括因非出于自身的原因而造成的延迟;

3. 在战争过程中或结束后,在没有参战的情况下,通过敌对行动于 1945 年 6 月 30 日前从《帝国保险法》所适用的地区之外返回,或在此之后自该法适用地区之外返回,而在途中受伤残疾或被捕(不涉及新加入地区);

4. 被限制或被剥夺自由(《联邦赔偿法》第 43 条和第 47 条),或在此后的期间因疾病而丧失劳动能力或无过错地失业或因迫害:

a. 失业,也包括无法通过工作介绍所找到工作的情况,此期间至多算至 1946 年 12 月 31 日,或,

b. 其惯常居所在《帝国保险法》所适用地区之外的地区内保留至 1945 年 6 月 30 日,或在此状况后自 1945 年 6 月 30 日起在《帝国保险法》所适用地区之外的地区内被保留,但此期间最长至 1949 年 12 月 31 日,

若上述人员属于《联邦赔偿法》第 1 条所规定的人群(迫害期间);

5. 被监押且因相关原因导致的疾病无法工作或因无过错地失业,若其属于《囚犯帮助法》第 1 条所规定的人群,或仅因为其于 1990 年 10 月 3 日之前在新加入地区获得惯常居所而不适用于该规定的人,或;

5a. 在新加入地区自 1945 年 5 月 8 日至 1990 年 6 月 30 日被监禁，只要针对此情况恢复名誉或撤销原判的决定被做出，或因与此期间相关的原因导致疾病而丧失劳动能力或无过错地失业；

6. 被驱逐，被强制迁居或被强制迁出境外，或在流亡过程中或由于和此期间的有关的原因而导致疾病从而丧失劳动能力或无过错地失业，此期间至少为 1945 年 1 月 1 日至 1946 年 12 月 31 日，若其属于《联邦被驱逐者和难民事务法》第 1—4 条所规定的人群。

[2]替换期不是：

1. 为完成补充保险而产生的期间或仅因缺少申请这一形式要件而没有完成补充保险的期间；

2. 在不包括新加入地区的德意志联邦共和国境外领取养老金或替代该年金的其他给付的期间；

3. 于 1956 年 12 月 31 日之后符合第 1 款第 2 项、第 3 项和第 5 项规定的条件，且参保人并非由于上述提到的原因而未能履行雇佣工作或自雇工作的期间。

第 251 条　手工业者的替换期

[1]对于已经于某段期间内在手工业者登记册上登记且参与强制保险的手工业者，若其在该期间内未支付保费，则该期间可以作为替换期被考虑。

[2]在手工业者登记册上登记的参与强制保险的手工业者在替换期相邻的期间内因疾病而丧失劳动能力，若其在经营领域内除学徒或配偶或一级亲属外，或于 1985 年 5 月 1 日前除配偶或一级亲属外，未雇佣其他为此雇佣工作而参与强制保险的人，则该与替换期相邻的期间为替换期。

[3]对于替换期后续的无过失的失业期间，且此期间在 1969 年 7 月 1 日之前，则仅当手工业者被手工业登记册除名时，此替换期后续的无过失的失业期间才为替换期。

第 252 条　视同缴费期间

[1]在视同缴费期间内参保人可以：

1. 领取退休采矿工人的调整津贴；

1a. 领取调整津贴，若其作为褐煤厂和露天矿场以及硬煤厂的劳动者或非劳动者雇员时因《燃煤发电终止法》第 57 条中规定的原因失业；

2. 于 1991 年 12 月 31 日后领取矿工补偿给付；

3. 在年满 17 周岁之后作为学徒不负有参保义务或免于参保，且学徒期间截至 1957 年 2 月 28 日，在萨尔州此期限则为 1957 年 8 月 31 日；

4. 在年满 55 周岁之前领取职业能力丧失年金或劳动能力丧失年金或领取育儿年金，其中不包含补算期间；

5. 在年满 55 周岁之前领取残疾年金或退休津贴或矿工全额年金，若此项给付于 1957 年 1 月 1 日之前被取消；

6. 领取恶劣天气误工津贴补，若截至 1978 年 12 月 31 日因恶劣天气导致受保的雇佣工作或自雇工作被中断。

[2]视同缴费期间也包括：

1. 联邦劳动局自 1983 年 1 月 1 日，

2. 其他福利机构自 1984 年 1 月 1 日，

至 1997 年 12 月 31 日，由于领取社会给付为视同缴费期间的强制保费或保费被缴纳的期间。

[3]由于丧失职业能力或医疗康复的给付或参与劳动生活而产生的视同缴费期间为 1984 年 1 月 1 日至 1997 年 12 月 31 日，针对：

1. 未参保法定的健康保险，

2. 已参保法定健康保险但无权领取疾病津贴，

的参保人，仅针对最长不超过 18 个日历月的期间，保费按照至少 70%的比例，1995 年 1 月 1 日之后按照至少 80%的比例，对最近一个完整的日历月内受保的劳动报酬或自雇收入缴纳保费。

[4](已废止)

[5]手工业者在手工业者登记册上被除名之时或已经被除名之后，其在 1969 年 7 月 1 日之后失业的期间都算作视同缴费期间。

[6]对于依申请强制参保的自雇工作，针对手工业者，其于 1991 年 1 月 1 日之前：

1. 因疾病丧失职业能力，或进行医疗康复或参与劳动生活而领取了给付的期间，

2. 由于怀孕或生育而在《孕产妇保护法》规定的保护期内无法进行自雇工作的期间，

为视同缴费期间，仅当其在经营领域内除学徒，配偶或一级亲属外未雇佣其他为从事此经营领域而参与强制保险的人。若参保人于1985年4月30日后未雇佣除学徒，配偶或一级亲属之外其他因从事此经营领域而参与强制保险的人，则此期间亦为视同缴费期间。

[7] 以下期间，参保人在此期间之内：

1. 于1984年1月1日之前丧失职业能力，或因医疗康复或参与劳动生活而领取了给付；

2. 于1979年1月1日之前领取了恶劣天气误工津贴；

3. 由于失业在德国的工作中介所登记而成为求职者，且：

a. 于1978年7月1日之前领取了公法上的给付，

b. 于1992年1月1日前仅仅因为需要考虑收入或财产而未领取公法上的给付；

仅在超过一个日历月时才被考虑。若多个期间相互紧密连接，则将被一并计算。

[8] 2003年4月13日后的期间也是视同缴费期间，若参保人在此期间内：

1. 在年满58周岁后因失业在一家德国工作介绍所登记；

2. 未做好工作的准备，没有且不愿抓住工作机会来结束自己的失业状态，使得工作介绍所无法发挥自己的职能为其找到工作，且；

3. 仅仅因为需考虑收入或财产而未领取公法上的给付。

第1项所规定的时间段同样适用于失业导致的视同缴费期间的相关规定。2007年12月31日之后，若参保人的失业状态于2008年1月1日前开始，且参保人于1950年1月2日前出生，则第1项中规定的期间可以被考虑作为视同缴费期间。

[9] 对于失业救济金，抚养津贴和失业津贴Ⅱ的领取者，若联邦劳动局或《社会法典》第二编第6a条情况下的地方当局，代替其向保险机构或年金机构或保险公司缴纳保费，则不存在视同缴费期间。

[10] 失业津贴Ⅱ的领取者若自2011年1月1日至2012年12月31日就参与强制保险的雇佣工作或自雇工作领取了第3条第1款第3项规定的需

强制参保才能领取的给付，则亦不存在视同缴费期间。

第 252a 条　新加入地区的视同缴费期间

[1]新加入地区的视同缴费期间亦为 1945 年 5 月 8 日之后的期间，若参保人在此期间内：

1. 由于怀孕、生育在《孕产妇保护法》规定的保护期内无法进行自雇工作；

2. 于 1992 年 1 月 1 日之前领取了：

a. 根据《就业促进法》提供的工资补偿给付，

b. 提前退休津贴，过渡年金，达到特殊年龄限制时的残疾年金，附期限的扩展供给，或，

c. 就业安置期间的资助；

3. 于 1991 年 3 月 1 日之前失业，或；

4. 在年满 55 周岁之前已领取了残疾年金，矿工残疾年金，职业能力丧失或部分职业能力丧失供给，因身体受伤达 66.67%（2/3）而产生的工伤年金，新加入地区的战争伤残年金，其他供给机制的相关年金或全国范围内对芭蕾舞团成员职业方面的资助。

若参保人未年满 17 周岁或已经年满 25 周岁，仅当受保的雇佣工作或自雇工作被此期间中断，可以将此期间算作第 1 款第 1 项规定的视同缴费期间。第 1 款的第 2 项与第 3 项规定的期间适用于因失业而产生的视同缴费期间的规定。若在参与强制保险的雇佣工作之外进行远程学习或在夜校学习，则在 1990 年 7 月 1 日之前，这些远程学习或夜校学习的期间不被算作因学习而产生的视同缴费期间。

[2]若将停工总天数计入劳动和社会保险的证明中作为总数计算，则不必计算于 1990 年 7 月 1 日之前由于疾病、怀孕或生育而产生的视同缴费期间。为此，在证明中输入的旷工天数乘以 7，再除以数字 5，在该相应日历年登记的雇佣工作或自雇工作结束时将其经过精密计算计入视同缴费期间，只有在计算后旷工天数至少有一个日历月时，才考虑 1984 年 1 月 1 日之前的期间。在这方面，视同缴费期间取代了这一期间的强制保费缴纳期间；但该规定不适用于对年金享有的请求权的强制保费的规定。

第 253 条　总视同缴费期间

¹ 1957 年 1 月 1 日之前的视同缴费期间至少为按如下方式计算出的整月月数：

1. 自第一笔强制保费被缴纳的日历月起，这一起算点最晚为参保人年满 17 周岁的第二天所在的日历月，至 1957 年 1 月 1 日前最后一笔强制保费被缴纳的日历月为止的日历月期间（总期间）；

2. 减去总期间中的缴纳保费和替换期所占的日历月，以确定剩余期间（总空缺月数），继而；

3. 将总空缺月数，至多为向下取整的从总期间中减去的缴纳保费和替换期所占的日历月数的 1/4，乘以缴纳保费和替换期所占的日历月总数与总期间日历月数的比值。

就此，仅因缺少申请这一形式要件而未进行补充保险的期间，视为保费缴纳期间。

² 与某一时间段相对应的部分总视同缴费期间，至少为按如下方式计算出的整月月数，即将总视同缴费期间乘以该时间段内的对确定总视同缴费期间有决定性作用的剩余期间（部分空缺月数），然后再除以总空缺月数。

第 253a 条　补算期间

¹ 若劳动能力减损年金或育儿年金于 2018 年开始，或遗属年金的参保人于 2018 年死亡，则补算期间在参保人年满 62 周岁后的三个日历月时结束。

² 若劳动能力减损年金或育儿年金于 2019 年开始，或遗属抚恤金的参保人于 2019 年死亡，则补算期间在参保人年满 65 周岁后的八个日历月时结束。

³ 若劳动能力减损年金或育儿年金在 2019 年 12 月 31 日到 2031 年 1 月 1 日之间开始，或遗属年金的参保人在 2019 年 12 月 31 日到 2031 年 1 月 1 日之间死亡，则补算期间的结束时间如下表所示推迟：

年金开始时间或参保人死亡时间	延迟月数	年龄	
		岁	月
2020 年	1	65	9

续表

年金开始时间或参保人死亡时间	延迟月数	年龄	
		岁	月
2021 年	2	65	10
2022 年	3	65	11
2023 年	4	66	0
2024 年	5	66	1
2025 年	6	66	2
2026 年	7	66	3
2027 年	8	66	4
2028 年	10	66	6
2029 年	12	66	8
2030 年	14	66	10

[4]补算期间最多不超过第235条第2款第2项和第3项规定的标准退休年龄。

[5]若已故参保人在死亡时享有劳动能力减损年金请求权，则对于后续的遗属年金的补算期间，与之前的劳动能力减损年金的补算期间一致。

第254条 矿工年金保险的保费免缴期间的分配

[1]若在替换期之前缴纳了最后一笔矿工年金保险的强制保费，则该替换期将归属于矿工年金保险。

[2]若矿工年金保险在由于学徒培训而产生的替换期和视同缴费期间之前开始，且参保人缴纳了第一笔强制保费，则这段替换期和视同缴费期间将归属于矿工年金保险。

[3]由于调整津贴和矿工补偿给付而产生的视同缴费期间为矿工年金保险期间。仅当在该给付开始之前，参保人已经进行了受保于矿工年金保险的雇佣工作，上述规定才适用于因调整津贴而产生的视同缴费期间。

[4]总视同缴费期间按以下比例计入矿工年金保险期间，即截至1957年1月1日最后一次强制保费缴纳期间的矿工保费缴纳期间和归属于矿工年金保险的替换期之和在全部缴费时间和替换期中所占的比例。

第 254a 条　新加入地区的井下不间断工作

在新加入地区，1992 年 1 月 1 日之前大部分情况下在井下进行的工作为井下不间断工作。

第五分节　年金金额与年金调整

第 254b 条　年金月度金额的计算公式

[1] 截至 2024 年 6 月 30 日，个人收入指数（东部）和当前年金价值（东部）将被用于确定除新加入地区之外的联邦德国原德意民主共和国之外地区的年金月度金额，此确定数额将取代个人收入指数和当前年金价值。

[2] 个人收入指数是年金月度金额的基础，将其与当前年金价值相乘，可确定部分月度金额的数额，其总额即为年金月度金额。

第 254c 条　年金的调整

通过新的年金价值（东部）取代之前的当前年金价值（东部），以当前年金价值（东部）为基础的年金将受到调整。若当前年金价值（东部）有变动，退休人员将收到调整通知。

第 254d 条　总收入指数（东部）

[1] 在新加入地区，在以下期间总收入指数（东部）将取代确定的总收入指数：

1. 需要为雇佣工作或自雇工作缴纳保费的期间；
2. 由于法定的服兵役或民事服役的义务，或由于《国外受伤部署人员复原法》第 6 条的特殊种类规定的兵役法律关系，或由于领取除失业津贴Ⅱ之外的社会给付，而产生的强制保费缴纳期间；
3. 育儿期间；
4. 1992 年 1 月 1 日之前，或其后直至 1999 年 3 月 31 日，为了在惯常居住地维持对于劳动能力减损年金的既得权而产生的自愿缴纳保费的期间；

4a. 非营利性抚育期间；

4b. 《社会法典》第四编第 23b 条第 2 款第 1—4 句规定的由于劳动给付而废除的时间账户而产生的对于劳动报酬的附加的总收入指数

以及在联邦德国外《帝国保险法》的适用区域（帝国领地—保费缴纳期间）；

5. 需要为自雇工作或雇佣工作缴纳保费的期间；

6. 育儿期间；

7. 于惯常居住地自愿缴纳保费的期间。

[2]在以下情况下，第 1 款中的规定不适用于 1990 年 5 月 19 日之前的期间：

1. 若参保人的惯常居所于 1990 年 5 月 18 日，若其当时已经死亡，则最晚于 1990 年 5 月 19 日前：

a. 在联邦德国除新加入地区之外的区域或，

b. 在国外，或在即将赴国外居住前在联邦德国除新加入地区之外的区域。

2. 若该期间包含由于在新加入地区的企业的雇佣工作而产生的保费，且劳动报酬以德国马克被支付。

第 1 句的规定不适用于不再根据第 286d 条第 2 款规定的保费退还期间内的期间。

[3]对于需要为雇佣工作或自雇工作缴纳保费的期间，和于 1949 年 2 月 1 日之前在柏林的育儿期间，确定的总收入指数不能算作总收入指数（东部）。

第 255 条　年金类型系数

[1]在配偶死亡当月结束后的第三个日历月结束后，对于大额遗孀抚恤金和大额鳏夫抚恤金的个人收入指数，其年金类型系数为 0.6，若配偶中有一人于 2002 年 1 月 1 日之前死亡，或在该日期之前缔结婚姻，且至少有一人在 1962 年 1 月 2 日之前出生，则年金类型系数为 0.6。

[2]对于 1977 年 7 月 1 日之前离婚且享有年金期待权的配偶，在配偶死亡当月结束后的第三个日历月结束后，其遗孀抚恤金和鳏夫抚恤金按照所适用的年金类型系数标准进行计算。

第 255a 条　2018 年 7 月 1 日到 2023 年 7 月 1 日当前年金价值（东部）的确定

[1] 当前年金价值（东部）：

在 2018 年 7 月 1 日占当前年金价值的 95.8%，

在 2019 年 7 月 1 日占当前年金价值的 96.5%，

在 2020 年 7 月 1 日占当前年金价值的 97.2%，

在 2021 年 7 月 1 日占当前年金价值的 97.9%，

在 2022 年 7 月 1 日占当前年金价值的 98.6%，

在 2023 年 7 月 1 日占当前年金价值的 99.3%。

[2] 针对 2018 年 7 月 1 日至 2023 年 7 月 1 日的期间应确定与按照第 1 款的规定计算出的当前年金价值（东部）之间的差值。此差值将通过每年 7 月 1 日与上一年的价值按照第 68 条和第 255d 条中对于年金价值改变的规定来确定。针对截至 2018 年 7 月 1 日的差值的计算适用 2018 年 6 月 30 日的当前年金价值（东部）作为上一年的价值。与第 68 条的规定不同，新加入地区每名员工（第 68 条第 2 款第 1 句）的毛收入总额对于确定差值起决定性作用。此外应参考第 68 条第 2 款第 3 项，但前提是在新加入地区的每位雇员，不包括公务员或领取失业补贴的人，需强制缴纳保费的劳动报酬和自雇收入应作为确定差值的基础。若差值超过根据第 1 款规定计算的当前年金价值（东部），则该比较值应在 7 月 1 日作为当前年金价值（东部）。尚待确定的当前年金价值（东部）应至少根据以下百分比进行调整，即当前年金被调整时所依据的百分比，且不能超过 7 月 1 日尚待确定的当前年金值。

第 255b 条　行政立法授权

[1] 联邦政府被授权，在联邦参议院的同意下通过法规性命令来确定每年 7 月 1 日的当前年金价值（东部），直至某年的 7 月 30 日。

[2] 联邦政府被授权，在联邦参议院的同意下通过法规性命令在每个日历年年末：

1. 前一日历年根据附件 10 中得出的价值，

2. 接下来的日历年根据附件 10 得出的暂时价值，

作为根据附件 1 得出的平均收入的倍数用以确定新加入地区的平均收入。根据第 1 项的规定最近一次应被确定的是 2018 年的价值。

第 255c 条　2024 年 7 月 1 日的当前年金价值的适用

2024 年 7 月 1 日的当前年金价值将取代当前年金价值（东部），涉及的退休年金将以此做出调整。对此退休人员将收到相关调整通知。

第 255d 条　针对 2018 年 7 月 1 日至 2026 年 7 月 1 日期间当前年金价值的确定

[1]为确定 2018 年 7 月 1 日到 2019 年 7 月 1 日的当前年金价值与第 68 条第 4 款的规定不同，2016—2018 年等效缴费者的数量在除新加入地区以外的联邦德国和在新加入地区应分开计算。对于第 68 条第 4 款规定的其他计算，应随之将相应的结果加上。在进行计算时，保费总额的价值和平均收入按照附件 1 中的规定确定，并作为计算的基础保费总量以下人群保费之和，这些人群包括普通年金保险中必须缴纳强制保费的雇佣工作者，迷你雇佣工作者（《社会法典》第四编第 8 条）以及领取失业救济金满一日历年的人群。除新加入地区之外的联邦德国地区和新加入地区的数据应当分开计算。对于新加入地区，当年的平均收入由附件 1 中的价值除以附件 10 中的价值得出。

[2]对于至 2020 年 7 月 1 日当前年金价值的确定需对 2018 年等效缴费者的数量按照第 68 条第 4 款而非第 68 条第 7 款的规定进行计算。

[3]为确定 2018 年 7 月 1 日到 2025 年 7 月 1 日的当前年金价值，需对等效缴费者的数量进行计算，计算方式不按照第 68 条第 4 款的规定，除新加入地区的联邦德国地区和新加入地区的数据要分开计算。对于第 68 条第 4 款规定的其他计算，应随之将相应的结果加上。在进行计算时，需确定年金的总量减去一个日历年年金，部分年金的报销费用之后的价值，以及有 45 个总收入指数的标准养老金的金额。除新加入地区的联邦德国地区和新加入地区的数据要分开确定。在新加入地区有 45 个总收入指数的标准养老金的计算以当前年金价值（东部）为基础。

[4]对于 2025 年 7 月 1 日的当前年金价值，不按照第 68 条第 7 款来确定，以以下数据为基础：

1. 在 2025 年年初可提供给联邦统计局的 2022 年和 2023 年德国每名雇员总工资和薪金的数据（第 68 条第 2 款第 1 句），和；

2. 在 2025 年年初可提供给德国联邦年金保险公司的 2022 年的相关数据，该数据涉及德国每名雇员需强制缴费的总工资和薪金，其中不包括公务员但包括领取失业救济金的人。

[5]为确定 2026 年 7 月 1 日的当前年金价值，不参考第 68 条第 4 款，需以根据 2025 年的《年金价值确定条例》计算得出的 2024 年的等效年金领取者的人数为基础，即 2024 年除新加入地区的联邦德国地区和新加入地区的等效年金领取者人数的总和。

第 255e 条　针对自 2019 年 7 月 1 日至 2015 年 7 月 1 日期间的水平保护条款

若在 2019 年 7 月 1 日至 2025 年 7 月 1 日期间，根据第 68 条确定的当前年金价值低于按本年度第 154 条第 3a 款确定的 48% 的税前保障水平，则必须增加当前年金价值，以便税前保护水平至少为 48%。

第 255f 条　行政立法授权

联邦政府有权在征得联邦参议院同意的情况下，通过法规性命令确定本年度的税前保障水平。

第 255g 条　截至 2026 年 6 月 30 日的补偿需求

在截至 2016 年 6 月 30 日的期间，补偿需求为 1.0000。在此期间内不根据第 68 条计算补偿需求。

第 256 条　保费缴纳期间的总收入指数

[1]针对在 1945 年 6 月 1 日至 1965 年 6 月 30 日期间内因雇佣工作而发生的强制保费缴纳期间（第 247 条第 2a 款），每月以 0.025 的总收入指数为基准。

[2]在 1992 年 1 月 1 日之前，针对全部或部分由参保人承担的视同缴费期间的保费，保费计算基准为所缴保费的 100 倍除以适用于该期间的保险费率所得到的数额。

[3]1982年1月1日至1991年12月31日期间，按法定义务服兵役或民事服役3天以上的人员缴纳的强制保费，每满一个日历年以0.75的总收入指数为基准；1961年5月1日至1981年12月31日期间，以1.0的总收入指数为基准，不满一年按相应的比例计算。若在收入损失补偿的情况下，根据劳动报酬计算强制保费，则第1句不适用于1990年1月1日至1991年12月31日期间。第1句适用于1961年5月1日之前的期间，但以0.75的总收入指数作为基准。

[4]针对1992年1月1日之前为收容机构中的残疾人缴纳强制保费的期间，每一个完整的日历年以至少0.75的总收入指数作为基准，不满一年按相应的比例计算。

[5]针对按工资、保费或收入等级缴纳保费的期间，若根据1957年3月1日之前适用的法律进行缴费，则应以附件3所列的总收入指数为基准。若根据于1957年3月1日至1976年12月31日适用的法律进行缴费，则按附件4所列的保费计算基准计算每个日历月的总收入指数。

[6]针对1957年1月1日之前的期间，若根据《社会法典》第四编以外的规定补缴，则应以保费计算基准除以1957年的平均收入，即5043德国马克来确定总收入指数。针对补充缴纳保费的期间，除因婚姻补偿而补缴的期间外，按保费计算基准除以缴费当年的平均收入来确定总收入指数。

[7]针对自1921年10月1日起为工人缴纳的保费，以及1921年8月1日至1923年12月31日期间为非劳动者雇员缴纳的保费，以每月0.0625的总收入指数为基准。

第256a条　新加入地区的保费缴纳期间的总收入指数

[1]针对1945年5月8日至2025年1月1日之前新加入地区范围内的保费缴纳期间，总收入指数的确定方法是，附件10中的收入数值（保费计算基准），除以同一日历年的平均收入。若在2019年开始领取年金，则2018年的收入应乘以该年暂定的附件10中的数值。第1句和第2句不适用于以领取失业津贴Ⅱ为基础的保费缴纳期间。

[1a]若通过《社会法典》第四编第23b条第2款第1—4句所述的时间账户支付劳动报酬，且该劳动报酬是通过在新加入地区范围内的劳动给付赚取的，则应乘以附件10中赚取劳动报酬年度的数值。若在2018年12

月31日前支付劳动报酬，则第1句的规定适用，其中应使用附件10相应年度的暂定值。

[2]收入包括实际赚取的劳动薪酬和已支付强制保费的实际收入，以及1992年1月1日之前或此后至1999年3月31日期间用于缴纳自愿补充年金保险的保费或自愿年金保险保费的收入，以维持因劳动能力减损而享有的年金请求权（第279b条）。针对1974年1月1日之前在德国帝国铁路公司或德国邮政公司从事雇佣工作的期间，将高于新加入地区适用保费计算上限的已证明的劳动收入，视为自愿补充年金保险的缴费基准。针对1974年1月1日至1990年6月30日在德国帝国铁路公司或德国邮政公司从事雇佣工作的期间，若到1974年1月1日已经连续10年在德国帝国铁路公司或德国邮政公司从事雇佣工作，则针对高于新加入地区适用保费计算上限的已证明劳动收入，最高为每月650德国马克，自愿补充年金保险的保费视为已支付。针对根据1947年1月28日《自愿和补充社会保险条例》规定的自愿缴纳的保费，适用附件11规定的数额；针对根据1968年3月15日《社会保险补充年金自愿参保条例》（《民主德国法律公报》第Ⅱ卷第29号第154页）规定的自愿缴纳的保费，将保费的10倍视为收入。自2019年7月1日起，在过渡地区（《社会法典》第四编第20条第2款）就业的收入，计入新加入地区的劳动报酬。

[3]收入还包括1990年7月1日之前，由于在新加入地区适用的相应保费计算上限或由于在特殊供给机制中获得的期待权，而无法支付强制保费或自愿补充年金保险的保费的有保险缴纳义务的劳动薪酬和收入。针对有权参加自愿补充年金保险的参保人，只有在为自愿补充年金保险缴纳了被允许的最高保费金额的情况下，该规定才适用于超过自愿补充年金保险相应保费计算上限的保费。若证明根据新加入地区适用的规定，不能通过有保险缴纳义务的薪酬或收入向自愿补充年金保险支付缴纳强制保费或保费，则将这部分收入估算为5/6。也可以将法定声明作为证明材料。年金保险承担者负责检验法定声明。

[3a]针对1990年7月1日之前的期间，若参保人的惯常居所在不包括新加入地区在内的德意志联邦共和国的领土，并且为新加入地区的法定年金保险缴纳了保费，则收入包括《外国年金法》附件1—16所列的数值。不满一年按相应的比例计算。此外，将部分由于疾病或请假的视同缴费期

间的月份作为全额保费缴纳期间。针对 1949 年 12 月 31 日以后的兼职工作，在确定总收入指数时，应以与兼职工作和全职工作比例相对应的数值为基准。针对职业教育的强制保费缴纳期间，每月以 0.025 的总收入指数为基准。针对被释明的保费缴纳期间，以总收入指数 5/6 为基准。

[4]针对 1992 年 1 月 1 日之前在新加入地区范围内服法定兵役或民事服役超过 3 天的期间，每一个完整的日历年应以 0.75 的总收入指数为基准，不满一年按相应的比例计算。

[5]针对 1992 年 1 月 1 日以前丧失劳动能力的强制保费缴纳期间，每一个完整的日历年至少应以 0.75 的总收入指数为基数，不满一年按相应的比例计算。

第 256b 条　被释明的保费缴纳期间的总收入指数

[1]针对 1949 年 12 月 31 日以后的被释明的强制保费缴纳期间，在确定总收入指数时，应将全职工作的一个日历年所得的平均收入作为保费计算基准：

1. 根据工作分类，将附件 13 所述的其中一个雇佣工作的领域作为平均收入的依据以及，

2. 根据工作分类，将附件 14 所述的其中一个雇佣工作的领域作为平均收入的依据，

最高为相应保费计算上限的 5/6；不满一年按相应的比例计算。针对采用欧元后的被释明的强制保费缴纳期间，将根据第 1 句所述的采用欧元之前的相同总收入指数得出的换算为欧元的平均收入作为保费计算基准。针对兼职工作，应以与兼职工作和全职工作比例相对应的保费为基准。相关领域的划分以参保人从事雇佣工作的公司的领域为依据。若公司是一个较大的企业单位的下属单位，划分工作领域时以该单位为准。若根据调查的结果，可以划分多个工作领域，则以相应年份平均收入最低的工作领域为准。若无法划分为一个或多个工作领域，则以相应年份平均收入最低的工作领域为准。第 6 句和第 7 句准用于工作领域的划分。针对 1950 年 1 月 1 日之前的期间和 1991 年 1 月 1 日之前在不包括新加入地区的德意志联邦共和国的领土内的期间，按《外国年金法》附件 1—16 所列数值的 5/6 计算总收入指数，除非劳动报酬已知或可以通过其他方式确定劳动报酬。

[2]针对职业教育的被释明的强制保费缴纳期间，以每月 0.0208 为基数，但至少以根据第 1 款确定的总收入指数为基准。

[3]针对 1957 年 2 月 28 日之前的自愿缴纳保费的被释明的保费缴纳期间，应以附件 15 中所述的总收入指数为基数，针对此后的每月保费缴纳期间，以自愿缴纳保费的最低保费计算基准的 5/6 为总收入指数。

[4]只有当已为自愿补充年金保险缴纳保费时，第 1 款才适用于 1971 年 3 月 1 日至 1990 年 6 月 30 日期间在新加入地区范围内的被释明的强制保费缴纳期间。若无法证明已经支付了该项保费，则至多将附件 16 所述的收入作为一个日历年的保费计算基准。

[5]第 1—4 款准用于自雇工作者。

第 256c 条　保费缴纳期间已被证实，但缺少保费计算基准时的总收入指数

[1]针对 1991 年 1 月 1 日以前被证实已缴纳强制保费的期间，若不知道或无法以其他方式确定保费计算基准，则应将以下各款得出的数值作为全职工作的一个日历年的保费计算基准，从而确定总收入指数。不满一年按相应的比例计算。针对 1949 年 12 月 31 日以后的兼职工作，应以与兼职工作和全职工作比例相对应的数值为基准。

[2]针对在不包括新加入地区的德意志联邦共和国的领土内的期间，以及 1950 年 1 月 1 日之前在新加入地区范围内的期间，以《外国年金法》附件 1—16 中规定的数值为准。

[3]针对 1949 年 12 月 31 日以后在新加入地区范围内的期间，将以下平均收入的 1.2 倍作为基准：

a）根据工作分类，将附件 13 所述的其中一个雇佣工作的领域作为平均收入的依据，以及；

b）根据工作分类，将附件 14 所述的其中一个雇佣工作的领域作为平均收入的依据。

第 256b 条第 1 款第 4—8 句适用。仅当向自愿补充年金保险缴纳的保费被释明时，该规定才适用于 1971 年 3 月 1 日至 1990 年 6 月 30 日期间的强制保费缴纳期间。若无法释明已经支付了该项保费，则至多将附件 16 所述的收入 1.2 倍作为一个日历年的保费计算基准。

[4]对于 1990 年 7 月 1 日之前的期间，若由于在新加入地区适用的相应保费计算上限或由于在特殊供给机制中获得的期待权，而无法通过有保险缴纳义务的劳动收入和收入支付强制保费或自愿补充年金保险的保费，则第 1—3 款不适用。

[5]第 1—4 款准用于自雇工作者。

第 256d 条（已废止）

第 257 条　柏林的保费缴纳期间的总收入指数

[1]针对已经支付保费的以下期间确定总收入指数：

1. 1945 年 7 月 1 日至 1949 年 1 月 31 日期间的柏林保险公司的统一社会保险，

2. 1949 年 2 月 1 日至 1952 年 3 月 31 日期间的柏林保险公司（西德）的统一社会保险或年金保险或，

3. 1952 年 4 月 1 日至 1952 年 8 月 31 日期间的柏林国家保险公司的年金保险，

其中通过同一日历年的平均收入来确定保费计算基准。保费计算基准为：

1. 针对 1945 年 7 月 1 日至 1946 年 3 月 31 日期间，所缴保费的五倍，

2. 针对 1946 年 4 月 1 日至 1950 年 12 月 31 日期间，所缴保费的五倍，但一个日历年不超过 7200 德国马克。

[2]针对已缴纳自愿保费或按缴费档次缴纳保费的期间，应以附件 5 的总收入指数为基准。

第 258 条　萨尔州保费缴纳期间的总收入指数

[1]针对 1947 年 11 月 20 日至 1959 年 7 月 5 日期间以瑞士法郎支付的保费，应通过乘以附件 6 的数值得出的劳动报酬（保费计算基准）除以同一日历年的平均收入来确定总收入指数。

[2]针对 1923 年 12 月 31 日至 1935 年 3 月 3 日期间支付的劳动者年金保险的保费和 1924 年 1 月 1 日至 1935 年 2 月 28 日期间支付的非劳动者雇员年金保险的保费，按照以瑞士法郎为单位的工资、保费或收入等级，并

根据《联邦法律公报》第 3 卷第 826—4 号公布的调整后的《萨尔州社会保险过渡条例》进行换算，以附件 3 中适用的工资、保费或收入等级的总收入指数为基准。根据《萨尔州社会保险过渡条例》第 26 条发布的法律规定，采用 1935 年 3 月 1 日之前期间的矿工年金保险的缴费标准，并以附件 3 中相关工资、保费或收入等级的总收入指数为基准。针对 1947 年 11 月 20 日至 1957 年 8 月 31 日按工资、保费或收入等级以瑞士法郎支付的劳动者年金保险的保费，和 1947 年 12 月 1 日至 1957 年 8 月 31 日支付的非劳动者雇员年金保险保费的期间，或 1954 年 1 月 1 日至 1963 年 3 月 31 日支付萨尔州农民和帮扶家庭成员年金保险保费的期间，以附件 7 所列的总收入指数为基准。

[3]若证明 1947 年 11 月 20 日至 1957 年 8 月 31 日期间以瑞士法郎支付的劳动报酬高于已经被缴纳保费的保费基数，则应以实际的劳动报酬作为保费计算基准。

[4]若已经释明，1948 年 1 月 1 日至 1957 年 8 月 31 日期间缴纳非劳动者雇员年金保险的以瑞士法郎为单位的劳动报酬，或 1949 年 1 月 1 日至 1957 年 8 月 31 日期间缴纳劳动者年金保险的以瑞士法郎为单位的劳动报酬，要高于已经被缴纳保费的保费基数，则应以已释明的劳动报酬的 1.1 倍为保费计算基准。

第 259 条 有实物福利的保费缴纳期间的总收入指数

若已经释明，参保人在 1957 年 1 月 1 日之前，至少 5 年为受保的雇佣工作向劳动者和非劳动者雇员年金保险缴纳了强制保费，并且除了现金报酬外，还获得了大量的实物福利，则至少以保费计算基准或附件 8 所列的工资、保费或收入等级为总收入指数，不满一年按相应的比例计算。该规定不适用于学徒或实习生的教育期。也可以将法定声明作为证明材料。年金保险承担者负责检验法定声明。

第 259a 条 1937 年以前出生的参保人的特殊性

[1]针对 1937 年 1 月 1 日之前出生，截至 1990 年 5 月 18 日有惯常居所的参保人，若其当时已经死亡，则最迟于 1990 年 5 月 19 日之前：

1. 在不包括新加入地区的德意志联邦共和国的领土内有惯常居所或，

2. 在国外有常驻地点，或在国外逗留之前，其惯常居所位于不包括新加入地区的德意志联邦共和国的领土内，

则应根据《外国年金法》附件1—16，而不是根据第256a—256c条规定的数值，确定1990年5月19日前的强制保费缴纳期间的总收入指数；不满一年按相应的比例计算。此外，将部分由于疾病或请假的视同缴费期间的月份算作全额保费缴纳期间。针对1949年12月31日以后的兼职工作，在确定总收入指数时，应以与兼职工作和全职工作比例相对应的数值为基准。针对职业教育的强制保费缴纳期间，每月以0.025的总收入指数为基准。针对1990年5月19日之前，在新加入地区根据法定义务服兵役或民事服役3天以上的人员，应以第256条第3款规定的总收入指数为基准。针对1957年2月28日之前的自愿保费缴纳期间，通过自愿缴纳保费的相应最低缴费等级确定总收入指数，此后的期间则通过与月最低保费计算基准相对应的税前劳动报酬确定总收入指数；其中，以不包括新加入地区在内的德意志联邦共和国的领土内的数值为基准。针对被释明的强制保费缴纳期间，以总收入指数的5/6为基准。

[2]第1款不适用于第286d条第2款规定的保费退还以外的期间。

第259b条 归属于补充或特殊供给机制参保时的特殊性

[1]针对1991年7月25日《既得权和期待权转化法》所述的归属于补充或特殊供给机制的期间，在确定总收入指数时以《既得权和期待权转化法》规定的收入为基准。第259a条不适用。

[2]在实行供给机制之前，如果须将这些期间并入已设立的供给机制中，也将为强制性社会保险或自愿补充年金保险缴纳保费的期间视为供给机制期间。

第259c条（已废止）

第260条 保费计算上限

为并入德意志帝国地区的雇佣工作或自雇工作缴纳的保费，其期间应至少适用于其他德意志帝国地区规定适用的保费计算上限。对于新加入地区和萨尔州的保费缴纳期间应适用联邦地区规定的保费计算上限。若

1984年1月1日之前的缺勤天数不计入视同缴费期间，则应将缺勤天数作为保费缴纳期间考虑在内，以确定保费计算上限。

第261条 无总收入指数的保费缴纳期间

总收入指数尚不确定，若：

1. 1957年1月1日之前对于劳动者年金保险的强制保费，以及同一期间对于非劳动者雇员年金保险或矿工年金保险的雇佣工作的强制保费已被支付；

2. 1943年1月1日之前对于劳动者年金保险或非劳动者雇员年金保险的强制保费，以及在此期间和雇佣工作之内，劳动者和非劳动者雇员的矿工抚恤保险的强制保费已被支付。

第262条 低廉劳动报酬的最低总收入指数

[1]若至少存在35年的法定年金期间且一个日历月的全额强制保费低于0.0625个总收入指数，则对于保费缴纳期间的总收入指数的总额应当提高。补充的总收入指数的计算方式为，对于在1992年1月1日之前缴纳全额强制保费的日历月，平均价值为实际平均值的1.5倍，但不超过0.0625个总收入指数。

[2]补充的总收入指数应与1992年1月1日之前缴纳全额强制保费的日历月以相等数额被分配；对此总收入指数的日历月（东部）应被分配补充的总收入指数（东部）。

[3]第1款和第2款适用于缴纳强制保费的期间，在此期间领取的个人保险年金，不应被视为全额强制保费。

第263条 保费免缴期间和保费减少缴纳期间的整体给付估值

[1]在就保费免缴期间和保费减少缴纳期间进行整体给付估值时，处于确定总视同缴费期间的空档期内的因育儿而获得的福利期间最高按如下月数被考虑，即该月数加上总视同缴费期间的月数等于总空缺期的月数。针对整体给付估值，除非已经确定更高的保费缴纳期间数值，否则抚育期间的每个日历月的收入指数为0.0625。

[2](已废止)

第五章 特别规定

²ª 就包含由于疾病和失业而产生的视同缴费期间的每个日历月,将在整体给付估值中得出的数值限缩至原数值的 80%。仅因在 1990 年 3 月 1 日之前,但并非在 1978 年 7 月 1 日之前的在新加入地区内发生的失业情形而被计入视同缴费期间的月份,不被考虑。仅因 1978 年 6 月 30 日以后发生的失业情形而被计入视同缴费期间,但在 2005 年 1 月 1 日之前没有支付失业救济金的月份,不被考虑。

³就包含由于参加学校或高校教育而产生的视同缴费期间的每个日历月,将在整体给付估值中得出的数值限缩至原数值的 75%。此处受限缩的整体给付估值就每个日历月不得超过 0.0625 个总收入指数。参加学校或高校教育的期间总共最多可按三年被考虑;参加技术学院教育或参加职业教育课程的期间亦计入该三年。针对参加学校或高校教育的期间作出的整体给付估值的限缩,参考下表:

退休开始		数值	
年度	月份	75%	0.0625 个总收入指数
2005	1 月	75.00	0.0625
	2 月	73.44	0.0612
	3 月	71.88	0.0599
	4 月	70.31	0.0586
	5 月	68.75	0.0573
	6 月	67.19	0.0560
	7 月	65.63	0.0547
	8 月	64.06	0.0534
	9 月	62.50	0.0521
	10 月	60.94	0.0508
	11 月	59.38	0.0495
	12 月	57.81	0.0482
2006	1 月	56.25	0.0469
	2 月	54.69	0.0456
	3 月	53.13	0.0443
	4 月	51.56	0.0430
	5 月	50.00	0.0417
	6 月	48.44	0.0404

续表

退休开始		数值	
年度	月份	75%	0.0625 个总收入指数
	7月	46.88	0.0391
	8月	45.31	0.0378
	9月	43.75	0.0365
	10月	42.19	0.0352
	11月	40.63	0.0339
	12月	39.06	0.0326
2007	1月	37.50	0.0313
	2月	35.94	0.0299
	3月	34.38	0.0286
	4月	32.81	0.0273
	5月	31.25	0.0260
	6月	29.69	0.0247
	7月	28.13	0.0234
	8月	26.56	0.0221
	9月	25.00	0.0208
	10月	23.44	0.0195
	11月	21.88	0.0182
	12月	20.31	0.0169
2008	1月	18.75	0.0156
	2月	17.19	0.0143
	3月	15.63	0.0130
	4月	14.06	0.0117
	5月	12.50	0.0104
	6月	10.94	0.0091
	7月	9.38	0.0078
	8月	7.81	0.0065
	9月	6.25	0.0052
	10月	4.69	0.0039

续表

| 退休开始 || 数值 ||
年度	月份	75%	0.0625 个总收入指数
	11 月	3.13	0.0026
	12 月	1.56	0.0013
2009	1 月	0.00	0.0000

[4]1957 年 1 月 1 日之前的视同缴费期间所对应的收入指数总额必须至少达到假设是对应总视同缴费期间而得出的收入指数数值。额外的收入指数平均分配到 1957 年 1 月 1 日之前的应被限额考虑的视同缴费期间中。

[5]视为职业教育期间（第 246 条第 2 句）的日历月所对应的收入指数总额应当提高，以使其至少达到假设将这些期间视为第 3 款规定的学校或高校教育的期间而得出的收入指数数值。

[6]若职业教育期间本身或其与最多为 3 年的因参加学校教育而产生的视同缴费期间相加，超过了三年，则应当将其提高，使得至少第 3 款中该期间的对应数值被达到。

[7]针对被释明的职业教育期间，最多考虑在整体给付估值框架下确定的收入指数的 5/6。该规定也适用于第 5 款和第 6 款中所述的期间。

第 263a 条　包含收入指数（东部）的保费免缴期间和保费减少缴纳期间的整体给付估值

根据整体给付估值确定的保费免缴期间的收入指数和保费减少缴纳期间的收入指数附加值，按照确定整体给付价值所依据的收入指数（东部）与所有作为依据的收入指数间的比值，考虑为收入指数（东部）。此外，第 254d 条准用于因育儿而获得的福利期间所对应的收入指数。

第 264 条　供养补偿中的附加值或扣除值

若已经确定了年金期待权的价值单位，则每 100 个价值单位视为一个总收入指数。矿工年金保险的价值单位应当首先乘以 1991 年的矿工年金保险的一般保费计算基准，并除以同年劳动者和非劳动者雇员年金保险的一般保费计算基准。

第 264a 条　新加入地区供养补偿中的附加值或扣除值

[1]只要收入指数（东部）已被转让，或只要家庭事务法院已根据《供给补偿法》第 16 条第 3 款命令将已设立的年金期待权的月度金额换算为收入指数（东部），则应将已经进行的有利于或不利于参保人的供养补偿考虑在对收入指数（东部）的附加值或扣除值之内。

[2]总收入指数（东部）的确定方式是，将年金期待权的月度金额除以婚姻或同性生活伴侣关系结束时的当前年金价值（东部）。

[3]适用有关供养补偿的规定时，以收入指数（东部）替代收入指数。

第 264b 条　针对免于参保的迷你雇佣工作的收入指数附加值

若劳动报酬来自根据第 230 条第 8 款免于参保的迷你雇佣工作，且雇主已就该劳动报酬负担了部分保费份额，则应当确定收入指数附加值。若雇主就来源于在 2013 年 1 月 1 日之前从事的免参保迷你雇佣工作的劳动报酬承担了部分保费份额，则亦应当确定收入指数附加值。第 76b 条第 2—4 款准用于确定第 1 句和第 2 句所述的收入指数附加值。

第 264c 条　遗属抚恤金中的附加值

[1]若育儿期间仅以收入指数（东部）为基础，则遗孀抚恤金和鳏夫抚恤金的附加值由个人收入指数（东部）组成。若已故参保人的年金仅以收入指数（东部）为基础，则孤儿抚恤金的附加值由个人收入指数（东部）组成。

[2]若配偶于 2002 年 1 月 1 日前死亡，或在该日之前结婚，且至少有一方于 1962 年 1 月 2 日前出生，则不按照个人收入指数的附加值来提高遗孀抚恤金和鳏夫抚恤金。

第 264d 条　准入系数

若于 2024 年 1 月 1 日前开始领取劳动能力减损年金，或针对死亡年金参保人于 2024 年 1 月 1 日前死亡，则在确定准入系数时应依据下表所示的年龄，而不再依据年满 65 周岁和 62 周岁：

第五章 特别规定

就以下开始领取年金的时间或参保人死亡的时间		以下列时点代替年满			
^	^	65 周岁		62 周岁	
年份	月份	年龄	月份	年龄	月份
2012 年前		63	0	60	0
2012	1 月	63	1	60	1
2012	2 月	63	2	60	2
2012	3 月	63	3	60	3
2012	4 月	63	4	60	4
2012	5 月	63	5	60	5
2012	6—12 月	63	6	60	6
2013		63	7	60	7
2014		63	8	60	8
2015		63	9	60	9
2016		63	10	60	10
2017		63	11	60	11
2018		64	0	61	0
2019		64	2	61	2
2020		64	4	61	4
2021		64	6	61	6
2022		64	8	61	8
2023		64	10	61	10

适用第 77 条第 4 款的条件是，以 35 周岁代替 40 周岁。

第 265 条 针对矿工的特别规定

[1]针对为劳动者自 1921 年 10 月 1 日起，以及为非劳动者雇员在 1921 年 8 月 1 日起至 1923 年 12 月 31 日期间向矿工年金保险缴纳的保费，以每月 0.0625 的总收入指数为基准。

[2]针对 1992 年 1 月 1 日之前参保人领取矿工津贴的期间，将作为确定总收入指数依据的保费计算基准，就领取矿工津贴的每一个完整日历年按照 200 倍的矿工津贴，就每个日历月按照前述年度额度的 1/12 增加。

[3]针对包含劳动者和非劳动者雇员年金保险的保费缴纳期间的日历月，若该保费缴纳期间因其中亦包括归属于矿工年金保险的替换期而属于保费

减少缴纳期间,则在确定保费减少缴纳期间的相关数值时,应事先将这些保费减少缴纳期间对应的收入指数乘以 0.75。

⁴针对包含矿工年金保险的保费缴纳期间的日历月,若该保费缴纳期间因其中亦包括劳动者和非劳动者年金保险的替换期而属于保费减少缴纳期间,在确定保费减少缴纳期间的相关数值时,应事先将这些未根据第 84 条第 1 款确定的保费减少缴纳期间的收入指数乘以 1.3333。

⁵在确定因对井下连续工作进行给付补助而产生的收入指数附加值时,也应将参保人于 1968 年 1 月 1 日前从事井下工作的期间考虑在内,其中每三个完整的日历月可计为两个日历月的矿工工作时间。

⁶第 85 条第 1 款第 1 句不适用于领取因丧失职业能力或劳动能力而领取年金的期间。

⁷若配偶于 2002 年 1 月 1 日之前死亡,或在该日之前结婚,且至少有一方在 1962 年 1 月 2 日之前出生,则针对配偶死亡月份之后第三个日历月结束后的矿工年金保险中的大额遗孀抚恤金和大额鳏夫抚恤金,个人收入指数中的年金类型系数为 0.8。

⁸若矿工年金在 2024 年 1 月 1 日之前开始发放,则在确定准入系数时,应根据年金开始发放的时间,采用以下规定的年龄,而不是年满 64 周岁:

退休开始		以下年龄取代 64 周岁	
年份	月份	年龄	月份
2012	1 月	62	1
2012	2 月	62	2
2012	3 月	62	3
2012	4 月	62	4
2012	5 月	62	5
2012	6—12 月	62	6
2013		62	7
2014		62	8
2015		62	9
2016		62	10
2017		62	11

续表

退休开始年份	月份	以下年龄取代64周岁 年龄	月份
2018		63	0
2019		63	2
2020		63	4
2021		63	6
2022		63	8
2023		63	10

适用第86a条的条件是，以35周岁代替40周岁。

第265a条 新加入地去年金法定期间中针对矿工的特别规定

来源于给付补助的收入指数应按照井下连续工作的日历月数，该日历月须同时为包含收入指数（东部）的保费缴纳期间，与井下连续工作的所有日历月数间的比值，考虑为收入指数（东部）。

第265b条（已废止）

第六分节 年金和收入的同时存在

第266条 增加限额

若在1991年12月31日，根据条例有权在不包括新加入地区的德意志联邦共和国领土内领取年金，并有权领取工伤保险中的年金，则该年金和之后年金的限额应至少是将根据第311条和第312条得出的数额减去第93条第2款第1项字母b和第2项字母a规定的数额后计算出的数额。

第267条 年金和来源于工伤保险的给付

在确定同时领取的年金金额的总额时，子女津贴不计入来源于工伤保险的给付。

第七分节　1977年7月1日之前离婚配偶的遗孀抚恤金和鳏夫抚恤金的开始领取以及供养补偿中的年金变更

第 268 条　1977 年 7 月 1 日之前离婚配偶的遗孀抚恤金和鳏夫抚恤金的开始领取

自申领年金的当个日历月的月末开始，支付由 1977 年 7 月 1 日之前离婚配偶的年金期待权所产生的遗孀抚恤金和鳏夫抚恤金。

第 268a 条　供养补偿中的年金变动

[1]在 2009 年 8 月 31 日有效版本的第 101 条第 3 款第 4 句，不适用于在 2005 年 3 月 30 日之前最初未因供养补偿而被扣减的年金已开始领取，且家事法院关于供养补偿的决定已经生效的情形。

[2]在 2009 年 8 月 31 日前有效版本的第 101 条第 3 款应继续适用，若于 2009 年 9 月前供养补偿相关程序已经开始，且因供养补偿而被扣减的年金已开始领取。

第八分节　补充给付

第 269 条　增加金额

[1]基于已缴纳的高额保险保费和第 248 条第 3 款第 2 句第 3 项规定的保费，在给付年金时除给付年金月度金额外，还应给付增加金额。就来源于个人保险的年金，该增加金额按以下保费缴纳年龄为以下比例的保费定额：

30 周岁以下	1.6667%，
31 至 35 周岁	1.5%，
36 至 40 周岁	
41 至 45 周岁	1.6667%，
46 至 50 周岁	1.0%，
51 至 55 周岁	0.9167%，
51 至 55 周岁	0.8333%，

56 周岁及以上　　　　　　　　　1.6667%,

就遗属抚恤金则应将上述相应数值乘以适用于该抚恤金的普通年金保险的年金类型系数。通过缴纳保费的日历年与参保人出生年份之差确定参保人的年龄。针对自1921年10月1日起为劳动者缴纳的保费，以及1921年8月1日至1923年12月31日期间为非劳动者雇员缴纳的保险费，不给付增加金额。

²若将因解除最后一次婚姻关系而产生的请求权计入前配偶死亡后的遗孀抚恤金或鳏夫抚恤金中，则亦将在最后一个配偶死亡后的遗孀抚恤金或鳏夫抚恤金中给付的因高额保险保费而产生的增加金额计入其中。若因高额保险保费而产生的增加金额是在前一个配偶死亡后的遗孀抚恤金或鳏夫抚恤金中支付，则将因解除最后一次婚姻关系而产生的请求权计入其中，前提条件是该请求权尚未计入最后一个配偶死亡后的遗孀抚恤金或鳏夫抚恤金中。

³若在几个权利人之间分配遗孀抚恤金或鳏夫抚恤金，则亦应按同样比例分配因高额保险保费而产生的增加金额。

⁴若在权利人再婚的情况下对遗孀抚恤金或鳏夫抚恤金进行补偿，则亦对因高额保险保费而产生的增加金额进行补偿。

第 269a 条（已废止）

第 269b 条　遗孀和鳏夫再婚情况下的年金补贴

在进行遗孀和鳏夫再婚情况下的年金补贴时，若前一个配偶在2002年1月1日之前死亡，不将已经支付的小额遗孀抚恤金或小额鳏夫抚恤金计入其中。若前一段婚姻中至少有一个配偶在1962年1月2日之前出生，且婚姻于2002年1月1日之前缔结，则该规定亦适用。

第 270 条（已废止）

第 270a 条（已废止）

第九分节　国外权利人的给付和支付

第 270b 条　丧失职业能力时因部分劳动能力减损而领取的年金

权利人有权获得丧失职业能力时因部分劳动能力减损（第240

条)而领取的年金,当且仅当其尚在德国惯常居住时已经有权请求该年金的情况下。

第271条 年金的额度

联邦境内的保费缴纳期间也包括根据1945年5月9日之前生效的《联邦保险法》:

1. 为在境内的雇佣工作或自雇工作的缴纳强制保费的期间或,
2. 为惯常居住于境内或《帝国保险法》适用领域之外的期间缴纳自愿缴纳保费的期间。

若育儿是在德意志联邦共和国境内进行的,则育儿期间属于德意志联邦共和国境内的保费缴纳期间。

第272条 特别规定

[1]就1950年5月19日之前出生、1990年5月19日之前在国外有惯常居所的权利人,还应额外依据以下数值确定其个人收入指数:

1. 根据《外国年金法》缴纳保费的期间所对应的收入指数,限于联邦境内的保费缴纳期间所对应的收入指数;
2. 根据《外国年金法》保费缴纳期间所对应的给付附加值,限于德意志联邦共和国境内保费缴纳期间的给付附加值;
3. 分配给《外国年金法》规定的保费缴纳期间的对因已进行的供养补偿或年金分割而产生的收入指数的扣除值,但应按照依据第1项之规定受限制的《外国年金法》规定之保费缴纳期间所对应的收入指数与该期间对应的所有收入指数之间的比值计算,以及;
4. 由《外国年金法》规定的保费缴纳期间所产生的孤儿抚恤金中的个人收入指数附加值,但应按照根据第3项规定得出的比值计算。

[2]根据《外国年金法》缴纳保费的期间所对应的收入指数,若其根据第1款因收入指数(东部)而应被额外考虑,则视为总收入指数(东部)。

[3]若第1款意义上的权利人的收入指数应以联邦境内的保费缴纳期间所对应的收入指数数额为限被考虑,则亦应将原帝国境内的保费缴纳期间归属其中。在依据给付附加值、供养补偿或年金分割中的扣减值以及孤儿抚恤金确定收入指数时,应根据《外国年金法》规定的保费缴纳期间,

评估联邦领土境内的保费缴纳期间。

第 272a 条　2004 年 4 月 1 日之前开始的当期金钱给付的到期日和支付

[1]2004 年 4 月 1 日之开始的除过渡津贴外的当期金钱给付，在满足请求权条件之月的下月月初到期；应在到期月份前一个日历月的最后一个银行工作日支付当期金钱给付。第 118 条第 1 款第 2 句和第 3 句准用之。

[2]第 1 款还适用于根据第 89 条应支付的年金、应紧接育儿年金或劳动能力减损年金之后支付的标准养老金以及应紧接在已故参保人的年金之后支付的死亡年金，其前提条件是，在年金请求权不中断情况下第一次开始领取年金的日期是在 2004 年 4 月之前。

第十分节　组织、数据处理和数据保护

第一目　组织

第 273 条　德国"矿工—铁路职工—海员"年金保险公司的职责

[1]德国"矿工—铁路职工—海员"年金保险公司作为矿工年金保险的承担者，还负责向已经在 1992 年 1 月 1 日之前于非矿业企业就业的且在联邦矿工保险机构参保的雇佣工作者提供保险。若在 1992 年 1 月 1 日之前，联邦矿工保险机构已经负责一家企业或企业某一部门的雇员，而这些雇员由于合并、转型或其他措施而在这些措施实施后的 18 个日历月内转至另一家企业或企业的另一部门工作，则德国"矿工—铁路职工—海员"年金保险承担者在这一雇用期间仍然负责矿工年金保险。

[2]若参保人：

1. 在 1955 年 12 月 31 日之前行使了矿工年金保险中的自主参保权利或，

2. 在 1967 年 12 月 31 日之前行使了矿工年金保险中的续保权利，

则德国"矿工—铁路职工—海员"年金保险承担者作为矿工年金保险承担者负责自愿参保的保险。

[3]针对在第 130 条和 136 条规定的职责更换的时点已经领取年金的人

员，之前负责的年金保险承担者在领取年金期间继续负责。若截至 2004 年 12 月 31 日与之前负责的年金保险承担者有尚未完成的交易，则该机构在这项交易完成之前继续负责。

[4]联邦矿工保险机构雇佣的非劳动者雇员应当在 2005 年 9 月 30 日之前在矿工年金保险中参保。针对在 2005 年 9 月 30 日及之前受雇于联邦矿工保险机构并参加矿工年金保险的参保人，德国"矿工—铁路职工—海员"年金保险公司在其雇佣期间仍作为矿工年金保险承担者继续负责。该规定也适用于紧接于在 2005 年 9 月 30 日存在的与联邦矿工保险机构间的职业培训关系之后即受雇于德国"矿工—铁路职工—海员"年金保险公司的雇员。

[5]德国"矿工—铁路职工—海员"年金保险公司仍然对在 1993 年 12 月 31 日根据前联邦铁路保险公司章程第 3 条在该保险机构参保的雇员负责，但根据第 129 条第 1 款由德国"矿工—铁路职工—海员"年金保险公司负责的人员除外。

第 273a 条 存疑情况下的职责

在存在疑问的情况下，由联邦社会保障局决定新加入地区的企业是否为矿业企业，是否按矿业企业对待，或者德国"矿工—铁路职工—海员"年金保险公司作为负责矿工年金保险的机构，是否对矿业企业以外的雇员按矿业企业的雇员对待。

第 273b 条（已废止）

第二目 数据处理和数据保护

第 274 条 与欧洲共同体理事会 1971 年 6 月 14 日的（欧洲经济共同体）第 1408/71 号条例有关的数据部门内的数据系统

[1]如果经由（欧洲共同体）第 592/2008 号条例［《欧盟公报（立法）》2008 年 7 月 4 日第 177 期，第 1 页］最新修订的欧洲共同体理事会 1971 年 6 月 14 日关于社会保障制度对雇员、自雇工作者及其在共同体内迁移的家庭成员之适用的（欧洲经济共同体）第 1408/71 号条例［《欧洲共同体公报（立法）》1971 年 7 月 5 日第 149 期，第 2 页］继

续适用于国家和个人群体，第 150 条第 3 款第 1 句不适用于该国家和个人群体。

²为审查雇佣工作是否符合如下要求，即根据经由（欧洲共同体）第 120/2009 号条例［《欧盟公报（立法）》2009 年 2 月 10 日第 39 期，第 29 页］最新修订的欧洲共同体理事会 1972 年 3 月 21 日有关执行关于社会保障制度对雇员、自雇工作者及其在共同体内迁移的家庭成员之适用的（欧洲经济共同体）第 1408/71 号条例的（欧洲经济共同体）第 574/72 号条例［《欧洲共同体公报（立法）》1972 年 3 月 27 日第 74 期，第 1 页］第 11 条和第 11a 条之规定，一项与仍然适用的法律规定相关的证明（E 101 证明）可被签发，年金保险承担者应根据第 150 条第 3 款存储以下数据：

1. E 101 证明中包含的数据，

2. 雇员、工人或自雇工作者的身份特征，

3. 外国雇主的识别标志，

4. 国内雇主的识别标志，

5. 向 E 101 证明的签发机构发出的查询通知以及，

6. E 101 证明的核查结果。

第 274a 条　根据《燃煤发电终止法》第 57 条处理与调整津贴有关的个人数据

¹应参保人的要求，德国"矿工—铁路职工—海员"年金保险公司应计算与《燃煤发电终止法》第 57 条第 1 款第 1 句和第 3 款所述的调整津贴有关的年金数额，以及参保人可领取调整津贴的最早日期。应在征得参保人同意的情况下，将根据第 1 句计算的结果通知其雇主。该规定也适用于申请调整津贴所需的资料，即参保人在领取调整津贴后是否有权领取第 35—38 条、第 40 条、第 235—236b 条或第 238 条规定的年金。

²若需要根据《燃煤发电终止法》第 57 条第 1 款履行职责，则允许德国"矿工—铁路职工—海员"年金保险公司向联邦经济和出口管制局传输个人数据。

³根据《燃煤发电终止法》第 57 条第 1 款第 2 句的规定，允许建立一个自动程序，将个人数据从德国"矿工—铁路职工—海员"年金保险公

司的文件系统传输至联邦经济和出口管制局，以便对调整津贴后提前领取养老金所造成的年金的减少进行补偿。《社会法典》第十编第79条第2—4款准用之。

第274b条（已废止）

第三目　关于年金保险承担者职责的过渡性规定

第274c条　平衡程序

[1]2005年1月1日之前获得保险号码的参保人（既有参保人）仍归在2004年12月31日负责的机构负责。例外情况是职责：

1. 在地区承担者之间移转，
2. 移转到德国"矿工—铁路职工—海员"年金保险公司以及，
3. 因第2—6款规定的平衡程序而移转。

[2]由德国联邦年金保险公司扩大理事会决定一项平衡程序，其中应就针对既有参保人的职责作出如下划分，即在15年的期间内联邦承担者和地区承担者分别承担45%—55%的责任。针对平衡程序，每年应就各参保年度和各地区承担者的区域负责领域，分别计算联邦承担者和地区主管承担者之间的实际分配与目标分配的差额，并根据剩余期限重新分配需要调整的参保人数的份额。此外，应自2005年起将1945年及以后出生的既有参保人纳入平衡程序之中。在以后的各年中，可纳入平衡程序的既有参保人的出生年份顺次各增加一年。

[3]既有参保人不纳入平衡程序之中，若其：

1. 由德国"矿工—铁路职工—海员"年金保险公司负责，
2. 是与第二款规定的职责变更有关的参保人，
3. 是已经领取给付或正在办理给付手续的人员或，
4. 根据《社会法典》第一编第53条和第54条，其期待权或年金请求权已被全部或部分转让、抵押或扣押。

[4]应适用国家间或超国家法律的既有参保人，也应根据联邦层面和州层面之间的配额进行平衡调整，就此应考虑到境外联络处的职责变动情况。

[5]年金保险数据部门负责实施平衡程序；在平衡程序实施期间，根据平衡程序持续时间的需要对用以进行程序的主数据记录进行补充。若职责发生变化，则必须立即通知有关参保人及其年金保险承担者。

[6]在平衡程序结束之前，德国联邦年金保险公司应自2006年起每年公布一份关于联邦和地区承担者在报告年度的实际工作量分配的报告，以及对两级机构未来发展状况的预测。在此基础上，由扩大理事会决定是否需要进一步稳定年金保险承担者之间的工作量分配，并决定是否采取必要的措施。

第274d条（已废止）

第十一分节　融资

第一目　（已废止）

第275条（已废止）

第二目　保费

第275a条　新加入地区在2024年12月31日及之前期间的保费计算上限

普通年金保险和矿工年金保险的保费计算上限（东部），应从每个日历年的1月1日起更改为将适用于该日历年的附件2中的数值，除以为该日历年确定的附件10中的数值后得出的数值。其中，在计算保费计算上限时以未四舍五入的数额为基础。就确定保费计算上限的年份，保费计算上限（东部）应当四舍五入到600的倍数。2025年1月1日起不再确定保费计算上限（东部）。

第275b条　行政立法授权

联邦政府有权在征得联邦参议院同意的情况下，通过法规性命令以对附件2a进行补充的形式确定保费计算上限。

第275c条（已废止）

第276条　针对企业外部机构中的受培训者的过渡性规定

若企业外部机构中的职业教育已于2020年1月1日之前开始，则在2019年12月31日之前适用版本的第162条第3a号和第168条第1款第3a号继续适用。

第276a条　免于参保时的雇主份额

[1]针对《社会法典》第四编第8条第1款第1项规定的迷你雇佣工作人员，若根据第230条第8款的规定，其在该雇佣工作中免于参保，则雇主应承担假设该雇员须强制参保时应强制缴纳保费的劳动报酬的15%额度的保费份额。针对《社会法典》第四编第8a条第1句规定的迷你雇佣工作人员，若根据第230条第8款的规定，其在该雇佣工作中免于参保，则雇主应承担假设该雇员须强制参保时应强制缴纳保费的劳动报酬的5%额度的保费份额。

[1a]对于根据第230条第9款因在达到标准退休年龄前领取全额年金而免于参保的雇员，准用第172条之规定。

[2]《社会法典》第四编第三章的规定和第四编第111条第1款第2—4项、第8项和第2、4款的罚金条款准用于由雇主承担的保费份额。

第276b条（已废止）

第276c条（已废止）

第277条　补充保险中的保费缴纳权利

[1]对于在1992年1月1日之前从强制参与补充保险的工作中离职或者失去供给请求权且直到1991年12月31日未重新参保的人实施的补充保险，应受自1992年1月1日起生效的规定的约束，除非《社会法典》第六编之外的条款规定应偿还因补充保险而产生的支出，而不是支付补充保险的保费。除非根据自1992年1月1日起生效的规定，不再存在推迟支

付保费的事由，否则签发的延期证明应继续有效。

[2]若补充保险的保费在 2016 年 1 月 1 日之前到期，则不适用第 181 条第 2 款。

第 277a 条　新加入地区补充保险的实施

[1]对于在新加入地区从事强制参加补充保险的雇佣工作的人实施的补充保险，在计算 1992 年 1 月 1 日之前期间的新加入地区的保费时，应将保费计算基准乘以附录 10 中相应的数值，并乘以保费缴纳时的参考数值（东部）与参考数值间的比值；保费计算基准仅在将当时的普通年金保险中的保费计算上限除以附录 10 中的相应数值后得出的数额范围内被考虑。第 181 条第 4 款不受影响。对于根据第 233a 第 1 款第 2 句视为重新参保的人，应退还补充保险的保费，而非支付补充保险的保费；补充保险的实施和保费退还应基于在新加入地区以外的德意志联邦共和国境内适用的现行规则。

[2]对于根据第 233a 条第 3 款视为重新参保的新加入地区的牧师、传教士、布道士、助理牧师和其他宗教团体的工作人员，包含已为此补充缴纳了保费的报酬的补充保险视为已进行。宗教团体必须向参加补充保险的参保人就各自的报酬出具书面证明。

[3]对于根据第 233a 条第 4 款重新参保的新加入地区的精神合作社成员和教会女护士，在以下期间的保费计算基准为：

1. 在 1958 年 5 月 31 日及之前为 270 德国马克的月度劳动报酬，

2 自 1958 年 6 月 1 日至 1967 年 6 月 30 日为 340 德国马克的月度劳动报酬，

3 自 1967 年 7 月 1 日至 1971 年 2 月 28 日为 420 德国马克的月度劳动报酬，

4 自 1971 年 3 月 1 日至 1976 年 9 月 30 日为 470 德国马克的月度劳动报酬以及，

5 自 1976 年 10 月 1 日至 1984 年 12 月 31 日为 520 德国马克的月度劳动报酬。

在计算保费时应将保费计算基准乘以附录 10 中相应的数值，并乘以保费支付时参考数值（东部）与参考数值间的比值。第 181 条第 4 款不受影响。

第 278 条　补充保险的最低保费计算基准

[1]最低保费计算基准：

1. 在 1956 年 12 月 31 日及之前，为 150 德国马克的月度劳动报酬；

2. 自 1957 年 1 月 1 日至 1976 年 12 月 31 日，为相当于当时劳动者和非劳动者雇员年金保险中各自保费计算上限的 20% 的月度劳动报酬。

[2]教育期间的最低保费计算基准：

1. 在 1967 年 12 月 31 日及之前，为 150 德国马克的月度劳动报酬；

2. 自 1968 年 1 月 1 日至 1976 年 12 月 31 日，为相当于当时劳动者和非劳动者雇员年金保险中各自保费计算上限的 10% 的月度劳动报酬。

[3]兼职雇佣工作期间的最低保费计算基准应为与被缩减后的工作时间与常规工作时间之间的比例相符的根据第 1 款计算出的金额的部分金额。

第 278a 条　新加入地区补充保险的最低保费计算基准

[1]新加入地区的最低保费计算基准：

1. 在 1956 年 12 月 31 日及之前，为将 150 德国马克的月度劳动报酬除以附录 10 的相应数值后得出的数值；

2. 自 1957 年 1 月 1 日至 1990 年 6 月 30 日，为相当于当时劳动者和非劳动者雇员年金保险中各自保费计算上限的 10% 的月度劳动报酬除以附录 10 的数值后得出的数值；

3. 自 1990 年 7 月 1 日起，为相当于当时的参考数值（东部）的 40% 的月度劳动报酬。

[2]新加入地区教育期间的最低保费计算基准：

1. 在 1967 年 12 月 31 日及之前，为将 150 德国马克的月度劳动报酬除以附录 10 的相应数值后得出的数值；

2. 自 1968 年 1 月 1 日至 1976 年 12 月 31 日，为将相当于当时劳动者和非劳动者雇员年金保险中各自保费计算上限的 10% 的月度劳动报酬除以附录 10 的数值后得出的数值；

3. 从 1990 年 7 月 1 日起，为相当于当时的参考数值（东部）的 20% 的月度劳动报酬。

第279条 助产士和手工业者的须强制缴纳保费的收入

¹持居留证的从事自雇工作的助产士须强制缴纳保费的收入应至少为参考值的40%。

²若独立从业的手工业者在其企业内除学徒或配偶或一级亲属外未雇佣其他因此雇佣工作而须强制参保的人（个体手工业者），且其于1991年已经利用了只需缴纳12个日历月的强制保费的机会，则其须强制缴纳保费的收入在未中断的连续期间内至少为参考数值的50%。对于在1991年的每个月中其保费均来源于低于平均收入的劳动收入的个体手工业者，其须强制缴纳保费的收入未中断的连续期间内，在该期间内在最后一次所得税通知中显示的企业年收入在扣除特别支出和免税金额前低于参考数值的50%，应至少为参考数值的40%。针对符合第1款条件的个体手工业者的须强制缴纳保费的收入，应至少为参考值的20%，而不适用第2句。只有在1992年6月30日之前提出申请，第1—3句的规则才适用。

第279a条 在新加入地区共同工作的配偶的应强制缴纳保费的收入

在新加入地区共同工作的配偶的应强制缴纳保费的收入为来源于自雇工作的收入。

第279b条 自愿参保人的保费计算基准

对于在新加入地区惯常居住的自愿参保人，保费计算基准为自最低保费计算基准（第167条）至保费计算上限额度的金额。第228a条不适用。

第279c条 新加入地区的保费承担

在前述地区的共同工作的配偶和自雇工作者仅承担一半的保费。

第279d条 新加入地区的保费支付

对于共同工作的配偶的保费的支付，适用有关总社会保险保费的规定。就保费的支付，独立从业者视为雇主。

第 279e 条（已废止）

第 279f 条（已废止）

第 279g 条　针对老年兼职工作的特别规定

适用在 2004 年 6 月 30 日及之前有效版本的《老年兼职法》之规定的雇员，若其工作于 2004 年 7 月 1 日之前开始（《老年兼职工作法》第 15g 条），则适用第 163 条第 5 款和第 168 条第 1 款第 6 项和第 7 项在 2004 年 6 月 30 日及之前有效的版本。

第 280 条　1998 年之前的高额保险

如果 1998 年以前缴纳的保费被称为高额保险保费，则其为高额保险保费。

第 281 条　补充保险

[1]若已在 1992 年 1 月 1 日前为补充保险期间的支付自愿缴纳保费，则该保费不得被退还。该保费视为向高额保险缴纳的保费。

[2]只要依据在 1992 年 1 月 1 日之前适用的法律，保费应当在补充保险的框架下补缴，且尚未补缴，则只有当进行第 181 条第 1 款第 2 句意义上的支付时，该保费方视为按时补缴的强制缴纳保费。

第 281a 条　新加入地区供给补偿框架下的保费支付

[1]保费可以在供给补偿的框架下被支付，以：

1. 全部或部分补充由于收入指数（东部）的降低而减损的年金期待权，

2. 替代针对在收入指数（东部）上设立的年金期待权的补偿义务，以利于补偿请求权人（第 225 条第 2 款，第 264a 条）。

[2]支付保费时，只要家庭事务法院已下令这样做（第 264a 条第 1 款），年金期待权应转换为总收入指数（东部）。总收入指数（东部）以此种方式确定，即年金月度金额除以当前年金价值（东部），年金价值以其在婚

姻或同性生活伴侣关系结束时为准。

³针对每个收入指数（东部），须支付按如下方式计算出的金额，即将在保费缴纳时适用的保险费率适用于在保费缴纳的日历年所采用的新加入地区平均收入后得出的金额。应将除以附件10中规定数值后的其余联邦领域内的临时平均收入作为新加入地区的平均收入。支付数额应根据在供养补偿实施过程中由联邦劳动和社会事务部在《联邦法律公报》中公布的计算变量来确定。该计算变量包括将总收入指数（东部）换算为保费时的各换算因子，反之亦然；就此可不考虑计算规则中的四舍五入规定，以得到更为精确的结果。

⁴第187条第4款、第5款和第7款也适用于新加入地区供给补偿框架下的保费支付。

第281b条 行政立法授权

联邦政府被授权，在联邦参议院的同意下，针对依据《社会法典》第六编之外的条款应偿还因补充保险而产生的支出，而非支付补充保险保费的情形（第277条），通过法规性命令对于该补偿的计算和实施作出具体规定。

第三目 诉讼程序

第281c条 新加入地区的告知义务

在新加入地区共同工作的夫妇必须根据《社会法典》第四编第28a条第1—3款所规定的告知就自雇工作进行告知。《社会法典》第四编第28a条第5款和第28b、第28c条准用之。

第282条 达到标准退休年龄后的补充支付

¹于1955年1月1日前出生的父母，其育儿期间被计算或其受到第286g条第1句第1项的约束且直至达到标准退休年龄时其一般等待期仍未被满足，可以依申请补充支付以期该一般等待期被满足的月份的自愿缴纳的保费。保费只能在尚未由其所涵盖的期间被支付。

²在达到标准退休年龄之前未满足一般等待期和于2010年8月10日

根据修订后的在 2020 年 8 月 10 日及之前有效的第 7 条第 2 款和第 232 条第 1 款的要求没有自愿参保权利的参保人，可以依申请补充支付以期该一般等待期被满足的月份的自愿缴纳的保费。保费只能在尚未由其所涵盖的期间被支付。申请只能于 2015 年 12 月 31 日前被提交。

³参保人，若其：

1. 根据《武装部队人事结构调整法》第 1 条第 4 款或根据《联邦国防军公务员退出法》第 3 条第 2 款退休且，

2. 在达到标准退休年龄之前未满足一般等待期，

若退休与适用的法定或特殊年龄限制之间有少于 60 个日历月，可以依申请补充支付以期该一般等待期被满足的月份的自愿缴纳的保费。保费只能在尚未由其所涵盖的期间被支付。

第 283 条（已废止）

第 284 条　针对被驱逐者、逃亡者和被撤离者的补充支付

《联邦被驱逐者和难民事务法》第 1—4 条和《联邦被疏散人员法》第 1 条意义上的人员，若其：

1. 在被驱逐、逃亡或被撤离前从事自雇工作，且，

2. 在被驱逐、逃亡或被撤离后的三年内，或者在因被驱逐、被迁移、被强制迁出或流亡而产生的替代期结束后的三年内已缴纳强制保费，

可以依申请就在达到标准退休年龄之前直到年满 16 周岁，最长截至 1924 年 1 月 1 日前的期间，补充缴纳自愿缴纳的保费，只要就这些期间尚未有保费被支付。在就全额养老金作出有约束力的同意表示后，若达到标准退休年龄的日历月已经结束，则补充支付不被允许。

第 284a 条（已废止）

第 285 条　补充保险的补充支付

已经补充参保且由于补充保险而满足 1984 年 1 月 1 日前一般等待期的人，可依申请就 1983 年 12 月 31 日以后的期间补充支付自愿缴纳的保费，只要这一期间尚未纳入保费缴纳的范围。申请只能在补充保险实施后

六个日历月内提交。在申请期限内满足领取年金的条件不排斥补充支付的效力。在补充支付通知的强制约束力产生后，必须在六个日历月内补充缴纳保费。

第286条 保险卡

[1]若在1991年12月31日之后向年金保险承担者出示未被冲抵的保险卡，则年金保险承担者应当按照有关保险账户核算的规定办理业务。

[2]就在1992年1月1日前得到及时更换的保险卡：

1. 若存在于在发卡日期前一年以内的雇佣工作期间已被依法证明或，
2. 若可依法使用强制保险参保人或自愿参保人的保费缴纳凭证，

则推定，在第1项所述期间内，作为强制保险为基础的雇佣工作关系以及相关的劳动报酬，已经存在，且须为此支付的保费已及时支付，且在保费缴纳凭证所示期间存在有效的保险关系。

[3]在保险卡被冲抵满十年后，年金保险承担者对：

1. 雇佣工作期间、劳动报酬和保费缴纳期间的登记准确性以及，
2. 使用在保险卡冲抵过程中出具的保费缴纳凭证的行为的法律效力，

不得提出质疑。若参保人或其代理人或其社会救济义务人通过故意欺诈的方式进行劳动报酬证明的登记或保费缴纳凭证的使用，则前述规定不予适用。第1句和第2句准用于矿工年金保险。

[4]丢失、无法使用或毁损的保险卡应由受第286a条第1款约束的年金保险承担者更换。经证明的保费和劳动报酬通过公证方式转账。

[5]针对1973年1月1日前的期间，若参保人已经释明，其在此期间内从事了有劳动报酬的强制参保的雇佣工作，而此雇佣工作存在于保险卡发放之日以前或未在保险卡上显示，且与该项雇佣工作相应的保费已经被缴纳，则雇佣工作期间应确认为保费缴纳期间。

[6]第203条第2款适用于1973年1月1日之前的期间，但无须在保险卡上登记。

[7]第1—3款准用于航海期间证明和海员平均工资。

第286a条 保费缴纳的释明与和保费的分割

[1]针对1950年1月1日之前的期间，若应由年金保险承担者保管的保

险资料丢失，且该保险资料本应保管在已被销毁或已无法取得的那部分保险卡档案或账户档案之中，或已经释明，保险卡在雇主或参保人处或根据事实情况在前往年金保险承担者的路途中丢失、无法使用或损毁，则应将雇佣工作或自雇工作的期间确认为保费缴纳期间，若已释明，参保人曾从事强制参保的雇佣工作或自雇工作且已经为此缴纳保费。第1句同样适用于自愿参保的参保人，只要其已经释明对确认具有重大法律意义的期间。法定声明亦可作为释明手段。年金保险承担者负责检验法定声明。

[2]若在保险资料中：

1. 在工资或收入支付期间以外的期间内的劳动报酬以总额形式，
2. 缺乏确切时间归属的保费缴纳的次数和金额，

已被证明，则应将保费平均分配到保费缴纳期间内。按工资、保费或收入等级缴纳保费时，应将最低保费金额置于保费缴纳期间的起始处，将最高保费金额置于保费缴纳期间结束时。如果保险的起始时间尚不得而知，则推定时长为14年的保险最早于1923年1月1日开始。如果保险的结束时间尚不得而知，则推定保险将于下列时点结束：

1. 在养老金中，在满足20年等待期后方有权请求的劳动能力减损年金中，或在育儿年金中，为须计算的年金开始前的一个日历月，
2. 在劳动能力减损年金中，为发生劳动能力决定性减损之时，
3. 在遗属抚恤金中，为参保人死亡之时。

对于矿工年金保险，保险开始时间推定为法定最低年龄限制。

第286b条　新加入地区保费支付的释明

若参保人已经释明，其在1945年5月9日至1991年12月31日在新加入地区取得了应强制缴纳保费的劳动报酬或自雇收入，并且已从中缴纳相应保费，则作为劳动报酬或自雇收入的依据的期间应确认为保费缴纳期间。第1句同样适用于自愿参保的参保人，只要其已经释明对确认具有重大法律意义的期间。法定声明亦可作为释明手段。年金保险承担者负责检验法定声明。

第286c条　新加入地区保费支付的推定

若在新加入地区的保险资料之中，1992年1月1日之前的工作期间

或独立从业期间已被依法证明，则推定，在这些期间已存在强制参保，且已为相关的劳动报酬或自雇收入支付了保费。第1句不适用于领取一项来源于年金保险的年金或一项供给的期间，若该年金或供给根据新加入地区截至1991年12月31日有效的规定将导致免于参保或保费免缴。

第286d条　保费退还

[1]若新加入地区的保费缴纳期间已被储存，则适用第210条第5款，条件是1991年1月1日之前在新加入地区已申领的实物给付不得排除保费退还。

[2]若退还于1991年12月31日之前完成，则退还的效力不及于在1948年6月20日之后且在1990年5月19日之前于新加入地区，或在1949年1月31日之后且在1990年5月19日之前于柏林（东部）储存的保费缴纳期间。若已为这些期间补缴保费，则应当依申请将已支付的保费总额考虑在内，而非第1句规定的保费缴纳期间。若已补缴保费未被考虑在内，则应将其退还。

[3]《民法典施行法》第229条第4款准用于2001年12月31日存在的请求权消灭时效。

[4]若在2010年8月10日根据截至2010年8月10日有效的第232条第1款第2句第2项之规定，存在自愿参保的权利，则不存在第210条第1a款规定的请求保费退还的权利。

第286e条　工作和社会保险证明

若参保人能够证明实施保险以及确定和提供给付所需的必要数据，包括年金报表以及工作和社会保险证明中的登记内容，则其有权：

1. 在完整证明或部分节录证明的经认证副本中，对特定数据做不可识别性处理，若这些数据对于年金保险承担者而言并不必需，并；
2. 将这些副本提交年金保险公司作为证明。

第1句准用于《社会法典》第十编第29条第4款意义上的证据。

第286f条　错误支付给职业供养机构的强制保费之退还

因第231条第4款和第4d款规定的豁免而被错误地缴纳的强制保费，

不同于第 211 条和《社会法典》第四编第 26 条第 3 款的规定，应由负责的年金保险承担者拒收并直接向负责的职业供养机构退还。无须支付根据《社会法典》第四编第 27 条第 1 款产生的利息。若保费已经按照第 1 句和第 2 句被退还，则不予考虑按照一般规定产生的保费退还。

第 286g 条　2009 年 7 月 21 日以后自愿缴纳的保费的退还

2009 年 7 月 21 日以后自愿缴纳的保费可依申请全额退还，如果：

1. 育儿期间已经通过向父母一方作出的通知被确定，且其根据自 2014 年 7 月 1 日生效的版本的第 56 条第 4 款第 3 项之规定被作价排除，且；

2. 缺乏前述的育儿期间则等待期不能被满足。

《社会法典》第一编第 44 条和第 210 条第 5 款准用之。若第 1 句所述群体自愿缴纳的保费于 2014 年 6 月 30 日后被减半退还，则另一半根据规定应依申请被退还；第 210 条第 6 款的规定不受影响。

第四目　计算基础

第 287 条　至 2025 年的保险费率保证

[1]如果根据第 158 条的规定计算，到 2025 年普通年金保险的保险费率将超过 20%，则应将其不依第 158 条而设定为最高 20%。到 2025 年，普通年金保险的保险费率应不依第 158 条而定为最低 18.6%。2019 年度普通年金保险的保险费率为 18.6%，矿工年金保险的保险费率为 24.7%。

[2]如果到 2025 年，普通年金保险的保险费率为 20%，且在应确定保险费率的日历年末，在考虑到第 287a 条规定的特别拨款的情况下，可持续发展储备金的金额预计低于第 158 条第 1 款第 1 句第 1 项规定的最低额储备金数额，则须增加相应年度的第 213 条第 3 款规定的额外的联邦补助金，以使可持续发展储备金的金额预计达到最低额储备金数额。扣除第 1 句所述金额的额外联邦补助金是依据第 213 条第 3 款确定的下一个日历年度的额外联邦补助金的基准金额。

[3]此外，直至 2025 年，在根据第 158 条第 1 款和第 2 款设定普通年金保险的保险费率时，不考虑依据第 287a 条支付的联邦特别拨款。

第287a条 2022—2025年度的联邦特别拨款

除第213条和第287e条规定的联邦补助金外，联邦政府在2022—2025日历年度每年向普通年金保险支付5亿欧元。2023—2025日历年度的金额依据第213条第2款第1—3项的规定进行变更。第213条第6款准用之。

第287b条 参与给付的支出

[1]在适用第220条第1款时，毛收入的变更区分不包括新加入地区的德意志联邦共和国领域和新加入地区而分别确定。

[2]参与给付的年度支出自2014年1月1日起至2050年12月31日止在考虑人口统计因素的情况下依需求调整。在依据第220条第1款确定参与给付的年度支出时，在每位雇员的毛收入的预期增长之外，还须将人口统计因素作为单独的因素考虑在内。该因素按如下确定：

年份	人口统计因素
2014	1.0192
2015	1.0126
2016	1.0073
2017	1.0026
2018	0.9975
2019	0.9946
2020	0.9938
2021	0.9936
2022	0.9935
2023	0.9938
2024	0.9931
2025	0.9929
2026	0.9943
2027	0.9919
2028	0.9907
2029	0.9887
2030	0.9878
2031	0.9863

续表

年份	人口统计因素
2032	0.9875
2033	0.9893
2034	0.9907
2035	0.9914
2036	0.9934
2037	0.9924
2038	0.9948
2039	0.9963
2040	0.9997
2041	1.0033
2042	1.0051
2043	1.0063
2044	1.0044
2045	1.0032
2046	1.0028
2047	1.0009
2048	0.9981
2049	0.9979
2050	0.9978

第287c条（已废止）

第287d条　特殊情形下的补偿

[1]联邦向新加入地区的年金保险承担者补偿战争伤残年金支出和其他特殊福利的支出。

[2]联邦社会保障部门向普通年金保险和矿工年金保险分配第1款规定的款项，确定预付款数额并进行结算。对普通年金保险承担者准用第219条第1款的规定。

[3]第179条第1a款在以下情况下适用，即：

1. 补偿程序在2001年1月1日尚未被终局性地确定，且；
2. 损伤事件发生在1983年6月30日之后。

第287e条　新加入地区联邦补助金的变更

[1]第213条第2款适用于不包括新加入地区的德意志联邦共和国领域。

[2]只要普通年金保险对新加入地区负有责任，则针对该保险之支出的联邦补助金（联邦补助金—新加入地区），在每一日历年度按如下额度给付，即将该日历年度的年金支出，其中包括对1927年前出生的母亲的育儿给付支出，且已扣除已补偿的年金和部分年金支出，乘以不包括新加入地区的德意志联邦共和国领域内联邦补助金，再除以同日历年度的年金支出（包括对1921年前出生的母亲的育儿给付支出）。对新加入地区的普通年金保险承担者，依据其相应的保费收入占比，进行联邦补助金—新加入地区的会计分配。

第287f条　分别结算

对于不包括新加入地区的德意志联邦共和国领域和新加入地区，各自分别依据第227条第1款和第1a款进行结算和分配，直至2024年。

第288条（已废止）

第五目　补偿

第289条　保险变更补偿

[1]如果普通年金保险的承担者已确定了一项总体给付，该给付包含矿工年金保险的给付份额，则作为矿工年金保险的承担者，德国"矿工—铁路职工—海员"年金保险公司向普通年金保险的承担者补偿除本应由其分摊的给付份额，不包括子女补助。

[2]如果德国"矿工—铁路职工—海员"年金保险公司，作为矿工年金保险的承担者，确定了一项总体给付，该给付包含普通年金保险的给付份额，则普通年金保险承担者向其补偿本应由普通年金保险承担的给付份额和子女补助。

[3]第1款和第2款准用于应由年金保险负担的法定健康保险保费，以及对法定健康保险的补助。

⁴在计算条款的适用上准用第 223 条第 5 款之规定。

第 289a 条　保险变更补偿的特别规定

如果最后一笔保费已在 1991 年 12 月 31 日及之前在新加入地区支付，则新加入地区的地区承担者向作为矿工年金保险承担者的德国"矿工—铁路职工—海员"年金保险公司补偿不由矿工年金保险的保险期间分摊的给付份额。对此，亦可预先设定总括性补偿。年度结算由德国联邦年金保险公司根据第 227 条进行。

第 290 条　由供给负担承担者进行的补偿

则由家事法院于 1992 年 1 月 1 日之前作出的裁判所确定的年金期待权给年金保险承担者造成的开支，如果夫妻中因供养补偿造成不利的一方在 1992 年 1 月 1 日之前订立了补充保险，由负责的供给负担承担者进行补偿。本规则不适用，如果供给负担承担者：

1. 已支付保费以替代补偿义务，
2. 因年金期待权的设立已为年金期待权的移转所取代，而已为补充保险支付了未经减少的保费。

第 290a 条　由新加入地区的供给负担承担者进行的补偿

在依《社会法典》第六编规定计算的年金中补充保险视为已履行的期间，若被考虑在依据新加入地区规定计算的年金之内，由此给年金保险承担者造成的开支，由联邦和其他供给负担承担者进行总括性补偿。

第 291 条　针对领取调整津贴的补偿

¹为了补偿第 252 条第 1 款第 1a 项规定的视同缴费期间造成的年金保险开支，负责支付《燃煤发电终止法》规定的调整津贴的机构应向年金保险承担者支付补偿金。该补偿金根据领取调整津贴年份的应缴年金保险保费就每个调整津贴领取者计算总额，其中应缴年金保险保费按附件 1 规定的临时平均收入计算，就每个调整津贴领取者计算总额。就此，对于在领取调整津贴之前已在普通年金保险中投保的调整津贴领取者，适用普通年金保险的保险费率；对于在领取调整津贴之前已在矿工年金保险中投保

的调整津贴领取者，适用矿工年金保险的保险费率。

²联邦保险部门进行第 1 款规定的开支结算。负责支付《燃煤发电终止法》规定的调整津贴的机构在每年 3 月 1 日之前向联邦保险部门报送上年度领取调整津贴的人数和其他根据第 1 款规定必要的数据。结算程序进行中的详细事项由负责支付《燃煤发电终止法》规定的调整津贴的机构与联邦保险部门间的协议规定。与矿工年金保险承担者进行的结算以矿工年金保险的保险费率为基础，根据补偿金的份额进行。对普通年金保险承担者进行的补偿金的会计分配由德国联邦年金保险公司进行。

第 291a 条　对伤残年金和丧失劳动能力强制保费缴纳期间所生开支的补偿

¹联邦就于 1975 年 7 月 1 日至 1991 年 12 月 31 日期间在新加入地区发生的劳动能力丧失情形，向年金保险承担者补偿因强制保费缴纳期间的计入而产生的年金份额所造成的开支。

²联邦向年金保险承担者补偿因支付残疾人伤残年金而造成的开支。

第 291b 条　对未被保费覆盖的给付的补偿

联邦向普通年金保险承担者补偿因依《外国人年金法》提供给付而造成的开支。

第 292 条　行政立法授权

¹联邦劳动和社会事务部被授权，会同联邦财政部，在联邦参议院的许可下，通过法规性命令对第 287d 条规定的补偿的详细事项进行规范。

²联邦劳动和社会事务部被授权，会同联邦财政部，在联邦参议院的许可下，通过法规性命令对第 289a 条规定的补偿的详细事项进行规范。

³联邦劳动和社会事务部被授权，会同联邦财政部，在联邦参议院的许可下，通过法规性命令对第 291a 条规定的补偿的详细事项进行规范，并可就此预先设定总括性的补偿。

⁴(已废止)

第 292a 条　新加入地区的行政立法授权

联邦劳动和社会事务部被授权，会同联邦内政、建设和家园部和联邦财政部，在联邦参议院许可并考虑到新加入地区的特殊情形的情况下，通过法规性命令对第 290a 条规定的总括性补偿的详细事项进行规范。

第六目　长期投资

第 293 条　长期投资

[1]作为矿工年金保险承担者的德国"矿工—铁路职工—海员"年金保险公司在 1992 年 1 月 1 日的现存储备资产，不得在储备期间终结之前被出售。作为矿工年金保险承担者的德国"矿工—铁路职工—海员"年金保险公司的长期投资的投资回流为矿工年金保险的收入。

[2]普通年金保险承担者持有的在 1991 年 12 月 31 日现存的、用于建筑和房地产开发且不属于国有资产的公司、合伙、组织及其他机构份额，可以在其在 1991 年 12 月 31 日的现有规模内被持有。

[3]德国联邦年金保险公司的非流动性长期投资资产和流动性投资资产可以在不损害第 2 款之规定的前提下被出售，只要其不以自营企业、行政建筑、康养机构或康养机构组织成员的股份或者根据第 221 条第 1 句的贷款的形式存在，并且该出售在经济性原则下是可行的。经济性原则原则上指以市场价格出卖，但不得低于购入价格，就流动性投资资产而言，至少为依收益价值确定程序确定的价格。在对土地和房屋所有权或第 2 款规定的投资的转让中，应考虑到承租人的合法利益。在出售之前，应根据市场价格，至少根据资产购入价格确定适当的利率。对作为矿工年金保险承担者的德国"矿工—铁路职工—海员"年金保险公司的国有资产中的非流动性部分，准用第 1—4 句的规定。

[4]德国联邦年金保险公司和作为矿工年金保险承担者的德国"矿工—铁路职工—海员"年金保险公司有义务，以月为单位向联邦劳动和社会事务部报告其履行第 3 款规定的义务的情况。上述承担者应优先履行第 3 款规定的义务。此外，就为履行第 3 款规定的义务而实施的所有法律行为，联邦劳动和社会事务部在与其协商之后，有权代表德国联邦年金保险公司和作为矿工年金保险承担者的德国"矿工—铁路职工—海员"年金保险公司；就此而言，联邦劳动和社会事务部代表的是各机构的董事会。联邦劳工和社会事务部可以为此委托第三方。德国联邦年金保险公司和作

为矿工年金保险承担者的德国"矿工—铁路职工—海员"年金保险公司应向联邦劳动和社会事务部或其委托的第三方移交实施前述法律行为必需的文件并进行必要的答复。德国联邦年金保险公司和作为矿工年金保险承担者的德国"矿工—铁路职工—海员"年金保险公司实施依据第 3 款出售财产标的的法律行为，须得到联邦劳动和社会事务部的事先同意。

第十二分节　对 1921 年前出生母亲的育儿给付

第 294 条　请求前提

[1]在 1921 年 1 月 1 日之前出生的母亲，可为其在德意志联邦共和国领域内诞下的每一个活体子女，领取育儿给付。在《帝国保险法》当时的适用领域内的生产，视作在德意志联邦共和国领域内的生产。

[2]在第 1 款规定的地区之外的生产视作在该地区的生产，如果母亲在子女出生时的惯常居所地：

1. 在这些地区；

2. 虽然在这些地区之外，但她自己或曾与她一起在这些地区居住过的丈夫，在子女出生之时或紧接之前，由于在该地区从事的雇佣工作或自雇工作，具有强制保费缴纳期间，或只因为她自己或她丈夫为自由参保人或免于强制参保义务而不具有强制保费缴纳期间，或；

3. 就 1949 年 12 月 31 日之前的生产而言，虽然在这些地区之外，但在第 1 款规定地区的惯常居所在过去是由于《联邦赔偿法》第 1 条含义范围内的受迫害原因而被迫放弃的，该情况也适用于，夫妻双方都放弃在第 1 款规定地区的惯常居所，但只有丈夫一方有受迫害原因。

[3]如果基于与另一个国家的保险负担协定，生产时的保费缴纳期间不在德意志联邦共和国的保险负担之内第 1 款第 2 句不适用。

[4]若一位母亲，其：

1. 属于《外国人年金法》第 1 条所述的人或者，

2. 将其惯常居所地在 1939 年 9 月 1 日之前从某一地区（在该地区向非德国法定年金保险承担者缴纳的保费在发生保险事件时视为根据《帝国保险法》规定支付的保费）迁移到第 1 款所述的地区之一，

则其在其他原始分娩地的生产，视作在第 1 款所述地区的生产。

[5]惯常居所地位于境外的母亲，只有当她属于《纳粹社会保险不法行为补偿规范法》第18条和第19条所述的人时，方可领取育儿给付。

第294a条 新加入地区的特殊规定

若一位母亲在1990年5月18日惯常居所地位于新加入地区，且她在1991年12月31日依据新加入地区的有效法律享有养老金或伤残年金请求权，则第294条不适用。如果不享有这些年金请求权，当母亲在1927年1月1日之前出生时，在满足其他条件的情况下，亦享有育儿给付请求权。

第295条 给付额度

育儿给付的月度金额为决定年金计算的当前年金价值的2.5倍。

第295a条 新加入地区的给付额度

在新加入地区生育的育儿给付的月度金额为决定年金计算的当前年金价值（东部）的2.5倍。这不适用于这些母亲，若其在1990年5月18日的惯常居所地，或者：

1. 位于不包括新加入地区的德意志联邦共和国领域，或者；

2. 位于境外，且其惯常居所地在境外居留开始之前一直位于不包括新加入地区的德意志联邦共和国领域。

第296条 开始与终止

[1]育儿给付从在月初时请求资格已具备的日历月开始支付。
[2]该津贴是每月预先支付的。
[3]如果该津贴的请求资格由于事实或法律原因不再具备，则从月初时请求资格已不再具备的日历月起停止支付该津贴。
[4]该津贴一直支付到权利人死亡的日历月末。

第296a条（已废止）

第297条 责任

[1]向母亲支付参保人年金的保险承担者，负责育儿给付。如果母亲只

领取遗属抚恤金,则由支付来源于最近死亡参保人之保险的遗属抚恤金的保险承担者负责。在其他情况下由德国联邦年金保险公司负责。若在1991年12月有育儿给付被支付,则由支付该育儿给付的承担者继续负责。

[2]若母亲领取一笔年金,则育儿给付以该年金的补贴的形式支付,除非年金已被全额转让、质押或扣押。若母亲领取多笔年金,则育儿给付以根据第1款规定之责任确定的那笔年金的补贴的形式支付。

[3]在《社会法典》第十编第104条第1款第4句规定的情况下,收款人有义务将育儿给付转交给母亲。

第298条 执行

[1]母亲应当证明其本人的出生年份、姓氏（当前和过去的姓氏及姓氏后缀）、名字和其子女的名字、出生日期及出生地点。对于主张权利所需的其他事实,只要将其释明即可。

[2]母亲应当通过提交个人身份证书或其他公法证书的方式来证明子女的名字、出生日期和出生地点。对以上事实的释明亦具有相同效力,如果母亲：

1. 声明她没有这样的证书,且从家人那里亦无法获取；

2. 能够释明,其向负责进行出生登记的德国机关提出的出生证书申请不成功,如果该负责机关通知,为了签发出生证书必须重新进行出生登记,则该申请亦视为不成功,且；

3. 出示由管辖其居住地的户口登记所签发的证明,证明它未进行能证明子女出生信息的个人身份登记,且据其所知,在柏林的第一户口登记所内亦没有有关子女出生的原始证明或与此有关的通知。

法定声明也可以作为释明的手段。

第299条 免于计入

如果在社会给付中,基于法律规定,育儿给付请求权或者育儿给付额度取决于其他收入,则育儿给付不计入收入。《社会法典》第十二编第38条不适用于育儿给付的领取。对于法律规定的不具备请求权的其他给付,不得因领取育儿给付而拒绝。

第二节　新法适用的例外规定

第一分节　原则

第 300 条　一般原则

[1]《社会法典》第六编对在其生效之前已经存在的事实或权利自其生效之日起亦发生效力。

[2]《社会法典》第六编中已被废止的条款和为本法典之规范替代的条款，在废止之后仍然适用于在条款废止之后 3 个月内提出的请求。

[3]如果须重新确定先前已支付的年金，并须重新确定个人收入指数，则应适用在第一次确定年金时适用的规定。

[4]在 1991 年 12 月 31 日存在的给付请求权，不能仅因为其所依据的条款为本法条款所替代而消灭。若新的条款对同一事实或权利使用与原条款不同的概念，则以该概念替代原条款中的概念。

[5]本条以下条款另有规定的，不适用本条第 1—4 款的规定。

第二分节　参与给付

第 301 条　参与给付

[1]对参与给付，适用在提出申请时，或在申请并非先于给付的情况下，在获得给付时适用的规定，直至给付终结。如果依据 2000 年 12 月 31 日及之前适用的法律，参与给付被许可，且因此无权请求劳动能力减损年金或基于劳动能力减损的大额遗孀抚恤金或大额鳏夫抚恤金，则这些抚恤金仍无权请求，只要过渡津贴、工伤津贴或疾病供给津贴被给付。

[2]年金保险的承担者可继续经营在 1991 年 12 月 31 日存在的、用以治疗呼吸器官疾病但并非主要治疗肺结核的专业诊所，以用于医院治疗活动。

[3]对参与给付而言，丧失劳动能力或工作能力且通过给付劳动能力将显著改善或恢复的参保人，亦满足个人条件。

第301a条　一次性劳动报酬的新社会保险地位法

[1]对于 2001 年 1 月 1 日之前产生的过渡津贴请求，其计算基础的确定准用《社会法典》第五编第 47 条第 1 款和第 2 款在 1996 年 12 月 31 日之后、2000 年 6 月 22 日之前有效的版本，前提是将标准收入增加 10%，但不超过每日保费计算上限。标准净劳动报酬增加相同百分比。

[2]对于在 2000 年 6 月 22 日之前已作出的不可撤销的请求，第 1 款规定的数值增加只在 2000 年 7 月 22 日起至给付期间届满的期间内适用。在 2000 年 6 月 22 日之前已具有不可撤销效力的过渡津贴请求，不得依据《社会法典》第十编第 44 条第 1 款撤销。

第三分节　个人年金的请求前提

第302条　特殊情况下的养老金请求权

[1]若在 1991 年 12 月 31 日存在来源于本人保险的年金请求权，且参保人在 1926 年 12 月 2 日前出生，则该年金自 1992 年 1 月 1 日起只以标准养老金的形式给付。

[2]若在 1991 年 12 月 31 日存在对依据新加入地区规定计算的养老金的请求权，且未满 65 周岁，则该年金自 1992 年 1 月 1 日起视为标准养老金；这不适用于矿工全额年金。

[3]若在 1991 年 12 月 31 日存在年金请求权，且该年金自 1992 年 1 月 1 日起以标准养老金的形式给付或视为标准养老金，则该年金今后须以全额形式给付。

[4]若在 2000 年 12 月 31 日存在严重残疾人员、丧失劳动能力或工作能力人员的养老金请求权，则该请求权以严重残疾人员养老金请求权的形式继续存在。

[5](已废止)

[6]若依据 2017 年 7 月 1 日起有效版本的第 34 条之规定，在 2017 年 7 月 1 日产生一项对部分养老金的劣后请求权，则在 2017 年 6 月 30 日因额外收入而存在的对部分养老金的请求权，在满足有效法律规定的其他条件下，继续存在，直至：

1. 依据 2017 年 6 月 30 日及之前有效版本的第 34 条之规定，适用于该部分年金的月度额外收入限额被超过，或者；

2. 依据 2017 年 6 月 30 日及之前有效版本的第 34 条之规定，一项至少同等额度的年金产生。

2017 年为第 34 条第 3c 款和第 3d 款规定的首次考虑额外收入的日历年。第 1 句第 1 项规定的额外收入限额每年依据参考数值的百分数变化而进行相应调整。

[7]若存在养老金请求权，又存在对城镇志愿公务员、城镇民意代表机关志愿工作人员、自治机构成员、社会保险承担者的年长参保人或信赖人员的开支补贴的请求权，则该开支补贴至 2022 年 9 月 30 日为止仍不视为额外收入，只要其不是针对具体的收入损失进行补偿。

[8]第 34 条在 2020 年 1 月 1 日至 2020 年 12 月 31 日期间按如下条件适用，即：

1. 将第 34 条中的 6300 欧元金额替换为 44590 欧元，且；

2. 不适用额外收入上限。

第 302a 条　劳动能力减损年金和矿工全额年金

[1]如果在 1991 年 12 月 31 日有权请求依新加入地区规定计算的伤残年金或矿工伤残年金，且该年金在 2017 年 6 月 30 日以劳动能力丧失年金或职业能力丧失年金的形式给付，则该年金视为完全劳动能力减损年金。

[2](已废止)

[3]以完全劳动能力减损年金形式给付的伤残年金或矿工伤残年金，须一直给付至达到标准退休年龄为止，只要：

1. 存在第 240 条第 2 款含义范围内的劳动能力丧失、职业能力丧失、完全或部分劳动能力减损的情形，或；

2. 依据在 1991 年 12 月 31 日有效的新加入地区法律之规定，具备领取盲人津贴或特殊护理津贴的个人条件。

就依据《既得权和期待权转化法》第 4 条已转化为伤残年金形式的给付，第 1 句按如下方式适用，即只要在转化之前对给付准许具有决定性的劳动能力减损存在，该年金也须给付；若给付附期限，则此规定适用至该期限届至。在转化之前履行给付的供给负担承担者，负责实施适用第 2

句规定所必需的查明活动。

[4]如果在 1991 年 12 月 31 日有权请求一项新加入地区的矿工年金或矿工全额年金,则该年金自 1992 年 1 月 1 日起以矿工年金的形式给付。

第 302b 条　劳动能力减损年金

[1]如果在 2000 年 12 月 31 日有权请求职业能力丧失年金,且该年金在 2017 年 6 月 30 日继续给付,则该年金按到目前为止的年金类型系数认定为部分劳动能力减损年金,直至达到标准退休年龄为止,只要职业能力丧失或部分劳动能力减损或第 240 条第 2 款含义范围内的职业能力丧失的情形存在。

[2]如果在 2000 年 12 月 31 日有权请求劳动能力丧失年金,且该年金在 2017 年 6 月 30 日继续给付,则该年金认定为完全劳动能力减损年金,直至达到标准退休年龄为止,只要劳动能力丧失或劳动能力减损的情形存在。

[3]如果在 2000 年 12 月 31 日有权请求附期限的劳动能力丧失年金或职业能力丧失年金,且该年金在 2017 年 6 月 30 日继续给付,并且该权利在期间届满后取决于相关的就业形势,则该期间须重新计算,除非参保人在新期间开始后的两年内将年满 60 周岁。

第 303 条　鳏夫年金

如果妻子作为参保人在 1986 年 1 月 1 日之前死亡,或者夫妻双方在 1988 年 12 月 31 日及之前作出了内容为继续适用 1985 年 12 月 31 日及之前有效的《遗属法》的真实声明,则在满足现行法律规定的其他前提条件下,只有当死者在死前最后一个经济上的持续稳定状态期间内曾负担其家庭大部分生活开支时,鳏夫年金请求权方存在。当去世的妻子在死前最后一个经济上的持续稳定状态期间内曾负担其前夫大部分生活开支时,第 1 句亦适用于在 1977 年 7 月 1 日之前离婚的夫妻。

第 303a 条　基于职业或劳动能力丧失的大额遗孀年金与大额鳏夫年金

如果在 2000 年 12 月 31 日有权请求基于职业或劳动能力丧失的大额遗孀年金或大额鳏夫年金,则只要对给付准许具有决定性的前提条件具备,该请求权继续存在。对附期限的年金,此规定亦适用于期间届满之后的权利。

第 304 条　孤儿抚恤金

[1]如果 25 周岁以上的、因身体或精神残疾而无法生活自理的人，在 1991 年 12 月 31 日有权请求遗孤抚恤金，则该请求权继续存在，只要这种健康状况持续。

[2]孤儿抚恤金在如下情况下亦有权请求，即因为由新冠病毒引发的全国范围的疫情：

1. 学校教育、职业教育或第 48 条第 4 款第 1 句第 2 项字母 a 和字母 c 含义范围内的志愿服务无法进行，或；

2. 第 48 条第 4 款第 1 句第 2 项字母 b 规定的过渡期被超出。

第 305 条　等待期和其他时间前提

如果一项年金的等待期或其他时间前提已满足，且对该年金的请求权在有关等待期或其他时间前提的法律规定修改生效之前即存在，则当因法律规定修改而使相关等待期或其他时间条件不再满足时，相关等待期或其他时间条件仍然视为已满足。

第四分节　年金额度

第 306 条　一般原则

[1]如果在年金法律修改之前有权请求年金，则在法律修改之时，作为年金计算基础的个人收入指数维持不变，除非本款以下条款另有规定。

[2]如果年金给付中断，且中断持续时间不超过 24 个日历月，则只有在须就中断时间确定保费缴纳期间的收入指数时，该年金的收入指数总和才须重新确定。

[3]如果在 1991 年 12 月 31 日有权请求遗属抚恤金，且该抚恤金因其他遗属的权利而缩减至参保人的年金数额，则在遗属权利消灭的情况下，应当取消该缩减。

[4](已废止)

第 307 条　个人收入指数的重新评估

¹如果在 1992 年 1 月 1 日有权请求一项年金，则应为此按如下方法确定（重新评估）个人收入指数，即以应给付的该可转化年金的月度金额，包括半额孤儿抚恤金的增加金额，除以当前年金价值和当前该年金类型系数。如果年金的月度金额同时基于普通年金保险和矿工年金保险，则分别对各个年金组成部分进行重新评估。该重新评估应在关于年金调整的通知中告知，最晚到 1992 年 7 月 1 日。无须特别通知。

²应当以产生于《社会法典》第六编中关于该年金之相关给付的规定适用之前的年金金额，作为重新评估的基础。

³就于 1992 年 1 月 1 日之前给付的年金的个人收入指数之确定，准用第 1 款和第 2 款之规定。

⁴下列年金不适用第 1 款：

1. 在 1991 年 12 月 31 日有权请求的育儿补助金和，

2. 依据 1990 年 7 月 25 日颁布的《关于在德意志联邦共和国和德意志民主共和国之间建立货币、经济和社会联盟的条约法》（联邦法律公报 1990 年第 2 卷第 518 页）第 23 节第 2 条和第 3 条计算的且不与依据新加入地区规定计算之年金同时存在的年金，

应从 1992 年 1 月 1 日起重新计算。对此，至少应以在对之前年金金额进行重新评估时获得的个人收入指数为基础。

⁵如果保费缴纳期间在劳动能力减损发生之后被保留，则从 1992 年 1 月 1 日起作为标准养老金给付的劳动能力减损年金应当依申请重新计算。

第 307a 条　新加入地区既有年金的个人收入指数

¹如果在 1991 年 12 月 31 日有权请求依据新加入地区规定计算的年金，则应为该年金的月度金额确定个人收入指数（东部）。对此，应以每个工作年的平均收入指数，最高限于 1.8 个收入指数，乘以工作年数。就每个之前纳入年金考量的子女，个人收入指数总数提高 0.75。

²每个工作年的平均收入指数按如下方式计算，即：

1. 以：

a) 为强制社会保险确定的强制缴纳保费的平均收入的 240 倍，加上，

b) 为自愿附加年金保险确定的高于 600 德国马克的平均收入，乘以参加自愿附加年金保险月数后所得之积，

将二者之和除以；

2. 附件 12 所载的作为先前年金计算基础的 20 年期间终结时的总平均收入。

1974 年 1 月 1 日前在德国帝国铁路或德国邮政的工作期间，视为参加自愿附加年金保险的期间；就高于 600 德国马克的已证明劳动收入，自愿附加年金保险的保费视为已支付。1974 年 1 月 1 日至 1990 年 6 月 30 日在德国帝国铁路或德国邮政的工作期间，如果与德国帝国铁路或德国邮政的劳动关系在 1974 年 1 月 1 日时已有 10 年未中断，亦视为参加自愿附加年金保险的期间；就高于 600 德国马克的已证明劳动收入，自愿附加年金保险的保费视为已支付，但保费每月最高额度为 650 德国马克。如果以至少 35 年的工作年限为基础，并且每个工作年的平均收入指数小于 0.75，则此值将增加 1.5 倍，但不超过 0.75。对于第 4 句规定的 35 年的工作年限，除第 3 句所述的工作期间外，还应考虑育儿总时长。对一个子女而言，育儿总时长为 10 年，2 个子女为 15 年，超过 2 个子女为 20 年，前提是已将这些子女纳入年金考量之中。

[3]工作年限以以下年限为基础：

1. 从事一项强制投保的职业的年限，以及；

2. 从开始退休到参保人年满 55 周岁为止的因残疾产生的补算年限。

[4]对于之前在年金中：

1. 作为矿工工作年限被考虑在内的期间，以矿工年金保险中的总收入指数作为计算基础。

2. 作为全年井下工作被考虑在内的期间，就从第 11 年到第 20 年的每个整年确定 0.25 个额外收入指数，就之后的每个整年确定 0.375 个额外收入指数，以作为补助给付；这些额外收入指数按井下工作的日历月数平均分配。

[5]半额孤儿抚恤金中个人收入指数的补助为 36.8967 个收入指数，全额孤儿抚恤金中则为 33.3374 个收入指数。若年金以多年矿工工作产生的收入指数为基础，则半额孤儿抚恤金中的补助为 27.6795 个矿工年金保险中的收入指数，全额孤儿抚恤金的补助为 24.9999 个矿工年金保险中的收

入指数。

^{6}如果为一项在1991年12月31日有权请求的、按新加入地区规定计算的年金，已经依据第1款到第4款的规定确定了个人收入指数，则派生自该年金的遗属抚恤金应以该个人收入指数为计算基础。如果在退休开始后年金法定期间已为死者所储存，或者死者已领取矿工年金，则此规定不适用。

^{7}如果一项强制缴纳保费的平均收入或强制参保职业的从业年限不归属于在1991年12月给付的年金，则它们应依据在1991年12月31日及之前的在新加入地区适用的法律确定。

^{8}年金保险承担者有权在退休开始时基于现有数据运用机器确定个人收入指数和确定平均收入。就此而言，遗属抚恤金应至少以35个工作年、每工作年各0.75个收入指数为基础。可依申请对年金进行复核，以确认基础数据是否符合事实和法律状况。就基础数据不符合事实和法律状况提出理由的权利人的申请，应优先处理；在此基础上，应优先处理年长权利人的申请。权利人在1994年1月1日前无权申请复核。复核亦可依职权进行。依职权进行的复核应依据出生年份分批进行。

^{9}如果依据1991年12月31日的新加入地区规定计算的年金，则第1款不适用，年金应依据《社会法典》第六编规定重新计算：

1. 与在1949年4月1日至1961年12月31日期间，由向柏林（西部）保险机构、柏林国家保险机构或联邦受薪雇员保险机构缴纳的保费所产生的附加性年金，

2. 与依据1990年7月25日颁布的《关于在德意志联邦共和国和德意志民主共和国之间建立货币、经济和社会联盟的条约法》（联邦法律公报1990年第2卷第518页）第23节第2条和第3条计算的年金或，

3. 与依据在1991年12月31日有效的、有关向境外权利人提供给付的规定，而计算的年金，

同时存在，或者；

已被给付，且参保人的惯常居所在1990年5月18日，或已死亡参保人在1990年5月19日之前的惯常居所：

a）位于不包括新加入地区的德意志联邦共和国领域内或，

b）在境外，且在定居境外之前其惯常居所地一直位于不包括新加入

地区的德意志联邦共和国领域内。

[10]第 1 款不适用，年金亦应依据《社会法典》第六编规定重新计算，如果一项源于在不包括新加入地区的联邦领域内储存的年金法定期间的给付，尚未进行，且《社会法典》第六编规定的年金请求前提条件已具备。如果在确定个人收入指数（东部）时，已将在不包括新加入地区的联邦领域内储存的年金法定期间作为工作年限考虑在内，年金不进行重新计算。

[11]在 1991 年 12 月 31 日有权请求的过渡性遗属抚恤金，第 1 款到第 10 款不适用，从 1992 年 1 月 1 日起重新计算。

[12]如果在 1991 年 12 月 31 日作出的通知适用新加入地区规定，而新的年金通知适用《社会法典》第六编规定，则自新法生效之日起一律适用新法，不考虑旧通知的既有效力。

第 307b 条　来源于新加入地区已转化年金的既有年金

[1]如果在 1991 年 12 月 31 日有权请求已依据《既得权和期待权转化法》转化的新加入地区的年金，则该年金应依《社会法典》第六编规定重新计算。自 1992 年 1 月 1 日起应额外确定一项对照年金。应按前述两项年金中的额度高者给付。仅在新计算的年金的月度金额超过包括强制性社会保险年金在内的已转化给付的月度金额时，才须为 1992 年 1 月 1 日之前的期间进行补充支付。

[2]依《社会法典》第六编规定进行的重新计算在领取已转化为年金的给付时进行，最早不得早于 1990 年 7 月 1 日。就此，1990 年 7 月 1 日至 1990 年 12 月 31 日的期间应用 14.93 德国马克的数值，1991 年 1 月 1 日至 1991 年 6 月 30 日的期间应用 17.18 德国马克的数值，1991 年 7 月 1 日至 1991 年 12 月 31 日的期间应用 19.76 德国马克的数值，以替代当前年金价值（东部）。第 1 句和第 1 款第 2 句也在有关重新计算的通知变更时适用。如果审核程序在首次发布年金通知之年年满后的四年内依据第 1 款规定开始进行，则不适用《社会法典》第十编第 44 条第 4 款第 1 句。

[3]对于对照年金的每月数额，应根据已经澄清或尚待澄清的保险历史记录上的现存数据，按以下方式确定个人收入指数（东部）：

1. 个人收入指数（东部）按如下方式计算，即以在年金重新计算时被考虑的年金法定期间的日历月数,乘以最高值为 0.15 的月度平均收入指数。矿工年金中应被考虑的日历月数之基准,仅限于归属于矿工年金保险的月份。

2. 专门用于育儿的日历月,不计入被考虑的年金法定期间日历月数。

3. 月度平均收入指数按如下方式计算,即以最后一份强制参保的雇佣工作或自雇工作结束之前最近 20 个日历年的劳动报酬或自雇收入总和,乘以 240,再除以这 20 年中为参保的雇佣工作或自雇工作缴纳强制缴纳保费的日历月数,最后除以附件 12 中的总平均收入并除以 12。1971 年 3 月 1 日之前的劳动报酬和自雇收入,按每个已证明的日历月最多 600 德国马克考虑在内。1946 年之前的劳动报酬和自雇收入,在确定月度平均收入指数时,不考虑在内。

4. 如果存在至少 35 年的年金法定期间,包括育儿期间,且月度平均收入指数小于 0.0625,则将该值增加 1.5 倍,但不超过 0.0625。

5. 个人收入指数(东部)总和就其育儿期间被折算为保费缴纳期间的每个子女,就 1998 年 6 月 30 日及之前的期间提高 0.75,就 1998 年 7 月 1 日到 1999 年 6 月 30 日的期间提高 0.85,就 1999 年 7 月 1 日至 2000 年 6 月 30 日的期间提高 0.9,就 2000 年 7 月 1 日及之后的期间提高 1.0。

6. 对孤儿抚恤金中个人收入指数(东部)的补助为重新计算年金时确定的补助。

7. 针对井下连续工作的收入指数(东部)为重新计算年金时确定的额外收入指数。

[4]第 1 款第 3 句所述的年金,应与提高 6.84% 后的在 1991 年 12 月 31 日已转化给付的月度金额,包括强制性社会保险年金(继续支付金额)和在 1990 年 7 月 1 日依据新加入地区有效年金法律规定及各供给体系相关给付法律规则本应产生的、依据《统一条约》受保护的年金支付金额,进行比较。应按前述年金中的额度高者给付。在确定包含强制性社会保险年金的已转化给付的金额时,应以如下方式适用 1990 年 6 月 28 日颁布的《年金统一法》(《民主德国法律公报》第 1 卷第 38 项第 495 页),即应给付在年金统一之前的较高额度的年金,直至被统一的年金超过先前的金额为止。

[5]受保护的年金支付金额应于每年 7 月 1 日随当前年金价值调整。该

调整以从受保护的年金支付金额中确定个人收入指数的方式进行。具体而言，以受保护的年金支付金额，除以额度为 41.44 德国马克的当前年金价值，再除以与该年金相关的年金类型系数。

⁶继续支付金额或受保护的年金支付金额应支付至已转化给付的月度金额达到第 1 款第 3 句规定的年金额度为止。不需要撤销或变更先前的通知。

⁷从 1992 年 1 月 1 日起，只有当第 4 款所述的给付额度高于已取得的给付时，才需进行补充支付。

⁸第 1—7 款也应适用，如果在个别情况下能够确定，在依据新加入地区规定计算的既有年金中，已考虑到参加补充或特别供给体系的期间。

第 307c 条　第 307b 条规定的既有年金重新计算的执行

¹为执行第 307b 条规定的既有年金的重新计算，应查明所有由权利人支配的有关年金法定期间和已取得劳动报酬或自雇收入的证明所载的必要数据。权利人应被要求提供上述证明并作出说明，其本人或被其继受权利之人是否有从事《既得权和期待权转化法》第 6 条第 2 款或第 3 款或第 7 条规定的雇佣工作或自雇工作的期间。就此，年长的权利人以及其给付依据《既得权和期待权转化法》第 10 条被暂时限制的人，应被首先要求。由权利人就第 259b 条含义范围内的期间递交的文件，应立即提供给《既得权和期待权转化法》第 8 条第 4 款规定的各负责的年金提供者，以便其可以依据《既得权和期待权转化法》第 8 条拟写通知。如果权利人未履行上述要求，则应在 6 个月后就此提示该权利人。同时，应要求年金承担者提供其所知的数据。不进行进一步的查明活动。

²如果无法获得用于重新计算的文件，且权利人作出可信声明，表明其不持有文件且无法获取该文件，则年金法定期间的类型和范围应以权利人的主张为依据，除非有依据表明其主张不符合事实。如果通过这种方式也无法确定保费缴纳期间的收入，则准用第 256c 条之规定。如果无法确定雇佣工作或自雇工作的类型，则应将年金法定期间归属于非劳动者雇员年金保险。如果权利人未履行第 1 款规定的要求，但年金承担者提供了数据，则应根据已知数据进行重新计算，而无须进一步查明。

[3] 如果依据第 1 款重新计算的年金的月度金额低于重新计算之前最后一次支付的年金的月度金额，则应继续支付原年金金额，直到重新计算的年金达到继续支付的年金金额为止。

第 307d 条　针对育儿的个人收入指数补助

[1] 如果在 2014 年 6 月 30 日有权请求一项年金，则自 2014 年 7 月 1 日起，就每个于 1992 年 1 月 1 日前出生的儿童，将一项针对育儿的个人收入指数补助考虑在该年金之内，如果：

1. 在该年金中，出生月份结束后第 12 个日历月的育儿期间已被计入，且；

2. 不存在第 294 条和第 294a 条规定的请求权。

每个子女的补助额度为 1 个个人收入指数。如果在 2014 年 6 月 30 日有权请求一项年金，则自 2019 年 1 月 1 日起就每个于 1992 年 1 月 1 日前出生的儿童，将一项额度为 0.5 个个人收入指数的补助考虑在该年金之内，如果：

1. 在该年金中，出生月份结束后第 24 个日历月的因育儿获得的福利期间已被计入或因第 57 条第 2 句之规定未被计入，且；

2. 不存在第 294 条和第 294a 条规定的请求权。

第 3 句第 1 项规定的前提视为已满足，如果：

1. 在 1992 年 1 月 1 日前有权请求一项年金，在该年金中就同一子女一项第 1 款第 1 句规定的补助已被考虑且，

2. 就该子女出生月份结束后第 24 个日历月的因育儿获得的福利期间未被归属于其他参保人或遗属。

[1a] 如果年金请求权于 2014 年 6 月 30 日之后且于 2019 年 1 月 1 日之前产生，则自 2019 年 1 月 1 日起就每个于 1992 年 1 月 1 日前出生的儿童，将一项针对育儿的个人收入指数补助考虑在该年金之内，如果：

1. 在该年金中，出生月份结束后第 24 个日历月的因育儿获得的福利期间已被计入且，

2. 不存在第 294 条和第 294a 条规定的请求权。

每个子女的补助额度为 0.5 个个人收入指数。

[2] 如果育儿期间只对应收入指数（东部），则应为补助确定个人收入

指数（东部）。如果第 1 款第 1 句第 1 项、第 3 句第 1 项或第 1a 款第 1 句第 1 项规定的因育儿获得的福利期间或育儿期间已在矿工年金保险中被考虑，则将对个人收入指数和个人收入指数（东部）的补助乘以 0.75。

³如果在一项包含第 1 款或第 1a 款规定之补助的年金之后紧接一项符合第 88 条第 1 款或第 2 款规定之前提的年金，则将对个人收入指数的补助依据第 1 款和第 2 款之规定继续考虑在内。

⁴第 1 款规定的补助不应被考虑在内，如果 2014 年 7 月 1 日起有效版本的第 56 条第 4 款规定的育儿期间的折算被全部或部分排除。

⁵如果在 2018 年 12 月 31 日有权请求一项年金且第 1 款或第 1a 款规定的补助未被考虑在该年金之内，则自 2019 年 1 月 1 日起，就每个育儿日历月，将额度为 0.0833 个个人收入指数的补助依申请考虑在该年金之内，如果：

1. 在出生月份结束后的第十二个日历月之后且在可折算的最长期间内，第 56 条和第 249 条规定的承认为育儿期间的前提已满足，且；

2. 对同一子女，就有关时间段，无育儿期间或第 1 款或第 1a 款规定的补助被归属于其他参保人或遗属。

如果育儿日历月被归属于矿工年金保险，则对每个日历月的补助额度为 0.0625 个个人收入指数或个人收入指数（东部）。第 3 款准用之。如果就该子女无因育儿获得的福利期间被承认，则将该补助归属于主要抚育子女的父母一方。若没有主要抚育子女的父母一方，则将该补助归属于母亲。

第 308 条　转换年金

¹视为劳动能力丧失年金的转换年金的年金类型系数为 0.8667。

²如果为年满 55 周岁的参保人已缴纳 12 个日历月的保费且其丧失劳动能力，则依申请将视为劳动能力丧失年金的转换年金依据自 1992 年 1 月 1 日起适用的规定重新计算。该重新计算的年金仅在其比转换年金高出 2/13 时给付。

³在 1992 年 1 月 1 日有效的转换年金的收入指数无间断地平均分配至参保人从年满 15 周岁的日历月到年满 55 周岁的日历月之间的期间。

第 309 条　依申请重新确定

[1]一项依《社会法典》第六编规定计算的年金应当依申请而依据在 1996 年 1 月 1 日有效的法律自始重新确定和给付，如果该年金在该时间点之前已被开始领取，且：

1. 包括因就读中小学、技术学校或高等院校而产生的保费减少缴纳期间，或；

2. 因领取过渡性年金、达到特殊退休年龄后的伤残年金、附期限的扩展供给或对国家机构中芭蕾舞团成员的职业性补贴而导致的新加入地区的视同缴费期间，应被考虑在内，或；

3.《职业康复法》规定的受迫害期间已被承认。

就于 1995 年 12 月 31 日后开始领取年金的情形，第 1 句按如下方式适用，即年金以首次确定年金时适用的法律为基础进行确定和给付。在第 1 句第 3 项的情况下，在确定年金时，则应适用《职业康复法》第 11 条第 2 句在 1999 年 12 月 17 日颁布的第二部《前民主德国政治迫害受害人康复法规完善法》（《联邦法律公报》第 1 卷第 2662 页）中的版本。

[1a]如果《职业康复法》规定的期间被承认或者《职业康复法》第 3 条第 1 款第 2 句应被适用，则依《社会法典》第六编规定计算的年金应当依申请而被自始重新确定和给付。

[2]如果其于 2001 年 1 月 1 日前已依《社会法典》第六编规定重新确定，则年金应当依申请而被重新确定。

[3]如果开始领取年金日期在 2017 年 7 月 22 日之前，且除因丧失工作能力或失业导致的视同缴费期间外，视同缴费期间因在 2017 年 7 月 21 日及之前有效版本的第 58 条第 1 款第 3 句之适用，而未被考虑在该年金之内，则依《社会法典》第六编规定计算的年金应当依申请而被自始重新确定和给付。在第 1 句规定的年金重新计算中，第 58 条第 1 款第 3 句和第 74 条第 3 句之规定按自 2017 年 7 月 22 日起有效的版本适用，不适用第 300 条第 3 款。

第 310 条　年金的再次重新确定

如果一项在 2001 年 1 月 1 日前已依《社会法典》第六编规定重新确

定的年金须再次重新确定,且此须重新确定个人收入指数,则须重新确定的年金应当至少以先前的个人收入指数为基础;若先前的个人收入指数是基于非法收入或发生了不利于年金领取人的事实状况重大变化,则此规定不适用。

第 310a 条　包含在德国帝国铁路或德国邮政的雇佣工作期间的年金的重新确定

一项依《社会法典》第六编规定计算的年金,若其包含在德国帝国铁路或德国邮政的雇佣工作期间且包含高于新加入地区保费计算上限的劳动收入,如果该年金在 2001 年 8 月 3 日之前已开始领取,则应依申请重新确定。在重新确定年金时,应适用第 256a 条第 2 款和第 307a 条第 2 款在 1998 年 12 月 1 日有效的版本,而不适用第 300 条第 3 款。

第 310b 条　包含《既得权和期待权转化法》规定的已转化期间的年金的重新确定

如果依《社会法典》第六编规定计算的年金,包含参加《既得权和期待权转化法》规定的供给制度的期间,且与其相关的劳动报酬或自雇收入已依据《既得权和期待权转化法》第 7 条在 1991 年 7 月 25 口颁布的《年金转化法》中的版本(《联邦法律公报》第 1 卷第 1606 页)被限制,或者如果该年金包含已依据《外国人年金法》第 22a 条被限制了的期间,则应重新确定该年金。在重新确定年金时,应适用《既得权和期待权转化法》第 6 条第 2 款或第 3 款和第 7 条、《外国人年金法》第 22a 条和在 1999 年 5 月 1 日有效版本中的《社会法典》第六编第 307b 条。第 1 句和第 2 句之规定依申请准用于《既得权和期待权转化法》第 4 条第 4 款中的情况。

第 310c 条　领取伤残年金期间内的雇佣工作期间所产生的年金的重新确定

如果在领取伤残年金或伤残供给的期间之内,或由于依据新加入地区的规定领取失明津贴或特殊护理津贴,而在 1991 年 12 月 31 日及之前已储存了一段雇佣工作期间,则自 2001 年 9 月 1 日起有权请求对一项依

《社会法典》第六编规定计算的年金进行重新确定，如果该年金在 2002 年 7 月 1 日之前开始领取。在重新确定年金时，应适用关于在领取第 1 句（2002 年 7 月 1 日起有效版本）规定之给付的期间内因雇佣工作或自雇工作而产生的保费缴纳期间是否应考虑在内的规则，第 300 条第 3 款不适用。重新确定的年金应当至少以先前的个人收入指数为基础；若先前的个人收入指数是基于非法收入或发生了不利于年金领取人的事实状况重大变化，则此规定不适用。

第五分节　年金与收入的同时存在

第 311 条　年金与来源于工伤保险的给付

[1]如果在 1991 年 12 月 31 日同时有权请求一项不包括新加入地区之德意志联邦共和国领域内法律规定的年金与一项来源于工伤保险且应考虑在年金给付之内的年金，则年金在前述年金总和超出上限金额的范围内不被给付。

[2]在确定同时存在的数项年金的总和时，不考虑：

1. 在年金中：

a) 超过上限金额的数额，

b) 有关对井下连续工作的给付补助的部分，

c) 有关孤儿抚恤金中的增加金额的部分；

2. 在来源于工伤保险的工伤年金中，每个劳动能力减损百分点下每 16.67% 的当前年金价值，如果劳动能力减损至少为 60% 且年金因必须赔偿的矽肺病或矽肺—肺结核病而被给付。

[3]如果于 1991 年 12 月 31 日同时有权请求一项不包括新加入地区之德意志联邦共和国领域内法律规定的年金与一项来源于工伤保险、但不考虑在年金给付之内的年金，则对该年金的给付请求权仍然存在。

[4]如果于 1991 年 12 月 31 日有权请求一项不包括新加入地区之德意志联邦共和国领域内法律规定的、既包含劳动者或非劳动者雇员年金保险期间又包含矿工年金保险期间的年金，且包含矿工年金保险期间的年金因一项来源于工伤保险的年金而优先暂停，则对该年金的给付请求权仍然存在。

[5]上限金额为：

1. 对于矿工年金保险中一般等待期未被满足的年金：
   a) 就来源于本人保险的年金　　　　　　　　　　为乘以 80% 的，
   b) 就遗孀或鳏夫抚恤金　　　　　　　　　　　　为乘以 48% 的，
2. 对于矿工年金保险中一般等待期已被满足的年金：
   a) 就来源于本人保险的年金　　　　　　　　　　为乘以 95% 的，
   b) 就遗孀或鳏夫抚恤金　　　　　　　　　　　　为乘以 57% 的，

用于计算来源于工伤保险的年金所依据之年度劳动收入的 1/12，但至少为乘以上述百分数的按如下方式计算出的数额（最低上限金额），即以在 1991 年 12 月作为年金基础的个人百分比乘以当前年金价值的 2/3 而得出的数额。若年金仅基于矿工年金保险中的期间，则应将个人百分比乘以 1.0106。若其亦基于劳动者或非劳动者雇员年金保险中的期间，则应按如下方式确定一项平均个人百分比，即将第 2 句规定的百分比和劳动者或非劳动者雇员年金保险的个人百分比分别乘以作为相关年金计算基础的月数，并将上述两乘积之和除以所有月数之和。若年金不以个人百分比为基础，则最低上限金额对于本人的保险年金，为当前年金价值的 50 倍，对于遗孀或鳏夫抚恤金，为当前年金价值的 30 倍。在遗孀抚恤金或鳏夫抚恤金开始领取后的前 3 个月，上限金额依据适用于本人保险年金的百分比确定。

[6]半额孤儿抚恤金的上限金额为当前年金价值的 13.33 倍，全额孤儿抚恤金为当前年金价值的 20 倍。

[7]对由住所地在本法适用地域之外的承保人给付的、因工作事故或职业病而产生的年金，无须计算年度劳动收入。在向遗孀或鳏夫给付的年金中，已提高 2/3 的金额视为全额年金。

[8]如果在关于年金与工伤保险给付之同时存在的规定生效之前，同时有权请求一项年金与一项来源于工伤保险、但不考虑在年金给付之内的年金，则对该年金的给付请求权仍然存在。

第 312 条　1979 年 1 月 1 日前发生的保险事件的最低上限金额

[1]如果在 1991 年 12 月 31 日有权请求一项以 1979 年 1 月 1 日前发生的保险事件为基础的年金，且该年金因一项来源于工伤保险的年金而被暂

停，则最低上限金额为：

1. 就来源于本人保险的年金　　　　　　　　为乘以 85%的，
2. 就遗孀或鳏夫抚恤金　　　　　　　　　　为乘以 51%的，

按如下方式计算出的数额，即以在 1991 年 12 月作为年金基础的个人百分比乘以当前年金价值的 2/3 而得出的数额。

[2]如果在 1991 年 12 月 31 日有权请求一项满足矿工年金保险中的一般等待期且以 1979 年 1 月 1 日前发生的保险事件为基础的年金，且该年金因一项以 1979 年 1 月 1 日前发生的事故或死亡为基础的、来源于工伤保险的年金而被暂停，则最低上限金额为：

1. 就来源于本人保险的年金　　　　　　　　为乘以 100%的，
2. 就遗孀或鳏夫抚恤金　　　　　　　　　　为乘以 60%的，

按如下方式计算出的数额，即以在 1991 年 12 月作为年金基础的个人百分比乘以当前年金价值的 2/3 而得出的数额。

[3]第 311 条第 5 款第 2 句和第 3 句、第 311 条第 7 款准用之。

第 313 条　劳动能力减损年金中的额外收入

[1]如果依据自 2017 年 7 月 1 日起有效版本的第 96a 条和第 313 条之规定，在 2017 年 7 月 1 日产生一项额度较低的、部分给付的年金，则在 2017 年 6 月 30 日因额外收入而被部分给付的劳动能力减损年金，在满足有效法律规定的其他条件下，继续给付，直至：

1. 依据 2017 年 6 月 30 日及之前有效版本的第 96a 条和第 313 条之规定，适用于该部分给付年金的额外收入限额被超过，或者；
2. 依据自 2017 年 7 月 1 日起有效版本的第 96a 条和第 313 条之规定，一项至少同等额度的年金产生。

2017 年为第 96a 条以及第 34 条第 3c 款和第 3d 款规定的首次考虑额外收入的日历年。第 1 句第 1 项规定的额外收入限额每年依据参考数值的百分数变化而进行相应调整。

[2至4](已废止)

[5]如果在 1991 年 12 月 31 日有权请求一项依据新加入地区规定计算的年金，且该年金不依据《社会法典》第六编规定重新计算，则以依据第 307a 条确定的平均收入指数充当第 96a 条第 1b 款和第 1c 款含义范围内的

收入指数而作为计算基础。

[6]对于在 1991 年 12 月 31 日有权请求依据新加入地区规定计算的伤残年金或矿工伤残年金,且依据 1991 年 12 月 31 日的新加入地区有效法律之规定具备领取盲人津贴或特殊护理津贴的个人条件的参保人,额外收入限额不适用于该年金。

[7](已废止)

[8]若存在对劳动能力减损年金的请求权,又存在对城镇志愿公务员、城镇民意代表机关志愿工作人员、自治机构成员、社会保险承担者的年长参保人或信赖人员的开支补贴的请求权,则该开支补贴至 2022 年 9 月 30 日为止不视为额外收入,只要其不是针对具体的收入损失进行补偿。

第 314 条 死亡抚恤金中的收入折算

[1]如果参保人在 1986 年 1 月 1 日之前死亡,或者夫妻双方在 1988 年 12 月 31 日及之前作出了内容为继续适用 1985 年 12 月 31 日及之前的《遗属法》的有效声明,则关于死亡抚恤金中收入折算的规定不适用于遗孀抚恤金或鳏夫抚恤金。

[2]如果参保人在 1986 年 1 月 1 日之前死亡,且遗孀或鳏夫的新的婚姻关系被解除或宣告无效,则关于死亡抚恤金中收入折算的规定不适用于前配偶死亡后的遗孀或鳏夫抚恤金。如果就同一时间段存在对其他遗孀抚恤金、鳏夫抚恤金或来源于工伤保险的同类抚恤金的请求权,则这些请求权按照依据死亡抚恤金中收入折算之规定确定的额度,而被考虑。

[3]现配偶死亡后的遗孀或鳏夫抚恤金,若应将《社会法典》第四编第 114 条第 1 句规定的收入考虑在该前配偶死亡后的遗孀或鳏夫抚恤金之内,应当按照依据死亡抚恤金中收入折算之规定确定的额度,抵消前配偶死亡后的遗孀或鳏夫抚恤金。在此情况下,不适用第 97 条第 3 款第 1 句和第 3 句。

[4和5](已废止)

脚注

(+++ 第 314 条第 1 款和第 2 款的适用参见第 314a 条第 2 款 +++)

第314a条　新加入地区死亡抚恤金中的收入折算

[1]如果在1991年12月31日依据新加入地区有效法律有权请求遗孀抚恤金或鳏夫抚恤金，或者仅由于未满足新加入地区的特殊条件而无权请求，则自1992年1月1日起，关于死亡抚恤金中收入折算的规定适用于遗孀抚恤金或鳏夫抚恤金。

[2]如果参保人、遗孀或鳏夫在1990年5月18日惯常居住于新加入地区，则不适用第314条第1款和第2款。

[3](已废止)

第六分节　附加给付

第315条　健康保险补贴

[1]如果在1991年12月31日有权请求健康保险支出补贴，而权利人此时尚未参加法定健康保险机构或受德国监管的健康保险公司之保险，则该补贴按目前为止的额度，在同一权利人的年金中或紧接其后的年金中继续给付。

[2]如果在1991年12月31日有权请求健康保险支出补贴，且该补贴在不只适用1991年12月《年金调整法》之规定的情况下，高于年金保险承担者应当为强制参保的年金领取者负担的健康保险保费份额，则该补贴最低按目前为止的额度，最高按实际健康保险支出的一半，在同一权利人的年金中或紧接其后的年金中继续给付。

[3]如果在1991年12月31日，根据一项年金调整法案，有权请求视为健康保险支出补贴的补足金额，则该金额按目前为止的额度继续给付。在1991年12月31日后因年金调整而产生的年金增长额度，抵消相应的补足金额额度。

[4]如果在2007年4月30日有权请求健康保险支出补贴，且权利人此时已在境外法定健康保险机构强制参保，则该补贴在同一权利人的年金中或紧接其后的年金中继续给付。

第315a条　补足金额

如果依据第307a条为权利人确定的1991年12月的月度年金金

额，低于依据 1991 年 12 月 31 日有效法律或依据第 302a 条第 3 款可继续享有的同月年金金额，包括配偶补助，则应按照差额给付一项补足金额。在对比时，依据新加入地区规定给付的 1991 年 12 月的年金金额，应首先增加 6.84%；第 307a 条第 9 款第 1 项规定的附加年金、《社会保险自愿和附加参保条例》规定的附加年金和《社会保险附加年金自愿参保条例》规定的附加年金，不予考虑。在确定依据新加入地区规定给付的 1991 年 12 月的年金金额时，应以如下方式适用 1990 年 6 月 28 日颁布的《年金统一法》（《民主德国法律公报》第 38 项第 495 页），即应给付在年金统一之前的较高额度的年金，直至被统一的年金超过先前的金额为止。自 1996 年 1 月 1 日起，补足金额在每次年金调整中降低 1/5，但至少降低 20 德国马克；降低额不得低于年金的先前支付金额。此后仍剩余的补足金额在后续年金调整中按年金调整幅度而逐步降低。

第 315b 条 新加入地区的自愿缴纳保费年金

如果在 1991 年 12 月 31 日有权请求：

1. 1953 年 6 月 25 日颁布的《社会保险自愿参保新规范条例》（《民主德国法律公报》第 80 项第 823 页）规定的年金，

2. 1947 年 1 月 28 日颁布的《社会保险自愿和附加参保条例》规定的补充年金，

3. 1968 年 3 月 15 日颁布的《社会保险附加年金自愿参保条例》规定的补充年金，

则该年金按增加 6.84% 的现行额度继续给付。

第 316 条（已废止）

第七分节 对境外权利人的给付

第 317 条 一般原则

[1]如果在关于向境外权利人给付的规定之修改生效之前，有权请求给付一项年金，则不得仅由于法律修改而重新计算该年金。如果来源于在新

加入地区的保费缴纳期间的年金不能或不能全额向权利人支付，此规定不适用。年金应至少依据先前的个人收入指数继续给付。

[2]如果已故参保人在 1991 年 12 月 31 日有权在国外请求给付一项年金，且该年金在死亡前已被开始给付，则遗属抚恤金应当至少基于已故参保人的、作为其年金给付依据的个人收入指数给付。

[2a]如果在 1991 年 12 月 31 日有权请求一项年金，且该年金因 1991 年 12 月 31 日之后发生的、影响境外权利人给付规定之适用的情形变化，而须重新确定，则在重新确定时，应适用在 1992 年 1 月 1 日有效的法律。就此，应至少将依第 307 条确定的个人收入指数，按第 114 条第 1 款第 2 句所述的比例，作为基础。

[3]如果在 1991 年 12 月 31 日有权请求一项其请求权或金额取决于劳动能力减损状况的年金，且曾将当时的就业形势考虑在内或本可以将其考虑在内，则相关规定继续适用。

[4]只有当权利人在之前惯常居住于德国的期间内，已经有权请求劳动能力丧失年金时，方可获得该年金。

第 317a 条　重新确定

[1]一项依《社会法典》第六编规定计算的年金，如果其中的个人收入指数被按原数值的 70%考虑，则自 2013 年 10 月 1 日起重新确定。在重新确定时应适用第 113、114、272 条在 2013 年 10 月 1 日有效的版本。

[2]如果在 1991 年 12 月 31 日有权请求一项年金，且其金额按原数值的 70%考虑，则该年金自 2013 年 10 月 1 日起依申请重新确定。在重新确定时，应适用在 1992 年 1 月 1 日有效的法律和第 113、114、272 条在 2013 年 10 月 1 日有效的版本。

[3]如果参保人在 1990 年 5 月 18 日，已死亡的参保人曾在 1990 年 5 月 19 日之前，惯常居住于不包括新加入地区的德意志联邦共和国领域，且在年金中，就 1990 年 5 月 19 日之前的期间，收入指数已为收入指数（东部）所替代，则当权利人在 1990 年 5 月 18 日之后不再于境内惯常居住时，该年金自 2020 年 7 月 1 日起重新确定和给付。在重新确定时应适用第 254d 条第 2 款第 1 句第 1 项字母 a 在 2020 年 7 月 1 日有效的版本。

第 318 条（已废止）

第 319 条　附加给付

[1]如果在 1991 年 12 月 31 日惯常居住于境外时，有权请求健康保险支出补贴，则该补贴按目前为止的额度，在同一权利人的年金中或紧接其后的年金中继续给付。

[2]只有当权利人在 1991 年 12 月 31 日惯常居住于境外时，曾有权请求子女补助的情况下，方可在年金中就一个子女获得一项子女补助。

第八分节　同时存在《新加入地区法定年金过渡法》规定之年金请求权时的附加给付

第 319a 条　在 1992 年和 1993 年开始领取年金时的年金补助

如果在 1992 年 1 月 1 日至 1993 年 12 月 31 日期间，依据《社会法典》第六编规定为权利人确定的开始领取年金时的月度年金金额，低于依据《新加入地区法定年金过渡法》（包括该法中有关年金同时存在的规定），为开始领取年金月确定的金额，则按差额给付一项年金补助，只要相关年金法上的条件具备。自 1996 年 1 月 1 日起，年金补助在每次年金调整中降低 1/5，但至少降低 20 德国马克；降低额不得低于年金的先前支付金额。此后仍剩余的年金补助在后续年金调整中按年金调整幅度而逐步降低。

第九分节　同时存在《新加入地区法定年金过渡法》规定之年金请求权时的给付

第 319b 条　过渡补助

如果就同一时间段同时有权请求《社会法典》第六编条款规定之给付与《新加入地区法定年金过渡法》规定之给付，则应履行《社会法典》第六编条款规定之给付。如果在适用各自的有关年金与收入同时存在的规定之后，依据《新加入地区法定年金过渡法》确定的总给付高于依据

《社会法典》第六编条款确定的总给付，则应在履行《社会法典》第六编条款规定的给付之外另行给付一项过渡补助。如果在1991年12月31日有权请求一项新加入地区法律规定的年金，且年金法上的条件此后仍然具备，则在确定《新加入地区法定年金过渡法》规定的总给付时，应将在1991年12月31日给付的年金在提高6.84%额度后考虑在内。过渡补助应按照依《新加入地区法定年金过渡法》确定的总给付与依据《社会法典》第六编条款确定的总给付之间的差额给付。

第六章　罚金规定

第 320 条　罚金规定

[1]违法行为是，任何人故意或过失地：

1. 违反第 190a 条第 1 款第 1 句或第 2 句，没有或没有正确、及时提交报告；

2. 违反第 196 条第 1 款第 1 句，没有或没有正确、完全、及时作出答复或通知情况变动，或者；

3. 违反第 196 条第 1 款第 2 句，没有或没有完全、及时提交必要的文件。

[2]对违法行为可作出最高为 2500 欧元的罚金处罚。

第 321 条　调查与惩处违法行为的合作

为调查与惩处违法行为，在依据《社会法典》第四编第 28p 条对雇主进行审查的框架下，年金保险承担者应重点与联邦就业局、医疗保险公司、海关管理机关、《居留法》第 71 条所述机关、财政机关、依据州法律负责调查与惩处《打击违法工作法》规定的违法行为的机关、社会救济承担者、工伤保险承担者以及负责劳工保护的州机关进行合作，当在个别情况下有关：

1. 违反《打击违法工作法》的行为；

2. 没有《居留法》第 4 条第 3 款所规定之居留权、没有居留许可、没有使其有权进行工作的许可或没有《社会法典》第三编第 284 条第 1 款所规定之准许的外国人的雇佣工作或自雇工作；

3. 违反《社会法典》第一编第 60 条第 1 款第 1 句第 2 项规定的对联邦就业局办事机关、法定健康、护理、工伤保险承担者或社会救济承担者

负有的协助义务的行为,或违反《难民申请者福利法》第 8a 条规定的报告义务的行为;

4. 违反《劳务派遣法》的行为;

5. 违反第《社会法典》第四、第五、第七编以及《社会法典》第六编中有关支付社会保险保费义务的规定的行为,只要其与第 1—4 项所述的违法行为有关;

6. 违反税法的行为;

7. 违反《居留法》的行为;

其具体线索产生。年金保险承担者应通知负责调查与惩处的机关、社会救济承担者以及《居留法》第 71 条所述机关。该通知还可以包含有关雇主报告之发出和社会保险保费之收取所必需的事实的信息。

附　　件

附件1　以欧元/德国马克/帝国马克为单位的平均收入

（参考来源：《联邦法律公报》2002年第1卷第869—870页，有关个别变动参见脚注）

年份	平均收入
1891	700
1892	700
1893	709
1894	714
1895	714
1896	728
1897	741
1898	755
1899	773
1900	796
1901	814
1902	841
1903	855
1904	887
1905	910
1906	946
1907	987
1908	1019
1909	1046

续表

年份	平均收入
1910	1078
1911	1119
1912	1164
1913	1182
1914	1219
1915	1178
1916	1233
1917	1446
1918	1706
1919	2010
1920	3729
1921	9974
1924	1233
1925	1469
1926	1642
1927	1742
1928	1983
1929	2110
1930	2074
1931	1924
1932	1651
1933	1583
1934	1605
1935	1692
1936	1783
1937	1856
1938	1947
1939	2092
1940	2156
1941	2297
1942	2310
1943	2324

续表

年份	平均收入
1944	2292
1945	1778
1946	1778
1947	1833
1948	2219
1949	2838
1950	3161
1951	3579
1952	3852
1953	4061
1954	4234
1955	4548
1956	4844
1957	5043
1958	5330
1959	5602
1960	6101
1961	6723
1962	7328
1963	7775
1964	8467
1965	9229
1966	9893
1967	10219
1968	10842
1969	11839
1970	13343
1971	14931
1972	16335
1973	18295
1974	20381
1975	21808

续表

年份	平均收入	
1976	23335	
1977	24945	
1978	26242	
1979	27685	
1980	29485	
1981	30900	
1982	32198	
1983	33293	
1984	34292	
1985	35286	
1986	36627	
1987	37726	
1988	38896	
1989	40063	
1990	41946	
1991	44421	
1992	46820	
1993	48178	
1994	49142	
1995	50665	
1996	51678	
1997	52143	
1998	52925	
1999	53507	
2000	54256	
2001	55216	
2002	28626	
2003	28938	
2004	29060	
2005	29202	
2006	29494	
2007	29951	

续表

年份	平均收入	
2008	30625	
2009	30506	
2010	31144	
2011	32100	
2012	33002	
2013	33659	
2014	34514	
2015	35363	
2016	36187	
2017	37077	
2018	38212	
2019		38901 *)
2020		40551 *)

―――――

*) 第69条第2款第2项意义上的临时平均收入。

附件2　以欧元/德国马克/帝国马克为单位的年度保费计算上限

（参考来源：《联邦法律公报》2002年第1卷第871页，有关个别变动参见脚注）

时间段	普通年金保险		矿工年金保险
	劳动者	非劳动者雇员	
1924.1.1—1924.12.31	1056	4080	
1925.1.1—1925.4.30	1380	4080	
1925.5.1—1925.12.31	1380	6000	
1926.1.1—1926.12.31	1908	6000	
1927.1.1—1927.12.31	2016	6000	
1928.1.1—1928.8.31	2748	6000	

续表

时间段	普通年金保险 劳动者	普通年金保险 非劳动者雇员	矿工年金保险
1928.9.1—1928.12.31	2748	8400	
1929.1.1—1929.12.31	2928	8400	
1930.1.1—1930.12.31	2880	8400	
1931.1.1—1931.12.31	2676	8400	
1932.1.1—1932.12.31	2292	8400	
1933.1.1—1933.12.31	2196	8400	
1934.1.1—1934.12.31	2004	7200	
1935.1.1—1935.12.31	2112	7200	
1936.1.1—1936.12.31	2220	7200	
1937.1.1—1937.12.31	2316	7200	
1938.1.1—1938.12.31	2700	7200	
1939.1.1—1939.12.31	3000	7200	
1940.1.1—1940.12.31	3096	7200	
1941.1.1—1941.12.31	3300	7200	
1942.1.1—1942.6.30	3312	7200	
1942.7.1—1942.12.31	3600	7200	
1943.1.1—1947.2.28	3600	7200	4800
1947.3.1—1949.5.31	3600	7200	7200
1949.6.1—1952.8.31	7200		8400
1952.9.1—1958.12.31	9000		12000
1959.1.1—1959.12.31	9600		12000
1960.1.1—1960.12.31	10200		12000
1961.1.1—1961.12.31	10800		13200
1962.1.1—1962.12.31	11400		13200
1963.1.1—1963.12.31	12000		14400
1964.1.1—1964.12.31	13200		16800
1965.1.1—1965.12.31	14400		18000
1966.1.1—1966.12.31	15600		19200
1967.1.1—1967.12.31	16800		20400
1968.1.1—1968.12.31	19200		22800
1969.1.1—1969.12.31	20400		24000

续表

时间段	普通年金保险 劳动者	普通年金保险 非劳动者雇员	矿工年金保险
1970.1.1—1970.12.31	21600		25200
1971.1.1—1971.12.31	22800		27600
1972.1.1—1972.12.31	25200		30000
1973.1.1—1973.12.31	27600		33600
1974.1.1—1974.12.31	30000		37200
1975.1.1—1975.12.31	33600		40800
1976.1.1—1976.12.31	37200		45600
1977.1.1—1977.12.31	40800		50400
1978.1.1—1978.12.31	44400		55200
1979.1.1—1979.12.31	48000		57600
1980.1.1—1980.12.31	50400		61200
1981.1.1—1981.12.31	52800		64800
1982.1.1—1982.12.31	56400		69600
1983.1.1—1983.12.31	60000		73200
1984.1.1—1984.12.31	62400		76800
1985.1.1—1985.12.31	64800		80400
1986.1.1—1986.12.31	67200		82800
1987.1.1—1987.12.31	68400		85200
1988.1.1—1988.12.31	72000		87600
1989.1.1—1989.12.31	73200		90000
1990.1.1—1990.12.31	75600		93600
1991.1.1—1991.12.31	78000		96000
1992.1.1—1992.12.31	81600		100800
1993.1.1—1993.12.31	86400		106800
1994.1.1—1994.12.31	91200		112800
1995.1.1—1995.12.31	93600		115200
1996.1.1—1996.12.31	96000		117600
1997.1.1—1997.12.31	98400		121200
1998.1.1—1998.12.31	100800		123600
1999.1.1—1999.12.31	102000		124800
2000.1.1—2000.12.31	103200		127200

续表

时间段	普通年金保险 劳动者	普通年金保险 非劳动者雇员	矿工年金保险
2001.1.1—2001.12.31	104400		128400
2002.1.1—2002.12.31	54000		66600
2003.1.1—2003.12.31	61200		75000
2004.1.1—2004.12.31	61800		76200
2005.1.1—2005.12.31	62400		76800
2006.1.1—2006.12.31	63000		77400
2007.1.1—2007.12.31	63000		77400
2008.1.1—2008.12.31	63600		78600
2009.1.1—2009.12.31	64800		79800
2010.1.1—2010.12.31	66000		81600
2011.1.1—2011.12.31	66000		81000
2012.1.1—2012.12.31	67200		82800
2013.1.1—2013.12.31	69600		85200
2014.1.1—2014.12.31	71400		87600
2015.1.1—2015.12.31	72600		89400
2016.1.1—2016.12.31	74400		91800
2017.1.1—2017.12.31	76200		94200
2018.1.1—2018.12.31	78000		96000
2019.1.1—2019.12.31	80400		98400
2020.1.1—2020.12.31	82800		101400

附件2a 以欧元/德国马克为单位的新加入地区年度保费计算上限

（参考来源：《联邦法律公报》2002年第1卷第872页，有关个别变动参见脚注）

时间段	普通年金保险	矿工年金保险
1990.7.1—1990.12.31	32400	32400

续表

时间段	普通年金保险	矿工年金保险
1991.1.1—1991.6.30	36000	36000
1991.7.1—1991.12.31	40800	40800
1992.1.1—1992.12.31	57600	70800
1993.1.1—1993.12.31	63600	78000
1994.1.1—1994.12.31	70800	87600
1995.1.1—1995.12.31	76800	93600
1996.1.1—1996.12.31	81600	100800
1997.1.1—1997.12.31	85200	104400
1998.1.1—1998.12.31	84000	103200
1999.1.1—1999.12.31	86400	105600
2000.1.1—2000.12.31	85200	104400
2001.1.1—2001.12.31	87600	108000
2002.1.1—2002.12.31	45000	55800
2003.1.1—2003.12.31	51000	63000
2004.1.1—2004.12.31	52200	64200
2005.1.1—2005.12.31	52800	64800
2006.1.1—2006.12.31	52800	64800
2007.1.1—2007.12.31	54600	66600
2008.1.1—2008.12.31	54000	66600
2009.1.1—2009.12.31	54600	67200
2010.1.1—2010.12.31	55800	68400
2011.1.1—2011.12.31	57600	70800
2012.1.1—2012.12.31	57600	70800
2013.1.1—2013.12.31	58800	72600
2014.1.1—2014.12.31	60000	73800
2015.1.1—2015.12.31	62400	76200
2016.1.1—2016.12.31	64800	79800
2017.1.1—2017.12.31	68400	84000
2018.1.1—2018.12.31	69600	85800
2019.1.1—2019.12.31	73800	91200
2020.1.1—2020.12.31	77400	94800

附件 2b 收入指数历年最高值

(原始文件来源:《联邦法律公报》2002 年第 1 卷第 873 页,有关个别变动参见脚注)

收入指数历年最高值				
时间段	普通年金保险		矿工年金保险
	劳动者	非劳动者雇员	
1935.1.1—1935.12.31	1.2482	4.2553	
1936.1.1—1936.12.31	1.2451	4.0381	
1937.1.1—1937.12.31	1.2478	3.8793	
1938.1.1—1938.12.31	1.3867	3.6980	
1939.1.1—1939.12.31	1.4340	3.4417	
1940.1.1—1940.12.31	1.4360	3.3395	
1941.1.1—1941.12.31	1.4367	3.1345	
1942.1.1—1942.6.30	1.4338	3.1169	
1942.7.1—1942.12.31	1.5584	3.1169	
1943.1.1—1943.12.31	1.5491	3.0981	2.0654
1944.1.1—1944.12.31	1.5707	3.1414	2.0942
1945.1.1—1945.12.31	2.0247	4.0495	2.6997
1946.1.1—1946.12.31	2.0247	4.0495	2.6997
1947.1.1—1947.2.28	1.9640	3.9280	2.6187
1947.3.1—1947.12.31	1.9640	3.9280	3.9281
1948.1.1—1948.12.31	1.6224	3.2447	3.2447
1949.1.1—1949.5.31	1.2685	2.5370	2.5371
1949.6.1—1949.12.31	2.5370	2.9598	
1950.1.1—1950.12.31	2.2778	2.6574	
1951.1.1—1951.12.31	2.0117	2.3470	
1952.1.1—1952.8.31	1.8692	2.1807	

续表

时间段	收入指数历年最高值		矿工年金保险
	普通年金保险		
	劳动者	非劳动者雇员	
1952.9.1—1952.12.31	2.3364	3.1153	
1953.1.1—1953.12.31	2.2162	2.9549	
1954.1.1—1954.12.31	2.1256	2.8342	
1955.1.1—1955.12.31	1.9789	2.6385	
1956.1.1—1956.12.31	1.8580	2.4773	
1957.1.1—1957.12.31	1.7847	2.3795	
1958.1.1—1958.12.31	1.6886	2.2514	
1959.1.1—1959.12.31	1.7137	2.1421	
1960.1.1—1960.12.31	1.6719	1.9669	
1961.1.1—1961.12.31	1.6064	1.9634	
1962.1.1—1962.12.31	1.5557	1.8013	
1963.1.1—1963.12.31	1.5434	1.8521	
1964.1.1—1964.12.31	1.5590	1.9842	
1965.1.1—1965.12.31	1.5603	1.9504	
1966.1.1—1966.12.31	1.5769	1.9408	
1967.1.1—1967.12.31	1.6440	1.9963	
1968.1.1—1968.12.31	1.7709	2.1029	
1969.1.1—1969.12.31	1.7231	2.0272	
1970.1.1—1970.12.31	1.6188	1.8886	
1971.1.1—1971.12.31	1.5270	1.8485	
1972.1.1—1972.12.31	1.5427	1.8365	
1973.1.1—1973.12.31	1.5086	1.8366	
1974.1.1—1974.12.31	1.4720	1.8252	
1975.1.1—1975.12.31	1.5407	1.8709	
1976.1.1—1976.12.31	1.5942	1.9541	

续表

收入指数历年最高值

时间段	普通年金保险		矿工年金保险
	劳动者	非劳动者雇员	
1977.1.1—1977.12.31	1.6356	2.0204	
1978.1.1—1978.12.31	1.6919	2.1035	
1979.1.1—1979.12.31	1.7338	2.0805	
1980.1.1—1980.12.31	1.7093	2.0756	
1981.1.1—1981.12.31	1.7087	2.0971	
1982.1.1—1982.12.31	1.7517	2.1616	
1983.1.1—1983.12.31	1.8022	2.1987	
1984.1.1—1984.12.31	1.8197	2.2396	
1985.1.1—1985.12.31	1.8364	2.2785	
1986.1.1—1986.12.31	1.8347	2.2606	
1987.1.1—1987.12.31	1.8131	2.2584	
1988.1.1—1988.12.31	1.8511	2.2522	
1989.1.1—1989.12.31	1.8271	2.2465	
1990.1.1—1990.12.31	1.8023	2.2314	

收入指数历年最高值

时间段	普通年金保险		矿工年金保险	
	最终指数	临时指数	最终指数	临时指数
1991.1.1—1991.12.31	1.7559	1.7761	2.1611	2.1859
1992.1.1—1992.12.31	1.7428	1.7782	2.1529	2.1966
1993.1.1—1993.12.31	1.7933	1.7397	2.2168	2.1505
1994.1.1—1994.12.31	1.8558	1.7580	2.2954	2.1744
1995.1.1—1995.12.31	1.8474	1.8363	2.2738	2.2601
1996.1.1—1996.12.31	1.8577	1.8784	2.2756	2.3010
1997.1.1—1997.12.31	1.8871	1.8288	2.3244	2.2525
1998.1.1—1998.12.31	1.9046	1.8755	2.3354	2.2997
1999.1.1—1999.12.31	1.9063	1.9216	2.3324	2.3511

续表

收入指数历年最高值

时间段	普通年金保险		矿工年金保险	
	最终指数	临时指数	最终指数	临时指数
2000.1.1—2000.12.31	1.9021	1.8931	2.3444	2.3334
2001.1.1—2001.12.31		1.9092		2.3480
2002.1.1—2002.12.31		1.8935		2.3354

附件3　各工资、保费或收入等级的保费缴纳收入指数

（参考来源：《联邦法律公报》2002年第1卷第875—876页）

1. 劳动者年金保险

时间段	工资或保费等级（周保费）						
	Ⅰ	Ⅱ	Ⅲ	Ⅳ	Ⅴ	Ⅵ
	（1）	（2）	（3）	（4）	（5）	（6）
1899.1.1—1899.12.31	0.0071	0.0118	0.0178	0.0305		
1900.1.1—1906.12.31	0.0061	0.0099	0.0152	0.0220	0.0306	
1907.1.1—1921.9.30	0.0044	0.0070	0.0108	0.0155	0.0263	
1924.1.1—1933.12.31	0.0029	0.0055	0.0089	0.0122	0.0164	0.0223
1934.1.1—1942.6.27	0.0026	0.0045	0.0076	0.0108	0.0138	0.0169
1942.6.28—1949.5.29	0.0024	0.0043	0.0071	0.0100	0.0128	0.0157
1949.5.30—1954.12.31	0.0014	0.0024	0.0041	0.0057	0.0082	0.0114
1955.1.1—1955.12.31	0.0011	0.0020	0.0033	0.0046	0.0066	0.0092
1956.1.1—1956.12.31	0.0010	0.0019	0.0031	0.0043	0.0062	0.0087
1957.1.1—1957.2.28	0.0010	0.0018	0.0030	0.0042	0.0059	0.0083

1. 劳动者年金保险

时间段	工资或保费等级（周保费）						
	Ⅶ	Ⅷ	Ⅸ	Ⅹ	Ⅺ	Ⅻ
1899.1.1—1899.12.31						
1900.1.1—1906.12.31						
1907.1.1—1921.9.30						

续表

1. 劳动者年金保险

时间段	工资或保费等级（周保费）					
	Ⅶ	Ⅷ	Ⅸ	Ⅹ	Ⅺ	Ⅻ
1924. 1. 1—1933. 12. 31	0.0267					
1934. 1. 1—1942. 6. 27	0.0200	0.0240	0.0276	0.0292		
1942. 6. 28—1949. 5. 29	0.0185	0.0214	0.0244	0.0271		
1949. 5. 30—1954. 12. 31	0.0163	0.0228	0.0294	0.0359	0.0424	0.0534
1955. 1. 1—1955. 12. 31	0.0132	0.0185	0.0237	0.029	0.0343	
1956. 1. 1—1956. 12. 31	0.0124	0.0173	0.0223	0.0273	0.0322	
1957. 1. 1—1957. 2. 28	0.0119	0.0167	0.0214	0.0262	0.0309	

2. 非劳动者雇员年金保险

时间段	工资或保费等级（月保费）					
	Ⅰ	Ⅱ	Ⅲ	Ⅳ	Ⅴ	Ⅵ
	(A)	(B)	(C)	(D)	(E)	(F)
1913. 1. 1—1921. 7. 31	0.0254	0.0443	0.0632	0.0824	0.1085	0.14
1924. 1. 1—1933. 12. 31	0.0151	0.0421	0.0835	0.138	0.1975	0.2441
1934. 1. 1—1942. 6. 30	0.0136	0.0389	0.0761	0.1265	0.1776	0.2291
1942. 7. 1—1949. 5. 31	0.0119	0.036	0.0716	0.1188	0.1663	0.2143
1949. 6. 1—1954. 12. 31	0.0034	0.0102	0.017	0.0238	0.034	0.0476
1955. 1. 1—1955. 12. 31	0.0027	0.0082	0.0137	0.0192	0.0275	0.0385
1956. 1. 1—1956. 12. 31	0.0026	0.0077	0.0129	0.0181	0.0258	0.0361
1957. 1. 1—1957. 2. 28	0.0025	0.0074	0.0124	0.0174	0.0248	0.0347

2. 非劳动者雇员年金保险

时间段	工资或保费等级（月保费）					
	Ⅶ	Ⅷ	Ⅸ	Ⅹ	Ⅺ	Ⅻ
	(G)	(H)	(J)	(K)		
1913. 1. 1—1921. 7. 31	0.1714	0.2159	0.2824			
1924. 1. 1—1933. 12. 31	0.2996	0.3575	0.3982	0.4513		
1934. 1. 1—1942. 6. 30	0.2816	0.3332	0.3844	0.4357		
1942. 7. 1—1949. 5. 31	0.2617	0.3087	0.3562	0.4037		
1949. 6. 1—1954. 12. 31	0.0679	0.0951	0.1223	0.1509	0.1809	0.2223
1955. 1. 1—1955. 12. 31	0.0550	0.077	0.0989	0.1237	0.1512	
1956. 1. 1—1956. 12. 31	0.0516	0.0723	0.0929	0.1161	0.1419	
1957. 1. 1—1957. 2. 28	0.0496	0.0694	0.0892	0.1115	0.1363	

续表

3. 矿工年金保险（劳动者）

时间段	保费等级					
	I	II	III	IV	V	VI
1921.9.30 及之前	0.0446	0.0595	0.0743	0.0892	0.104	0.1189
1924.1.1—1926.6.30	0.0446	0.0595	0.0743	0.0892	0.104	0.1189
1926.7.1—1938.12.31	0.0405	0.0541	0.0676	0.0811	0.0946	0.1081
1939.1.1—1942.12.31	0.0279	0.0391	0.0503	0.0615	0.0726	0.0838

3. 矿工年金保险（劳动者）

时间段	保费等级			
	VII	VIII	IX	X
1921.9.30 及之前	0.1338			
1924.1.1—1926.6.30	0.1338			
1926.7.1—1938.12.31	0.1216	0.1387	0.1533	0.1705
1939.1.1—1942.12.31	0.0950	0.1062	0.1173	

3. 矿工年金保险（非劳动者雇员）

时间段	收入等级					
	A	B	C	D	E	F
1921.7.31 及之前	0.0223	0.0446	0.0892	0.1486	0.2081	0.2378
1924.1.1—1926.6.30	0.0223	0.0446	0.0892	0.1486	0.2081	0.2378
1926.7.1—1938.12.31	0.0203	0.0405	0.0811	0.1351	0.1892	0.2162
1939.1.1—1942.12.31	0.0168	0.0335	0.0671	0.1118	0.1565	0.1788

3. 矿工年金保险（非劳动者雇员）

时间段	收入等级			
	G	H	J	K
1921.7.31 及之前	0.2378	0.2378		
1924.1.1—1926.6.30	0.2378	0.2378		
1926.7.1—1938.12.31	0.2162	0.2175	0.2173	0.2173
1939.1.1—1942.12.31	0.1788			

双重保险*)	A	B	C	D	E	F
1924.1.1—1926.6.30	0.0297	0.0595	0.1189	0.1982	0.2774	0.3171

双重保险*)	G	H	J	K
1924.1.1—1926.6.30	0.3171	0.3171		

*) 只有当在缴纳矿业非劳动者雇员年金保险的同时又缴纳普通非劳动者雇员年金保险的情况下，方可适用该数值。

附件4　不同保费等级的保费计算基准

（原始文件来源：《联邦法律公报》2002年第1卷第877页）

保费等级			保费计算基准（德国马克）
I			12.5
II			50
III	A	100	100
IV			150
V	B	200	200
VI			250
VII	C	300	300
VIII			350
IX	D	400	400
X			450
XI	E	500	500
XII			550
XIII	F	600	600
XIV			650
XV	G	700	700
XVI	H		750
XVII	J	800	800
XVIII	K		850
XIX	L	900	900
XX	M		950
XXI	N	1000	1000
XXII	O		1050
XXIII	P	1100	1100
XXIV	Q		1150
XXV	R	1200	1200
XXVI	S		1250
XXVII	T	1300	1300
XXVIII	U		1350

续表

保费等级			保费计算基准（德国马克）
XXIX	V	1400	1400
		1500	1500
		1600	1600
		1700	1700
		1800	1800
		1900	1900
		2000	2000
		2100	2100
		2200	2200
		2300	2300
		2400	2400
		2500	2500
		2600	2600
		2800	2800
		3100	3100

附件 5　柏林州保费缴纳收入指数

（原始文件来源：《联邦法律公报》2002 年第 1 卷第 878 页）

1. 向柏林州保险机构自愿缴纳的保费

时间段	年金保险的保费价格（疾病保险与年金保险保费总价）	
	6（12）帝国马克/德国马克	12（20）帝国马克/德国马克
1945.7.1—1949.5.31	0.0360	0.1188
1949.6.1—1950.12.31	0.0170	0.0340

2. 不同保费等级的保费

时间段	I/II	III	IV	V	VI	VII	VIII
	月保费						
1949.6.1—1954.12.31	0.0102	0.017	0.0238	0.0340	0.0476	0.0679	0.0951

续表

时间段	I/II	III	IV	V	VI	VII	VIII
1949.6.1—1954.12.31	年保费							
	0.0024	0.0041	0.0057	0.0082	0.0114	0.0163	0.0228

2. 不同保费等级的保费

时间段	IX	X	XI	XII
1949.6.1—1954.12.31	月保费			
	0.1223	0.1509	0.1809	0.2223
1949.6.1—1954.12.31	年保费			
	0.0294	0.0359	0.0424	0.0534

附件6 保费计算基准由法郎到德国马克的换算系数

(原始文件来源:《联邦法律公报》2002年第1卷第878页)

年份	换算系数
1947	0.0143
1948	0.0143
1949	0.0147
1950	0.0148
1951	0.0127
1952	0.0113
1953	0.0112
1954	0.0113
1955	0.0113
1956	0.0108
1957	0.0103
1958	0.0093
1959	0.0091

附件 7　萨尔州保费缴纳收入指数

（原始文件来源：《联邦法律公报》2002 年第 1 卷第 879—880 页）

1. 劳动者年金保险，保费等级/保费价格以法郎计算

以下以周保费计算：

时间段	工资或保费等级					
	Ⅰ	Ⅱ	Ⅲ	Ⅳ	Ⅴ	Ⅵ
1947.11.20—1948.4.30	0.0027	0.0054	0.008	0.0107	0.0134	0.0161
1948.5.1—1950.12.31	0.0021	0.0041	0.0062	0.0082	0.0103	0.0123
1951.1.1—1951.8.31	0.0014	0.0028	0.0042	0.0056	0.0070	0.0083
1951.9.1—1951.12.31	0.0015	0.0030	0.0045	0.0067	0.0097	0.0126

时间段	工资或保费等级					
	Ⅶ	Ⅷ	Ⅸ	Ⅹ	Ⅺ	Ⅻ
1947.11.20—1948.4.30	0.0188	0.0215	0.0241	0.0268		
1948.5.1—1950.12.31	0.0144	0.0164	0.0185	0.0205	0.0226	0.0247
1951.1.1—1951.8.31	0.0097	0.0111	0.0125	0.0139	0.0153	0.0167
1951.9.1—1951.12.31	0.0156	0.0186	0.0215	0.0245	0.0275	0.0304

时间段	工资或保费等级					
	ⅩⅢ	ⅩⅣ	ⅩⅤ	ⅩⅥ	ⅩⅦ	ⅩⅧ
1947.11.20—1948.4.30						
1948.5.1—1950.12.31	0.0267	0.0288	0.0308			
1951.1.1—1951.8.31	0.0181	0.0195	0.0208	0.0232	0.0236	0.025
1951.9.1—1951.12.31	0.0371	0.0436	0.0516			

时间段	工资或保费等级	
	ⅩⅨ	ⅩⅩ
1947.11.20—1948.4.30		
1948.5.1—1950.12.31		
1951.1.1—1951.8.31	0.0355	0.0436
1951.9.1—1951.12.31		

以下以月保费计算：

时间段	工资或保费等级					
	1	2	3	4	5	6
1952.1.1—1955.12.31	0.0098	0.0197	0.0394	0.0591	0.0788	0.0984
1956.1.1—1956.12.31	0.0078	0.0155	0.0310	0.0465	0.0620	0.0776
1957.1.1—1957.8.31	0.0071	0.0142	0.0284	0.0426	0.0568	0.0710

时间段	工资或保费等级					
	7	8	9	10	11	12
1952.1.1—1955.12.31	0.1181	0.1575	0.1969	0.2363		
1956.1.1—1956.12.31	0.0931	0.1008	0.1241	0.1551	0.1861	0.2482
1957.1.1—1957.8.31	0.0852	0.0924	0.1137	0.1421	0.1705	0.2273

2. 非劳动者雇员年金保险，保费等级/保费价格以法郎计算

以下以月保费计算：

时间段	收入或保费等级					
	A	B	C	D	E	F
	（1）	（2）	（3）	（4）	（5）	（6）
1947.12.1—1948.4.30	0.0112	0.0224	0.0336	0.0449	0.0561	0.0673
1948.5.1—1950.12.31	0.0088	0.0176	0.0264	0.0352	0.0440	0.0528
1951.1.1—1951.8.31	0.0060	0.0119	0.0179	0.0238	0.0298	0.0358
1951.9.1—1951.12.31	0.0064	0.0128	0.0193	0.0289	0.0418	0.0547
1952.1.1—1955.12.31	0.0098	0.0197	0.0394	0.0591	0.0788	0.0984
1956.1.1—1956.12.31	0.0078	0.0155	0.0310	0.0465	0.0620	0.0776
1957.1.1—1957.8.31	0.0071	0.0142	0.0284	0.0426	0.0568	0.0710

时间段	收入或保费等级					
	G	H	J	K	L	M
	（7）	（8）	（9）	（10）	（11）	（12）
1947.12.1—1948.4.30	0.0785	0.0897	0.1009	0.1122	0.1335	0.1669
1948.5.1—1950.12.31	0.0617	0.0705	0.0793	0.0881	0.0969	0.1057
1951.1.1—1951.8.31	0.0417	0.0477	0.0537	0.0596	0.0656	0.0715
1951.9.1—1951.12.31	0.0676	0.0805	0.0934	0.1063	0.1193	0.1322
1952.1.1—1955.12.31	0.1181	0.1575	0.1969	0.2363		
1956.1.1—1956.12.31	0.0931	0.1008	0.1241	0.1551	0.1861	0.2482
1957.1.1—1957.8.31	0.0852	0.0924	0.1137	0.1421	0.1705	0.2273

续表

时间段	收入或保费等级					
	N	O	P	Q	R	S
1947.12.1—1948.4.30	0.2003					
1948.5.1—1950.12.31	0.1145	0.1233	0.1321	0.1573	0.1835	0.2097
1951.1.1—1951.8.31	0.0775	0.0835	0.0894	0.0954	0.1013	0.1129
1951.9.1—1951.12.31	0.1613	0.1936	0.2258			
1952.1.1—1955.12.31						
1956.1.1—1956.12.31						
1957.1.1—1957.8.31						

时间段	收入或保费等级	
	T	U
1947.12.1—1948.4.30		
1948.5.1—1950.12.31		
1951.1.1—1951.8.31	0.1290	0.1452
1951.9.1—1951.12.31		
1952.1.1—1955.12.31		
1956.1.1—1956.12.31		
1957.1.1—1957.8.31		

3. 农业供给

时间段	工资或保费等级					
	2	3	4	5	6	7
1954.1.1—1955.12.31	0.0197	0.0394	0.0591	0.0788	0.0984	0.1181
1956.1.1—1956.12.31	0.0155	0.031	0.0465	0.0620	0.0776	0.0931
1957.1.1—1957.8.31	0.0142	0.0284	0.0426	0.0568	0.0710	0.0852
1957.9.1—1957.12.31	0.0142	0.0284	0.0426	0.0568	0.0710	0.0852
1958.1.1—1958.12.31	0.0121	0.0243	0.0364	0.0486	0.0607	0.0728
1959.1.1—1959.12.31	0.0113	0.0226	0.0339	0.0452	0.0565	0.0678
1960.1.1—1960.12.31	0.0097	0.0194	0.0291	0.0388	0.0485	0.0582
1961.1.1—1961.12.31	0.0088	0.0176	0.0264	0.0352	0.0440	0.0528
1962.1.1—1962.12.31	0.0081	0.0162	0.0242	0.0323	0.0404	0.0485
1963.1.1—1963.3.31	0.0076	0.0152	0.0228	0.0304	0.0381	0.0457

续表

时间段	工资或保费等级				
	8	9	10	11	12
1954.1.1—1955.12.31	0.1575	0.1969	0.2363		
1956.1.1—1956.12.31	0.1008	0.1241	0.1551	0.1861	0.2482
1957.1.1—1957.8.31	0.0924	0.1137	0.1421	0.1705	0.2273
1957.9.1—1957.12.31	0.0924	0.1137	0.1421	0.1705	0.2273
1958.1.1—1958.12.31	0.0789	0.0971	0.1214	0.1457	0.1942
1959.1.1—1959.12.31	0.0735	0.0904	0.1130	0.1356	0.1808
1960.1.1—1960.12.31	0.0630	0.0776	0.0970	0.1164	0.1552
1961.1.1—1961.12.31	0.0572	0.0704	0.0880	0.1056	0.1408
1962.1.1—1962.12.31	0.0525	0.0646	0.0808	0.0969	0.1292
1963.1.1—1963.3.31	0.0495	0.0609	0.0761	0.0913	0.1218

附件 8 以帝国马克/德国马克为单位的实物支付期间的工资、保费或收入等级与保费计算基准，若该期间内参保人非学徒或培训生

（原始来源：《联邦法律公报》2002 年第 1 卷第 881—882 页）

时间段	劳动者年金保险					非劳动者雇员年金保险	
	男性劳动者*）或女性劳动者**）群体					非劳动者雇员	
	1	2	3	1	2	男性	女性
1891.1.1—1899.12.31	Ⅳ	Ⅲ	Ⅲ	Ⅲ	Ⅱ	D	B
1900.1.1—1906.12.31	Ⅳ	Ⅳ	Ⅲ	Ⅲ	Ⅲ	D	C
1907.1.1—1921.7.31	Ⅴ	Ⅴ	Ⅳ	Ⅲ	Ⅲ	E	C
1921.8.1—1921.9.30	Ⅴ	Ⅴ	Ⅳ	Ⅲ	Ⅲ	—	—
1924.1.1—1925.12.31	Ⅴ	Ⅴ	Ⅳ	Ⅳ	Ⅲ	C	B
1926.1.1—1927.12.31	Ⅵ	Ⅴ	Ⅴ	Ⅳ	Ⅳ	C	C
1928.1.1—1933.12.31	Ⅶ	Ⅵ	Ⅴ	Ⅳ	Ⅳ	C	C

续表

| 时间段 | 劳动者年金保险 ||||| 非劳动者雇员年金保险 ||
| | 男性劳动者*）或女性劳动者**）群体 |||||非劳动者雇员||
	1	2	3	1	2	男性	女性
1934.1.1—1938.12.31	VI	V	V	IV	IV	C	C
1939.1.1—1942.6.28/30	VII	VI	V	V	IV	D	C
1942	2124	1824	1500	1428	1176	2604	1776
1943	2160	1860	1536	1440	1188	2628	1788
1944	2160	1860	1548	1452	1200	2604	1764
1945	1872	1608	1368	1272	1068	2028	1368
1946	1992	1716	1452	1308	1116	2016	1332
1947	2088	1788	1536	1344	1152	2088	1380
1948	2424	2076	1776	1584	1344	2544	1668
1949	2916	2508	2124	1896	1620	3264	2136
1950	2976	2556	2124	1992	1668	3612	2604
1951	3396	2916	2412	2280	1908	4092	2940
1952	3672	3156	2592	2460	2052	4380	3156
1953	3828	3300	2688	2568	2100	4584	3324
1954	3972	3420	2772	2664	2148	4740	3456
1955	4308	3708	2976	2844	2328	4848	3528
1956	4596	3948	3144	3048	2484	5124	3744

| 非劳动者雇员 |||
时间段	男性	女性
1891.1.1—1899.12.31	IV	II
1900.1.1—1906.12.31	IV	III
1907.1.1—1912.12.31	V	III

*）劳动者年金保险中的男性劳动者

群体 1

基于职业教育而能自负其责地、独立地进行工作的劳动者。

其中包括：

农业师；

挤奶师和独立挤奶员；

畜牧业，烧酒和酪农业，园艺、葡萄酒和葡萄种植业的技师；

林业师。

群体 2

基于已完成的训练或六年以上的职业经验而熟练掌握所有相关工作且能在无指导条件下进行工作的劳动者，操作、维护或维修机动农业机械的劳动者以及从事专业工作的监督人员或劳动者。

其中包括：

农业助理；

畜牧业，烧酒和酪农业，园艺、葡萄酒和葡萄种植业的助理和专业工人；

工长，包括"营造师"；

拖拉机驾驶员（之前为畜力车驾驶员）；

机动车驾驶员；

拥有专业劳动者证书或 6 年以上职业经历的农业工人；

拥有 6 年以上职业经历的林业工人、林业工人助理和短期受训林业工人。

群体 3

从事简单的、被视为辅助性工作的劳动的劳动者，以及其他所有未归入群体 1 和群体 2 的劳动者。

其中包括：

拥有 6 年以下工作经历的农业工人；

辅助性工人；

拥有 6 年以下工作经历的短期受训林业工人；

未受训林业工人。

＊＊）劳动者年金保险中的女性劳动者

群体 1

基于已完成的训练或六年以上的职业经历而熟练掌握所有相关工作且能在无指导条件下进行工作的女性劳动者，操作、维护或维修机动农业机械的女性劳动者以及从事特殊工作的女性监督人员或女性劳动者。

其中包括：

女助理；

女管理员；

女工长；

女专业工人；

拥有专业劳动者证书或 6 年以上职业经历的农业女工；

拥有 6 年以上职业经历的女佣（不限于农业）；

拥有 6 年以上职业经历的短期受训林业女工。

群体 2

从事简单的、被视为辅助性工作的劳动的女性劳动者，以及其他所有未归入群体 1 的女性劳动者。

其中包括：

拥有 6 年以下工作经历的农业女工；

拥有 6 年以下职业经历的女佣（不限于农业）；

辅助性女工；

拥有 6 年以下工作经历的短期受训林业女工；

未受训林业女工。

附件 9　矿工工作

（原始文件来源：《联邦法律公报》2002 年第 1 卷第 883—885 页）

下列在 1969 年 1 月 1 日前在不包括新加入地区的德意志联邦共和国领域内从事的工作有：

一 矿工工作：

（一）参保人名称和必要的职业特征

通常名称：	必要职业特征：
防水工	萨尔石煤矿场中的钻爆施工
部门工长	第8项
短期受训矿工	
井下运输信号员	在矿石或土壤工业的矿业生产中，在无机器协助的条件下操作满载输送矿车，以及第1项
矿工领班	第1项、第3项和第4项
矿工培训师	主要在井下工作
培训工长	从事职业培训时主要在井下工作
传送带师傅	在巷道或坑道掘进中
传送带安装员	第1项和第3项
采矿机、巷道掘进机、装载机操作员	第1项、第3项和第4项；第1项和第3项
松动岩石撬落工	在钾盐或岩盐开采中和第4项
井下作业主管	第8项
鼓风机手	第1项和第3项
暗井维护矿工	暗井或斜井中的长期性维护工作和第2项及第4项
钻孔工	第1项、第3项和第4项，或第1项和第3项
钻孔师傅	第5项（包括巷道掘进）或第6项或第7项
轮班班长	第1项、第3项和第4项
电力矿工	第1项、第5项或第6项或在巷道掘进中
电力工长	第8项
采矿机、巷道掘进机或装载机驾驶员	第1项、第3项和第4项；第1项和第3项
资深矿工	第1项、第3项和第4项；第8项
资深工长	第8项
巷道顶板锚固工	在矿石，钾盐或岩盐开采中
巷道顶板退锚工	在矿石，钾盐或岩盐开采中
计件运输工	第1项和第3项
矿井工长	第8项
矿工	第1项、第3项和第4项

续表

通常名称：	必要职业特征：
框架工	在处于高压下的、将要废弃的巷道中，在工作面上或暗井中的拆除或搬移工作和第 2 项
满师矿工	第 1 项和第 3 项
煤堆注水工	第 1 项、第 3 项和第 4 项
学徒矿工	第 1 项和第 3 项
机械矿工	第 1 项、第 5 项或第 6 项或在巷道掘进中
机械工长	第 8 项
泥瓦工	在矿石或土壤工业的矿业生产中和第 1 项
电气或机械运行师傅	在萨尔石煤矿场中，第 5 项或第 6 项或在巷道掘进中
矿工师傅	主要在井下工作
新矿工	第 1 项和第 3 项
高级矿工	
井下高级工长	第 8 项
小组领班	
矿柱回采工	第 1 项和第 3 项
拆除工	第 1 项、第 3 项和第 4 项；第 1 项和第 3 项；第 2 项和在处于高压下的、将要废弃的巷道中，在工作面上或暗井中的拆除或搬移工作
矿区工长	第 8 项
管道铺设工	第 1 项和第 3 项
滑道铺设工	第 1 项和第 3 项
巷道连通洞衬砌工	在矿石开采中或在矿石或土壤工业的矿业生产中和第 1 项
滑道师傅	
竖井矿工	竖井中的长期性维护工作和第 4 项
竖井工长	第 8 项
爆破师傅	
爆破工长	负责将进行的爆破工作的主要监管
扒矿机驾驶员	在钾盐或岩盐开采中和第 1 项
堆垛维护矿工	暗井或斜井中的长期性维护工作和第 2 项及第 4 项
堆垛看管员	
岩石爆破工	在钾盐或岩盐开采中和第 4 项
搬移工	第 1 项和第 3 项

续表

通常名称：	必要职业特征：
测量工长	主要在井下工作
充填工	第1项和第3项
通风工	在沥青煤或石煤开采中
通风工长	在沥青煤或石煤开采中
无名称：	竖井中的长期性维护工作； 暗井或斜井中的长期性维护工作和第2项； 在矿山开采、在巷道掘进或在钻探和井巷建设中的木工工作、维护工作或其他修缮工作和第2项； 重建和修复工作和第2项； 巷道拓展和第2项； 井巷空间拓展和第2项

即使参保人以非通常的名称受雇，只要其职业符合必要的特征，并不妨碍职业识别。

(二) 按项标识的职业特征的描述

1. 领取计件工资或特别约定工资（固定工资，该工资由于特殊情况充当实际上的计件工资支付且属于可能的计件工资收入范围内）的工作；

2. 工资至少等于工资表规定的每班最高工资的工作；

3. 在矿山开采（采挖、扩建、分拣、传送装置改建或充填料的采挖与填埋，也包括在矿石开采之外于特殊井下矿山研磨厂进行的有计划的充填料开采活动）或巷道掘进或钻探和井巷建设活动中的工作；

4. 作为矿工执照的持有人，或者，只要就个别采矿类型未引入从事采矿工作的矿工执照时，作为经矿山管理机构同意后被企业给予等同于矿工地位的人，所从事的工作；

5. 在矿山开采中的工作；

6. 在钻探和井巷建设中的工作；

7. 在排气活动中的工作；

8. 每班大部分时间用于对符合第1—7项规定条件的工作人员进行日常监督的工作。

二 同等地位的工作

以下期间亦属于矿工工作，当参保人：

1. 在通过矿工资格考试前以满师矿工身份从事井下工作，如果其在矿工资格考试之后从事在 I 中列举的职业；

2. 属于用于井下救援的特定矿山救援队，且在其中不只作为设备操作员；

3. 是运营委员会的成员，此前从事过在 I 中或第 1 项中列举的职业且因在运营委员会的工作而被免去该职位；

4. 在某一日历年内从事最多 3 个月的其他工作，如果其由于业务原因而离开在 I 中或第 1 项中列举的职业。

附件 10　新加入地区保费计算基准的换算系数

（参考来源：《联邦法律公报》2002 年第 1 卷第 886 页，有关个别变动参见脚注）

年份	换算系数	临时换算系数
1945	1.0000	
1946	1.0000	
1947	1.0000	
1948	1.0000	
1949	1.0000	
1950	0.9931	
1951	1.0502	
1952	1.0617	
1953	1.0458	
1954	1.0185	
1955	1.0656	
1956	1.1029	
1957	1.1081	
1958	1.0992	
1959	1.0838	
1960	1.1451	
1961	1.2374	
1962	1.3156	

续表

年份	换算系数	临时换算系数
1963	1.3667	
1964	1.4568	
1965	1.5462	
1966	1.6018	
1967	1.5927	
1968	1.6405	
1969	1.7321	
1970	1.8875	
1971	2.0490	
1972	2.1705	
1973	2.3637	
1974	2.5451	
1975	2.6272	
1976	2.7344	
1977	2.8343	
1978	2.8923	
1979	2.9734	
1980	3.1208	
1981	3.1634	
1982	3.2147	
1983	3.2627	
1984	3.2885	
1985	3.3129	
1986	3.2968	
1987	3.2548	
1988	3.2381	
1989	3.2330	
1990年上半年	3.0707	
1990年下半年	2.3473	
1991	1.7235	
1992	1.4393	
1993	1.3197	

续表

年份	换算系数	临时换算系数
1994	1.2687	
1995	1.2317	
1996	1.2209	
1997	1.2089	
1998	1.2113	
1999	1.2054	
2000	1.2030	
2001	1.2003	
2002	1.1972	
2003	1.1943	
2004	1.1932	
2005	1.1827	
2006	1.1827	
2007	1.1841	
2008	1.1857	
2009	1.1712	
2010	1.1726	
2011	1.1740	
2012	1.1785	
2013	1.1762	
2014	1.1665	
2015	1.1502	
2016	1.1415	
2017	1.1374	
2018	1.1339	1.1248
2019	1.0840	—
2020	1.0700	—
2021	1.0560	—
2022	1.0420	—
2023	1.0280	—
2024	1.0140	—

附件 11　新加入地区自愿缴纳保费对应的收入

(原始文件来源:《联邦法律公报》2002 年第 1 卷第 887 页)

月保费（马克）	对应收入	
	1947 年 2 月 1 日到 1961 年 12 月 31 日	1962 年 1 月 1 日到 1990 年 12 月 31 日
3	15	依据第 248 条无保费缴纳期间
6	30	
9	45	
12	60	
15	75	75
18	90	90
21	105	105
24	120	120
27	135	135
30	150	150
36	180	180
42	210	210
48	240	240
54	270	270
60	300	300

附件 12　用于新加入地区可转化既有年金的重新估值的总平均收入

(原始文件来源:《联邦法律公报》2002 年第 1 卷第 888 页)

20 年期间的届满时间		总平均收入
年份	月份	
1991	下半年	205278
1991	上半年	197966

续表

| 20 年期间的届满时间 || 总平均收入 |
年份	月份	
1990	下半年	192565
1989		189270
1988		183713
1987		178310
1986		173135
1985		168201
1984		163519
1983		158903
1982		154388
1981		149942
1980		145607
1979		141487
1978		137345
1977		133121
1976		128871
1975		124729
1974		120696
1973		116845
1972		112988
1971		109090
1970		105211
1969		101325
1968		97328
1967		92938
1966		88355
1965		83957
1964		82093
1963		80195
1962		78220
1961		76146
1960		73979

续表

20年期间的届满时间		总平均收入
年份	月份	
1959		71651
1958		69211
1957		66897
1956		64704
1955		62390
1954		59838
1953		56925
1952		53963
1951		50863
1950		47404
1949		43340
1948		38867
1947		36110
1946年及之前		35560

附件13 资格群体的定义

(原始文件来源:《联邦法律公报》2002年第1卷第889页)

将参保人归入下列资格群体之一，如果其符合相应资格特征并从事相应职业活动。如果参保人根据多年的职业经历获得新技能，该技能通常与较高等级资格群体中参保人的技能相符合，则应将其归入该资格群体中。

资格群体1

高等学校毕业生：

1. 在综合大学、学院、理工学院、学会或具有高校性质的研究机构中以直接、远程、夜间或非在校学习形式获得文凭或通过国家考试的人。

2. 根据法律规定或学术成就被授予科学学位或头衔的人（例如，成人教育领域的认证、名誉博士、教授）。

3. 国家认可的高等学校或大学颁发的具有同等价值的毕业证书的持有者。

此处不包括结业时不能获得毕业文凭或通过国家考试的短期特殊学习（如插班学习）的参加者。

资格群体 2

职业学校毕业生：

1. 在工程技术学校或职业学校以任意学习形式或作为非在校生获得符合生效法律规定的职业学校学历的人，以及被授予职业学校教育职称的人。

2. 依据新加入地区法律规定被授予职业学校学历或职业学校教育职称的人。

3. 在新加入地区以外的国家认可的中等和高等职业学校完成学业，且符合新加入地区职业学校毕业要求，并获得相应证书的人。

4. 有资格获得"技术员"职称的专业技术人员，以及有资格获得依据新加入地区职业体系与"技术员"有同等价值的职称（如地形测量员、矿井工长）的专业人员。

此处不包括未取得职业学校学历的职业教育参加者，以及师傅，即使其完成了在工程技术学校或职业学校的教育。

资格群体 3

师傅：

已获得师傅或手工师傅资格原始证明的持有者，以及基于长年职业经历而依据新加入地区法律规定被授予师傅资格的人。

此处不包括担任师傅职务或以"师傅"作为职业名称，但未获得师傅资格的人（如运动场管理师傅、火车检修师傅）。

资格群体 4

专业工人：

在职业教育中或成人教育框架下，就某一受训职业完成学习后，通过专业工人考试且取得专业工人证书（专业工人执照）的人，或者基于长年职业经历而依据新加入地区法律规定被授予专业工人资格的人。

此处不包括，依据新加入地区受训职业体系，只就某一受训职业的部分领域进行职业教育或成人教育框架下的学习的人。

资格群体 5

短期受训工人和未受训工人：

1. 在职业教育中或成人教育框架下,就某一受训职业的部分领域,完成学习且取得相应证书的人。

2. 在生产技术性或其他特殊培训中,就某一特定工作接受过训练的人。

3. 就其所从事工作尚未接受教育或特殊培训的人。

附件 14　行业

(参考来源:《联邦法律公报》2002 年第 1 卷第 886 页,有关个别变动参见脚注)

行业名称	对应表格
能源与燃料工业	表格 1
化学工业	表格 2
金属冶炼	表格 3
木材工业	表格 4
水资源行业	表格 5
机械与汽车制造	表格 6
电子技术/电子/电器制造	表格 7
轻工业(不包括纺织工业)	表格 8
纺织工业	表格 9
食品工业	表格 10
建筑业	表格 11
其他生产行业	表格 12
手工制造业	表格 13
农业与林业	表格 14
交通业	表格 15
邮政与远程通信行业	表格 16
商业	表格 17
教育、文化、健康与社会行业	表格 18
科学、高等学校与职业学校行业	表格 19
国家机关与社会组织	表格 20

续表

行业名称	对应表格
其他非生产性行业	表格 21
农业生产合作组织	表格 22
手工生产合作组织	表格 23

表格 1

行业：能源与燃料工业

年份	资格群体				
	1	2	3	4	5
1950	5371	4139	4377	3218	2622
1951	5995	4746	4976	3675	3005
1952	6404	5178	5386	3995	3278
1953	6745	5550	5728	4267	3513
1954	7028	5866	6011	4495	3712
1955	7582	6406	6518	4892	4052
1956	7861	6709	6782	5108	4243
1957	7981	6872	6902	5216	4343
1958	8289	7193	7180	5443	4543
1959	8545	7465	7408	5632	4712
1960	9290	8163	8056	6142	5150
1961	10150	8966	8800	6727	5651
1962	10965	9730	9502	7281	6128
1963	11689	10415	10120	7773	6553
1964	12720	11376	11002	8469	7150
1965	13691	12285	11826	9123	7712
1966	14484	13036	12494	9657	8173
1967	14656	13227	12623	9776	8282
1968	15484	14009	13315	10331	8758
1969	16593	15046	14244	11071	9392
1970	18545	16850	15892	12372	10499
1971	20341	18516	17400	13567	11516
1972	22349	20379	19082	14902	12649

续表

年份	资格群体				
	1	2	3	4	5
1973	25037	22866	21338	16688	14161
1974	27715	25348	23576	18463	15661
1975	30138	27149	24314	19244	1656
1976	32525	29544	26820	21008	17732
1977	35012	32063	29439	22876	18959
1978	35781	32839	30225	23890	20255
1979	36981	34055	31412	25166	22029
1980	40926	37726	34514	27479	23435
1981	43557	40222	36538	28911	24049
1982	44903	41417	37598	29631	24572
1983	46165	42545	38570	30305	25066
1984	46455	42785	39320	30926	25773
1985	46723	43018	40297	31387	26847
1986	47542	43602	41121	32148	26900
1987	49929	45662	43249	34009	27929
1988	51441	46954	44762	35088	28958
1989	52290	47678	45704	35757	29662
1990/上	26612	24265	23261	18199	15097
1990/下	30833	28113	26949	21084	17491

年份	资格群体（最终数额）				
	1	2	3	4	5
1991	65305	59544	57078	44656	37046
1992	68831	62759	60160	47067	39046
1993	70827	64579	61905	48432	40178
1994	72244	65871	63143	49401	40982
1995	74484	67913	65100	50932	42252
1996	75974	69271	66402	51951	43097
1997	76658	69894	67000	52419	43485
1998	77808	70942	68005	53205	44137
1999	78664	71722	68753	53790	44623
2000	79765	72726	69716	54543	45248
2001	81177	74013	70950	55508	46049

续表

年份	资格群体（临时数额）				
	1	2	3	4	5
1991	64564	58868	56431	44149	36626
1992	67463	61511	58965	46132	38270
1993	73011	66571	63814	49926	41418
1994	76265	69537	66657	52150	43263
1995	74935	68325	65495	51241	42508
1996	75134	68506	65669	51377	42621
1997	79102	72124	69136	54090	44872
1998	79013	72042	69058	54029	44821
1999	78038	71152	68206	53363	44268
2000	80142	73070	70045	54801	45461
2001	80395	73300	70266	54973	45605

表格 2

行业：化学工业

年份	资格群体				
	1	2	3	4	5
1950	4993	3848	4070	2992	2437
1951	5574	4412	4627	3417	2794
1952	5954	4814	5008	3715	3048
1953	6272	5160	5326	3967	3266
1954	6535	5454	5589	4180	3452
1955	7046	5952	6056	4546	3765
1956	7311	6241	6308	4751	3946
1957	7430	6398	6426	4856	4044
1958	7725	6703	6691	5072	4234
1959	7971	6963	6910	5253	4396
1960	8645	7596	7496	5715	4792
1961	9332	8242	8090	6184	5195
1962	10126	8986	8774	6724	5659
1963	10778	9603	9331	7167	6042

续表

年份	资格群体				
	1	2	3	4	5
1964	11837	10587	10238	7881	6654
1965	12824	11507	11078	8546	7224
1966	13587	12229	11720	9060	7667
1967	13723	12385	11819	9154	7754
1968	14458	13080	12432	9646	8178
1969	15538	14089	13338	10367	8794
1970	17476	15879	14976	11659	9894
1971	19219	17495	16440	12819	10881
1972	20796	18963	17756	13866	11770
1973	23306	21285	19863	15534	13182
1974	25855	23648	21994	17225	14611
1975	28383	25568	22898	18124	15596
1976	30050	27296	24780	19410	16382
1977	32282	29562	27143	21092	17481
1978	33148	30423	28001	22132	18764
1979	34345	31627	29173	23373	20459
1980	37178	34271	31354	24962	21289
1981	39004	36018	32719	25889	21535
1982	40315	37185	33756	26604	22062
1983	41639	38374	34789	27334	22609
1984	42016	38697	35563	27971	23310
1985	42427	39063	36592	28501	24379
1986	43371	39777	37514	29328	24541
1987	44970	41127	38954	30631	25156
1988	46006	41993	40033	31381	25898
1989	47312	43139	41353	32353	26839
1990/上	24410	22257	21335	16693	13847
1990/下	27059	24673	23651	18504	15350

续表

年份	资格群体（最终数额）				
	1	2	3	4	5
1991	57311	52258	50093	39192	32511
1992	60406	55080	52798	41308	34267
1993	62158	56677	54329	42506	35261
1994	63401	57811	55416	43356	35966
1995	65366	59603	57134	44700	37081
1996	66673	60795	58277	45594	37823
1997	67273	61342	58801	46004	38163
1998	68282	62262	59683	46694	38735
1999	69033	62947	60340	47208	39161
2000	69999	63828	61185	47869	39709
2001	71238	64958	62268	48716	40412

年份	资格群体（临时数额）				
	1	2	3	4	5
1991	56661	51665	49525	38747	32143
1992	59205	53985	51748	40487	33586
1993	64074	58425	56004	43817	36348
1994	6693	61029	585	45769	37968
1995	65763	59964	5748	44971	37306
1996	65937	60123	57633	4509	37405
1997	69419	63298	60676	47471	3938
1998	6934	63227	60608	47418	39336
1999	68484	62446	59859	46832	3885
2000	7033	6413	61473	48095	39897
2001	70552	64332	61667	48247	40023

表格3

行业：金属冶炼

年份	资格群体				
	1	2	3	4	5
1950	5963	4596	4861	3573	2911
1951	6660	5272	5528	4083	3338
1952	7117	5755	5986	4440	3644
1953	7500	6171	6369	4745	3906
1954	7819	6526	6687	5001	4130
1955	8430	7122	7247	5440	4505
1956	8656	7388	7467	5625	4672
1957	8703	7494	7526	5688	4736
1958	8952	7768	7754	5878	4907
1959	9139	7984	7923	6023	5040
1960	9800	8611	8498	6478	5432
1961	10578	9343	9171	7010	5889
1962	11366	10086	9849	7547	6352
1963	12026	10716	10412	7997	6742
1964	13225	11828	11438	8805	7434
1965	14202	12744	12268	9464	8000
1966	14944	13450	12890	9964	8433
1967	15043	13576	12956	10034	8500
1968	15787	14283	13575	10533	8930
1969	16986	15402	14581	11333	9614
1970	18919	17190	16212	12622	10711
1971	20773	18909	17769	13855	11760
1972	22653	20656	19342	15105	12821
1973	25204	23018	21480	16799	14256
1974	27751	25381	23607	18487	15682
1975	30367	27355	24498	19390	16686
1976	32171	29223	26529	20780	17539
1977	34249	31364	28798	22377	18546
1978	35422	32509	29921	23650	20051
1979	36662	33760	31140	24949	21838
1980	39861	36744	33616	26764	22826
1981	41412	38241	34739	27487	22865
1982	42765	39445	35808	28220	23402

续表

年份	资格群体				
	1	2	3	4	5
1983	43947	40501	36718	28849	23862
1984	43989	40514	37233	29284	24405
1985	44287	40775	38196	29751	25447
1986	45478	41710	39336	30752	25733
1987	46911	42901	40634	31953	26241
1988	47761	43594	41560	32578	26886
1989	48503	44225	42394	33168	27514
1990/上	25129	22912	21963	17184	14255
1990/下	25335	23100	22144	17325	14371

年份	资格群体（最终数额）				
	1	2	3	4	5
1991	5366	48926	46901	36695	30438
1992	56558	51568	49434	38677	32082
1993	58198	53063	50868	39799	33012
1994	59362	54124	51885	40595	33672
1995	61202	55802	53493	41853	34716
1996	62426	56918	54563	42690	35410
1997	62988	57430	55054	43074	35729
1998	63933	58291	55880	43720	36265
1999	64636	58932	56495	44201	36664
2000	65541	59757	57286	44820	37177
2001	66701	60815	583	45613	37835

年份	资格群体（临时数额）				
	1	2	3	4	5
1991	53051	48371	46369	36278	30093
1992	55433	50543	48451	37907	31444
1993	59992	547	52436	41025	3403
1994	62666	57137	54773	42854	35547
1995	61573	56141	53818	42107	34927
1996	61736	56289	5396	42219	35019
1997	64997	59262	5381	44448	36868
1998	64923	59195	56746	44398	36826
1999	64122	58464	56045	43032	36372
2000	65851	6004	57556	45032	37353
2001	66058	60229	57738	45173	37471

表格 4

	行业：木材工业				
年份	资格群体				
	1	2	3	4	5
1950	4437	3419	3616	2658	2166
1951	4955	3922	4113	3037	2484
1952	5295	4281	4453	3304	2711
1953	5580	4591	4739	3530	2906
1954	5817	4855	4975	3720	3072
1955	6267	5294	5387	4043	3349
1956	6592	5627	5687	4284	3558
1957	6791	5848	5873	4438	3696
1958	7157	6211	6199	4699	3923
1959	7486	6540	6490	4934	4128
1960	8237	7238	7143	5445	4566
1961	8957	7912	7766	5936	4987
1962	9687	8596	8394	6432	5414
1963	10362	9233	8971	6891	5809
1964	11270	10079	9747	7503	6335
1965	12291	11029	10617	8190	6924
1966	13082	11774	11284	8722	7382
1967	13245	11953	11408	8835	7484
1968	14038	12701	12072	9366	7940
1969	15980	14489	13717	10662	9044
1970	17236	15660	14770	11499	9758
1971	19104	17390	16341	12742	10816
1972	20613	18796	17600	13745	11666
1973	23006	21011	19607	15334	13013
1974	25677	23484	21842	17105	14510
1975	28116	25328	22683	17953	15449
1976	29814	27082	24585	19257	16254
1977	31398	28753	26401	20515	17003
1978	32071	29434	27091	21413	18155
1979	33187	30561	28189	22585	19769
1980	35943	33133	30312	24133	20582
1981	37691	34805	31618	25017	20810
1982	39112	36075	32749	2581	21403

续表

年份	资格群体				
	1	2	3	4	5
1983	40236	37081	33617	26413	21847
1984	40626	37416	34386	27045	22539
1985	40611	37391	35026	27281	23335
1986	41528	38086	35919	28081	23498
1987	42642	38998	36937	29046	23853
1988	43310	39532	37687	29542	24380
1989	44461	40540	38861	30404	25221
1990/上	23515	21442	20554	16081	13340
1990/下	26838	24470	23457	18352	15224

年份	资格群体（最终数额）				
	1	2	3	4	5
1991	56843	51828	49682	38870	32245
1992	59913	54627	52365	40969	33986
1993	61650	56211	53884	42157	34972
1994	62883	57335	54962	43000	35671
1995	64832	59112	56666	44333	36777
1996	66129	60294	57799	45220	37513
1997	66724	60837	58319	45627	37851
1998	67725	61750	59194	46311	38419
1999	68470	62429	59845	46820	38842
2000	69429	63303	60683	47475	39386
2001	70658	64423	61757	48315	40083

年份	资格群体（临时数额）				
	1	2	3	4	5
1991	56198	51240	49118	38429	31879
1992	58722	53540	51324	40154	33310
1993	63551	57944	55545	43457	36050
1994	66384	60527	58020	45394	37656
1995	65226	59471	57009	44602	37000
1996	65398	59628	57160	44720	37088
1997	68852	62777	60179	47082	39057
1998	68774	62706	60111	47029	39014
1999	67925	61932	59369	46448	38532
2000	69757	63603	60970	47700	39572
2001	69976	63802	61162	47850	39697

表格 5

年份	行业：水资源行业				
	资格群体				
	1	2	3	4	5
1950	4491	3461	3660	2690	2192
1951	5014	3969	4162	3074	2513
1952	5357	4332	4506	3342	2743
1953	5645	4644	4794	3571	2940
1954	5883	4910	5032	3763	3107
1955	6336	5353	5446	4088	3386
1956	6632	5661	5722	4310	3579
1957	6798	5854	5879	4443	3700
1958	7129	6186	6175	4681	3908
1959	7420	6482	6433	4891	4092
1960	8118	7134	7040	5367	4500
1961	8637	7629	7488	5724	4809
1962	9268	8224	8031	6154	5179
1963	9807	8738	8491	6522	5498
1964	10660	9534	9220	7097	5992
1965	11735	10530	10137	7820	6611
1966	12553	11298	10828	8370	7083
1967	12585	11358	10839	8395	7111
1968	13362	12089	11490	8915	7558
1969	14433	13087	12390	9630	8169
1970	16113	14641	13808	10750	9123
1971	17895	16290	15308	11936	10132
1972	19395	17686	16560	12932	10977
1973	22141	20221	18869	14757	12523
1974	24532	22437	20869	16343	13863
1975	27086	24400	21852	17295	14883
1976	28675	26047	23646	18522	15633
1977	29592	27099	24881	19334	16024
1978	29877	27421	25238	19948	16913
1979	30591	28170	25984	20818	18222
1980	33218	30620	28014	22303	19021
1981	35196	32501	29525	23361	19433
1982	36751	33898	30772	24252	20111

续表

年份	资格群体				
	1	2	3	4	5
1983	37611	34662	31424	24690	20422
1984	38519	35475	32602	25642	21370
1985	38176	35148	32925	25645	21936
1986	39464	36194	34134	26686	22330
1987	40702	37223	35256	27724	22768
1988	42154	38477	36681	28754	23730
1989	43397	39570	37932	29676	24618
1990/上	23236	21187	20309	15890	13181
1990/下	25345	23110	22153	17331	14378

年份	资格群体（最终数额）				
	1	2	3	4	5
1991	53681	48947	46920	36707	30453
1992	56580	51590	49454	38689	32097
1993	58221	53086	50888	39811	33028
1994	59385	54148	51906	40607	33689
1995	61226	55827	53515	41866	34733
1996	62451	56944	54585	42703	35428
1997	63013	57456	55076	43087	35747
1998	63958	58318	55902	43733	36283
1999	64662	58959	56517	44214	36682
2000	65567	59784	57308	44833	37196
2001	66728	60842	58322	45627	37854

年份	资格群体（临时数额）				
	1	2	3	4	5
1991	53072	48392	46388	36291	30107
1992	55455	50565	48471	37920	31459
1993	60016	54723	52457	41039	34047
1994	62691	57162	54795	42867	35563
1995	61598	56165	53840	42120	34944
1996	61760	56314	53982	42231	35037
1997	65022	59288	56833	44462	36886
1998	64949	59222	56768	44411	36845
1999	64147	58490	56067	43863	36390
2000	65877	60068	57579	45045	37371
2001	66085	60256	57760	45187	37489

表格 6

行业：机械与汽车制造

年份	资格群体				
	1	2	3	4	5
1950	5191	4001	4231	3110	2534
1951	5796	4588	4811	3553	2906
1952	6193	5008	5209	3864	3171
1953	6525	5369	5541	4128	3398
1954	6801	5676	5816	4350	3592
1955	7340	6201	6309	4736	3923
1956	7543	6439	6508	4902	4071
1957	7592	6537	6566	4962	4132
1958	7817	6783	6771	5132	4285
1959	7988	6978	6925	5265	4405
1960	8577	7537	7437	5670	4754
1961	9368	8274	8122	6208	5215
1962	10221	9070	8857	6787	5712
1963	10798	9621	9349	7180	6053
1964	11732	10493	10147	7811	6595
1965	12757	11448	11020	8501	7186
1966	13541	12187	11681	9029	7641
1967	13723	12385	11819	9154	7754
1968	14458	13080	12432	9646	8178
1969	15881	14400	13633	10596	8989
1970	17690	16073	15159	11802	10015
1971	19392	17652	16587	12934	10979
1972	21222	19352	18120	14151	12011
1973	23705	21650	20203	15800	13408
1974	26213	23975	22299	17463	14813
1975	28650	25809	23114	18294	15742
1976	30561	27760	25201	19739	16661
1977	32242	29526	27110	21065	17459
1978	33148	30423	28001	22132	18764
1979	34265	31554	29105	23318	20411
1980	37093	34193	31282	24905	21241
1981	39179	36180	32866	26005	21632
1982	40671	37513	34055	26839	22257

续表

年份	资格群体				
	1	2	3	4	5
1983	42046	38749	35129	27601	22830
1984	42554	39192	36018	28329	23609
1985	42914	39511	37012	28828	24659
1986	43942	40301	38007	29714	24864
1987	45100	41245	39066	30720	25228
1988	45920	41915	39958	31323	25850
1989	46844	42712	40944	32033	26573
1990/上	23933	21822	20919	16366	13576
1990/下	27354	24942	23909	18705	15517

年份	资格群体（最终数额）				
	1	2	3	4	5
1991	57936	52827	50639	39617	32865
1992	61065	5568	53374	41756	34640
1993	62836	57295	54922	42967	35645
1994	64093	58441	5602	43826	36358
1995	6608	60253	57757	45185	37485
1996	67402	61458	58912	46089	38235
1997	68009	62011	59442	46504	38579
1998	69029	62941	60334	47202	39158
1999	69788	63633	60998	47721	39589
2000	70765	64524	61852	48389	40143
2001	72018	65666	62947	49245	40854

年份	资格群体（临时数额）				
	1	2	3	4	5
1991	57279	52228	50065	39168	32492
1992	59851	54573	52313	40927	33951
1993	64773	59061	56615	44292	36743
1994	67660	61693	59138	46266	38381
1995	66480	60618	58107	45459	37712
1996	66657	60779	58261	45579	37812
1997	70177	63989	61338	47986	39809
1998	70098	63916	61268	47933	39764
1999	69233	63127	60512	47341	39273
2000	71100	64829	62144	48618	40333
2001	71323	65033	62340	48771	40460

表格 7

年份	行业：电子技术/电子/电器制造					
	资格群体				
	1	2	3	4	5
1950	4814	3710	3924	2884	2350
1951	5375	4255	4462	3295	2694
1952	5743	4644	4830	3583	2940
1953	6051	4978	5139	3828	3151
1954	6307	5264	5394	4034	3331
1955	6803	5747	5848	4390	3636
1956	6975	5953	6017	4532	3764
1957	7002	6030	6056	4576	3811
1958	7192	6241	6230	4722	3942
1959	7332	6405	6356	4832	4043
1960	7864	6910	6819	5198	4359
1961	8584	7582	7442	5688	4779
1962	9344	8292	8097	6204	5222
1963	9926	8844	8594	6601	5564
1964	10891	9740	9420	7251	6122
1965	11913	1069	10290	7938	6711
1966	12714	11443	10967	8477	7174
1967	12881	11625	11094	8592	7279
1968	13665	12363	11751	9117	7729
1969	15022	13621	12896	10023	8502
1970	16781	15248	14381	11196	9501
1971	18528	16866	15849	12358	10490
1972	20156	18380	17210	13440	11408
1973	22707	20738	19352	15134	12843
1974	25033	22895	21295	16677	14146
1975	27429	24709	22129	17515	15071
1976	29068	26404	23970	18775	15847
1977	30636	28055	25759	20016	16589
1978	31553	28958	26653	21067	17861
1979	32868	30267	27918	22367	19578
1980	35730	32936	30132	23990	20460
1981	37997	35088	31875	25221	20979
1982	40003	36897	33495	26398	21891

续表

年份	资格群体				
	1	2	3	4	5
1983	41277	38040	34487	27096	22412
1984	41927	38614	35487	27911	23260
1985	42206	38859	36401	28352	24251
1986	42845	39294	37058	28971	24243
1987	43806	40062	37945	29838	24505
1988	44722	40821	38916	30505	25175
1989	45482	41471	39754	31102	25801
1990/上	23276	21222	20344	15916	13203
1990/下	26886	24515	23500	18385	15251

年份	资格群体（最终数额）				
	1	2	3	4	5
1991	56945	51923	49773	38940	32302
1992	60020	54727	52461	41043	34046
1993	61761	56314	53982	42233	35033
1994	62996	57440	55062	43078	35734
1995	64949	59221	56769	44413	36842
1996	66248	60405	57904	45301	37579
1997	66844	60949	58425	45709	37917
1998	67847	61863	59301	46395	38486
1999	68593	62543	59953	46905	38909
2000	69553	63419	60792	47562	39454
2001	70784	64542	61868	48404	40152

年份	资格群体（临时数额）				
	1	2	3	4	5
1991	56299	51334	49208	38498	31935
1992	58827	53639	51418	40226	33369
1993	63665	58050	55647	43535	36114
1994	66502	60638	58127	45476	37723
1995	65343	59580	57113	44683	37065
1996	65516	59738	57264	44801	37163
1997	68976	62893	60289	47167	39126
1998	68898	62821	60220	47113	39082
1999	68047	62046	59477	46532	38600
2000	69882	63719	61080	47787	39641
2001	70102	63919	61272	47937	39765

表格 8

年份	行业：轻工业（不包括纺织工业）				
	资格群体				
	1	2	3	4	5
1950	4024	3101	3279	2410	1964
1951	4493	3556	3729	2754	2252
1952	4800	3881	4037	2995	2457
1953	5058	4161	4295	3199	2634
1954	5271	4400	4508	3371	2784
1955	5695	4812	4896	3675	3044
1956	5930	5062	5116	3854	3201
1957	6047	5207	5229	3952	3291
1958	6308	5474	5464	4142	3457
1959	6531	5705	5662	4304	3601
1960	7099	6238	6156	4693	3935
1961	7675	6779	6654	5086	4273
1962	8314	7378	7205	5521	4646
1963	8836	7873	7650	5876	4954
1964	9693	8669	8383	6453	5448
1965	10468	9393	9043	6976	5897
1966	11035	9932	9519	7358	6227
1967	11288	10187	9722	7529	6378
1968	11916	10781	10247	7950	6740
1969	12666	11485	10873	8451	7169
1970	14376	13062	12320	9591	8139
1971	15939	14509	13634	10631	9024
1972	17538	15992	14974	11694	9926
1973	19677	17971	16770	13115	11130
1974	21850	19984	18587	14556	12347
1975	24034	21650	19389	15347	13206
1976	25651	23300	21152	16568	13984
1977	26982	24709	22687	17629	14611
1978	27843	25554	23519	18590	15761
1979	28914	26626	24560	19677	17223
1980	31429	28972	26505	21102	17997
1981	33226	30682	27872	22054	18345
1982	34969	32254	29280	23076	19136

续表

年份	资格群体				
	1	2	3	4	5
1983	36298	33452	30327	23828	19709
1984	36949	34030	31274	24597	20499
1985	37246	34292	32123	25020	21401
1986	38367	35188	33185	25944	21709
1987	39624	36238	34323	26990	22165
1988	40485	36954	35229	27615	22790
1989	41610	37940	36370	28454	23604
1990/上	20924	19078	18288	14308	11869
1990/下	22406	20430	19585	15322	12711

年份	资格群体（最终数额）				
	1	2	3	4	5
1991	47456	43271	41481	32452	26922
1992	50019	45608	43721	34204	28376
1993	51470	46931	44989	35196	29199
1994	52499	47870	45889	35900	29783
1995	54126	49354	47312	37013	30706
1996	55209	50341	48258	37753	31320
1997	55706	50794	48692	38093	31602
1998	56542	51556	49422	38664	32076
1999	57164	52123	49966	39089	32429
2000	57964	52853	50666	39636	32883
2001	58990	53788	51563	40338	33465

年份	资格群体（临时数额）				
	1	2	3	4	5
1991	46918	42704	41011	32084	26617
1992	49024	44701	42852	33525	27812
1993	53056	48377	46376	36282	30099
1994	55421	50534	48443	37898	31441
1995	54455	49653	47598	37237	30893
1996	54599	49785	47725	37336	30974
1997	57482	52414	50245	39308	32610
1998	57417	52355	50188	39263	32573
1999	56709	51708	49568	38779	32171
2000	58238	53103	50905	39824	33038
2001	58422	53270	51065	39949	33142

表格 9

行业：纺织工业

年份	资格群体				
	1	2	3	4	5
1950	3539	2727	2884	2120	1727
1951	3951	3128	3280	2422	1981
1952	4221	3413	3551	2634	2161
1953	4448	3660	3777	2814	2317
1954	4636	3869	3965	2965	2449
1955	4986	4212	4286	3217	2664
1956	5246	4478	4526	3409	2831
1957	5406	4655	4675	3533	2942
1958	5699	4945	4936	3742	3124
1959	5963	5209	5169	3930	3288
1960	6573	5776	5699	4345	3643
1961	7123	6292	6176	4721	3966
1962	7761	6887	6725	5153	4337
1963	8321	7414	7204	5533	4665
1964	9041	8086	7819	6019	5082
1965	9779	8775	8447	6517	5509
1966	10369	9332	8944	6914	5851
1967	10537	9509	9075	7029	5954
1968	11124	10063	9565	7421	6292
1969	12200	11062	10472	8140	6905
1970	13441	12213	11518	8967	7610
1971	14961	13619	12797	9979	8470
1972	16442	14993	14039	10963	9306
1973	18545	16937	15805	12360	10489
1974	20634	18872	17553	13746	11660
1975	22699	20448	18312	14494	12472
1976	24237	22015	19986	15654	13213
1977	25898	23716	21775	16921	14024
1978	26806	24602	22643	17897	15174
1979	27756	25559	23576	18888	16533
1980	30152	27794	25428	20244	17266
1981	32175	29712	26991	21356	17765
1982	33588	30980	28124	22165	18381

续表

年份	资格群体				
	1	2	3	4	5
1983	34804	32075	29079	22848	18898
1984	35335	32543	29908	23523	19603
1985	35651	32824	30748	23949	20485
1986	37226	34141	32198	25172	21063
1987	38805	35488	33613	26432	21707
1988	40357	36836	35117	27528	22718
1989	41610	37940	36370	28454	23604
1990/上	20782	18949	18166	14212	11789
1990/下	22546	20557	19706	15417	12790

年份	资格群体（最终数额）				
	1	2	3	4	5
1991	47753	4354	41737	32653	27089
1992	50332	45891	43991	34416	28552
1993	51792	47222	45267	35414	29380
1994	52828	48166	46172	36122	29968
1995	54466	49659	47603	37242	30897
1996	55555	50652	48555	37987	31515
1997	56055	51108	48992	38329	31799
1998	56896	51875	49727	38904	32276
1999	57522	52446	50274	39332	32631
2000	58327	53180	50978	39883	33088
2001	59359	54121	51880	40589	33674

年份	资格群体（临时数额）				
	1	2	3	4	5
1991	47211	43046	41264	32283	26782
1992	49331	44979	43117	33731	27985
1993	53388	48678	46662	36506	30286
1994	55768	50847	48742	38133	31636
1995	54796	49961	47892	37468	31084
1996	54941	50093	48019	37567	31167
1997	57843	52738	50554	39551	32813
1998	57777	52678	50497	39506	32776
1999	57064	52028	49874	39019	32371
2000	58603	53431	51219	40071	33244
2001	58787	53600	51380	40197	33349

表格 10

行业：食品工业

年份	资格群体				
	1	2	3	4	5
1950	4095	3156	3338	2454	1999
1951	4573	3620	3796	2803	2292
1952	4886	3951	4109	3048	2501
1953	5148	4235	4372	3257	2681
1954	5365	4478	4589	3432	2834
1955	5782	4885	4970	3731	3090
1956	6053	5167	5222	3934	3267
1957	6206	5344	5367	4056	3378
1958	6510	5649	5639	4274	3568
1959	6777	5920	5875	4466	3737
1960	7405	6507	6421	4895	4105
1961	7960	7031	6901	5275	4432
1962	8620	7649	7469	5723	4817
1963	9114	8121	7891	6060	5109
1964	9987	8932	8638	6649	5614
1965	10824	9712	9350	7213	6097
1966	11587	10429	9995	7726	6539
1967	11925	10762	10271	7955	6738
1968	12523	11329	10768	8355	7083
1969	13550	12286	11631	9040	7669
1970	15232	13839	13052	10162	8623
1971	16946	15426	14496	11303	9594
1972	18634	16992	15910	12425	10546
1973	20842	19035	17763	13892	11789
1974	23209	21227	19743	15462	13115
1975	25827	23266	20836	16491	14191
1976	27418	24905	22610	17710	14948
1977	28989	26547	24375	18941	15698
1978	29638	27201	25036	19788	16777
1979	30631	28207	26018	20845	18246
1980	33218	30620	28014	22303	19021
1981	34889	32218	29267	23158	19263
1982	36395	33569	30474	24017	19916

续表

年份	资格群体					
	1	2	3	4	5
1983	37837	34870	31613	24838	20544
1984	38429	35393	32527	25582	21320
1985	38574	35515	33269	25913	22165
1986	39464	36194	34134	26686	22330
1987	40357	36908	34957	27489	22575
1988	41298	37696	35936	28170	23248
1989	42674	38910	37299	29182	24208
1990/上	22128	20175	19340	15131	12552
1990/下	23889	21782	20880	16335	13551

年份	资格群体（最终数额）				
	1	2	3	4	5
1991	50597	46134	44224	34598	28701
1992	53329	48625	46612	36466	30251
1993	54876	50035	47964	37524	31128
1994	55974	51036	48923	38274	31751
1995	57709	52618	50440	39460	32735
1996	58863	53670	51449	40249	33390
1997	59393	54153	51912	40611	33691
1998	60284	54965	52691	41220	34196
1999	60947	55570	53271	41673	34572
2000	61800	56348	54017	42256	35056
2001	62894	57345	54973	43004	35676

年份	资格群体（临时数额）				
	1	2	3	4	5
1991	50023	45611	43722	34205	28375
1992	52269	47659	45686	35741	29650
1993	56568	51578	49443	38681	32088
1994	59089	53877	51646	40404	33518
1995	58059	52937	50746	39700	32933
1996	58213	53077	50880	39805	33021
1997	61287	55880	53657	41907	34765
1998	61218	55817	53507	41859	34726
1999	60462	55128	52846	41342	34297
2000	62093	56614	54272	42457	35222
2001	62288	56793	54443	42590	35333

表格 11

行业：建筑业

年份	资格群体				
	1	2	3	4	5
1950	4347	3350	3543	2604	2122
1951	4797	3797	3982	2941	2405
1952	5066	4096	4261	3161	2594
1953	5276	4341	4481	3338	2748
1954	5435	4537	4648	3476	2871
1955	5765	4870	4955	3719	3081
1956	6210	5301	5358	4035	3352
1957	6552	5642	5666	4282	3566
1958	7071	6136	6125	4643	3876
1959	7575	6617	6567	4992	4177
1960	8475	7447	7349	5603	4698
1961	9260	8180	8029	6137	5156
1962	10012	8884	8675	6648	5595
1963	10520	9374	9108	6996	5898
1964	11480	10267	9929	7643	6453
1965	12646	11348	10924	8427	7124
1966	13610	12250	11740	9075	7680
1967	13882	12528	11957	9260	7844
1968	14901	13481	12813	9942	8428
1969	16348	14823	14034	10907	9253
1970	18465	16777	15823	12319	10454
1971	19996	18202	17104	13337	11321
1972	21801	19879	18614	14536	12339
1973	24305	22197	20714	16199	13747
1974	26821	24531	22816	17868	15156
1975	29451	26530	23760	18806	16182
1976	31307	28438	25816	20221	17068
1977	32804	30040	27582	21433	17764
1978	33348	30606	28169	22265	18877
1979	34026	31333	28902	23155	20268
1980	36497	33643	30779	24505	20899
1981	38435	35493	32242	25511	21221
1982	39736	36651	33271	26221	21745

续表

年份	资格群体				
	1	2	3	4	5
1983	41141	37915	34373	27007	22338
1984	41568	38284	35183	27672	23061
1985	42206	38859	36401	28352	24251
1986	43196	39616	37362	29209	24441
1987	44194	40417	38281	30103	24722
1988	44936	41016	39102	30651	25296
1989	45695	41665	39940	31247	25921
1990/上	23248	21197	20320	15897	13187
1990/下	28102	25623	24563	19217	15941

年份	资格群体（最终数额）				
	1	2	3	4	5
1991	59520	54270	52025	40702	33763
1992	62734	57201	54834	42900	35586
1993	64553	58860	56424	44144	36618
1994	65844	60037	57552	45027	37350
1995	67885	61898	59336	46423	38508
1996	69243	63136	60523	47351	39278
1997	69866	63704	61068	47777	39632
1998	70914	64660	61984	48494	40226
1999	71694	65371	62666	49027	40668
2000	72698	66286	63543	49713	41237
2001	73985	67459	64668	50593	41967

年份	资格群体（临时数额）				
	1	2	3	4	5
1991	58845	53654	51434	40240	33380
1992	61487	56063	53744	42047	34879
1993	66544	60674	58164	45505	37747
1994	69509	63379	60756	47533	39429
1995	68297	62274	59697	46704	38742
1996	68478	62438	59854	46828	38844
1997	72094	65736	63015	49301	40895
1998	72013	65661	62944	49245	40849
1999	71124	64851	62167	48637	40345
2000	73041	66600	63844	49949	41433
2001	73271	66809	64045	50106	41563

表格 12

行业：其他生产行业

年份	资格群体				
	1	2	3	4	5
1950	6091	4545	4844	3388	2639
1951	6530	5026	5303	3737	2931
1952	6690	5277	5517	3914	3087
1953	6752	5434	5631	4019	3187
1954	6749	552	5673	4071	3244
1955	6970	5781	5894	4251	3402
1956	7332	6153	6227	4512	3625
1957	7551	6400	6431	4680	3774
1958	7968	6812	6799	4967	4019
1959	8325	7171	7111	5215	4233
1960	9155	7939	7823	5757	4687
1961	9880	8618	8442	6233	5088
1962	10686	9370	9126	6759	5531
1963	11299	9954	9642	7162	5873
1964	12244	10831	10437	7774	6388
1965	13215	11734	11250	8402	6916
1966	13972	12448	11878	8893	7331
1967	14131	12628	11994	9001	7430
1968	14808	13270	12547	9437	7798
1969	15910	14294	13457	10143	8389
1970	17697	15936	14941	11284	9338
1971	19578	17667	16497	12483	10335
1972	21203	19170	17832	13518	11193
1973	23571	21349	19785	15025	12439
1974	25922	23516	21715	16518	13670
1975	28308	25240	22329	17125	14369
1976	29570	26611	23907	18137	14884
1977	30954	28109	25579	19249	15472
1978	31667	28846	26340	20266	16781
1979	32982	30174	27639	21647	17712
1980	35580	32575	29560	22956	18908
1981	37108	34021	30610	23548	19499
1982	38550	35297	31734	24300	20226

续表

年份	资格群体				
	1	2	3	4	5
1983	39844	36448	32720	24966	20917
1984	40299	36870	33633	25790	21579
1985	40565	37127	34602	26333	22121
1986	41643	37958	35637	27244	22336
1987	42525	38649	36457	28063	22540
1988	43125	39112	37152	28500	23018
1989	44281	40116	38333	29349	23845
1990/上	22856	20706	19785	15149	12308
1990/下	22490	20375	19470	14907	12111

年份	资格群体（最终数额）				
	1	2	3	4	5
1991	47634	43154	41238	31573	25651
1992	50206	45484	43465	33278	27036
1993	51662	46803	44725	34243	2782
1994	52695	47739	4562	34928	28376
1995	54329	49219	47034	36011	29256
1996	55416	50203	47975	36731	29841
1997	55915	50655	48407	37062	3011
1998	56754	51415	49133	37618	30562
1999	57378	51981	49673	38032	30898
2000	58181	52709	50368	38564	31331
2001	59211	53642	5126	39247	31886

年份	资格群体（临时数额）				
	1	2	3	4	5
1991	47094	42665	4077	31215	2536
1992	49208	44581	426	32617	26499
1993	53255	48246	46104	35299	28678
1994	55628	50396	48159	36872	29956
1995	54658	49518	47319	36229	29434
1996	54803	49649	47445	36325	29511
1997	57697	52271	4995	38244	3107
1998	57633	52211	49894	382	31035
1999	56921	51567	49278	37729	30652
2000	58457	52957	50607	38747	31479
2001	5864	53125	50766	38869	31578

表格 13

年份	资格群体				
	1	2	3	4	5

行业：手工制造业

年份	1	2	3	4	5
1950	2820	2173	2299	1689	1377
1951	3081	2439	2557	1889	1544
1952	3220	2604	2709	2009	1649
1953	3320	2731	2819	2100	1729
1954	3385	2826	2895	2165	1788
1955	3566	3013	3065	2301	1906
1956	3873	3306	3341	2517	2090
1957	4119	3547	3562	2692	2242
1958	4481	3889	3882	2942	2456
1959	4839	4227	4195	3189	2669
1960	5486	4820	4757	3627	3041
1961	6215	5490	5389	4119	3460
1962	6980	6194	6048	4634	3900
1963	7370	6567	6381	4901	4132
1964	7906	7070	6837	5263	4444
1965	8624	7738	7449	5746	4858
1966	9541	8587	8230	6362	5384
1967	9922	8955	8546	6619	5607
1968	10727	9705	9224	7157	6067
1969	11267	10216	9672	7517	6377
1970	12746	11581	10923	8504	7216
1971	14213	12938	12158	9480	8047
1972	15589	14215	13311	10395	8823
1973	17446	15933	14869	11628	9868
1974	19240	17597	16366	12817	10872
1975	20944	18867	16897	13373	11508
1976	22194	20160	18301	14335	12099
1977	23609	21620	19851	15425	12785
1978	24253	22259	20487	16193	13729
1979	24761	22801	21032	16850	14749
1980	27043	24928	22806	18157	15485
1981	28323	26155	23759	18799	15638
1982	29713	27406	24879	19607	16260

续表

年份	资格群体				
	1	2	3	4	5
1983	30776	28363	25714	20203	16711
1984	31523	29033	26682	20985	17489
1985	31842	29318	27463	21391	18297
1986	32485	29793	28097	21966	18381
1987	33070	30244	28646	22526	18499
1988	34194	31211	29755	23324	19249
1989	35867	32703	31349	24527	20346
1990/上	18821	17160	16450	12870	10676
1990/下	17816	16245	15572	12183	10107

年份	资格群体（最终数额）				
	1	2	3	4	5
1991	37734	34407	32982	25804	21407
1992	39772	36265	34763	27197	22563
1993	40925	37317	35771	27986	23217
1994	41744	38063	36486	28546	23681
1995	43038	39243	37617	29431	24415
1996	43899	40028	38369	30020	24903
1997	44294	40388	38714	30290	25127
1998	44958	40994	39295	30744	25504
1999	45453	41445	39727	31082	25785
2000	46089	42025	40283	31517	26146
2001	46905	42769	40996	32075	26609

年份	资格群体（临时数额）				
	1	2	3	4	5
1991	37306	34017	32607	25511	21164
1992	38981	35544	34072	26656	22114
1993	42187	38467	36874	28849	23933
1994	44067	40182	38517	30134	25000
1995	43299	39481	37846	29609	24564
1996	43414	39586	37945	29688	24628
1997	45706	41676	39949	31256	25929
1998	45655	41629	39904	31221	25899
1999	45091	41115	39411	30835	25579
2000	46307	42224	40474	31666	26269
2001	46453	42357	40601	31766	26352

表格 14

行业：农业与林业

年份	资格群体				
	1	2	3	4	5
1950	2793	2159	2281	1684	1377
1951	3158	2506	2626	1948	1598
1952	3416	2769	2879	2144	1766
1953	3644	3005	3100	2319	1916
1954	3845	3216	3294	2474	2050
1955	4199	3554	3616	2725	2264
1956	4605	3938	3979	3009	2508
1957	4946	4266	4284	3250	2716
1958	5434	4723	4714	3588	3005
1959	5926	5184	5145	3927	3296
1960	6782	5968	5890	4508	3792
1961	7490	6625	6504	4991	4206
1962	8172	7261	7092	5455	4604
1963	8567	7643	7429	5726	4841
1964	9131	8176	7910	6110	5172
1965	10345	9293	8950	6927	5871
1966	11383	10257	9836	7629	6475
1967	11806	10668	10187	7919	6728
1968	12815	11608	11041	8600	7314
1969	14195	12888	12211	9530	8112
1970	16202	14741	13916	10883	9269
1971	18243	16635	15651	12274	10467
1972	19920	18187	17045	13366	11383
1973	22420	20495	19139	15014	12774
1974	25169	23031	21431	16813	14282
1975	27664	24933	22342	17708	15255
1976	29336	26654	24203	18973	16025
1977	30791	28194	25883	20102	16653
1978	31392	28810	26517	20959	17769
1979	32278	29728	27424	21982	19247
1980	35005	32264	29514	23488	20026
1981	36745	33923	30806	24351	20237
1982	37973	35019	31784	25034	20748

续表

年份	资格群体				
	1	2	3	4	5
1983	39601	36496	33086	25996	21502
1984	39834	36695	33731	26552	22146
1985	39944	36794	34480	26905	23045
1986	40556	37213	35107	27493	23040
1987	41222	37717	35736	28148	23155
1988	42192	38534	36747	28859	23861
1989	43738	39903	38262	29990	24922
1990/上	21340	19469	18668	14633	12160
1990/下	21574	19683	18873	14793	12293

年份	资格群体（最终数额）				
	1	2	3	4	5
1991	45694	41689	39973	31332	26037
1992	48161	43940	42132	33024	27443
1993	49558	45214	43354	33982	28239
1994	50549	46118	44221	34662	28804
1995	52116	47548	45592	35737	29697
1996	53158	48499	46504	36452	30291
1997	53636	48935	46923	36780	30564
1998	54441	49669	47627	37332	31022
1999	55040	50215	48151	37743	31363
2000	55811	50918	48825	38271	31802
2001	56799	51819	49689	38948	32365

年份	资格群体（临时数额）				
	1	2	3	4	5
1991	45175	41216	39520	30976	25742
1992	47204	43066	41294	32367	26897
1993	51086	46609	44690	35029	29110
1994	53362	48686	46682	36591	30407
1995	52432	47836	45869	35953	29877
1996	52571	47963	45990	36048	29956
1997	55347	50496	48419	37953	31538
1998	55284	50439	48364	37910	31503
1999	54601	49816	47768	37442	31114
2000	56074	51159	49056	38452	31953
2001	56251	51320	49210	38573	32053

表格 15

年份	行业：交通业 资格群体				
	1	2	3	4	5
1950	5000	3888	4103	3056	2518
1951	5545	4425	4632	3465	2864
1952	5884	4792	4977	3739	3101
1953	6155	5098	5256	3964	3297
1954	6370	5349	5476	4145	3458
1955	6825	5799	5897	4479	3746
1956	7180	6161	6225	4744	3978
1957	7396	6401	6427	4913	4130
1958	7794	6795	6784	5201	4381
1959	8152	7154	7101	5459	4609
1960	8973	7918	7818	6026	5097
1961	10029	8894	8736	6749	5719
1962	10735	9563	9345	7237	6142
1963	11292	10098	9821	7621	6478
1964	12325	11061	10709	8327	7086
1965	13298	11972	11540	8990	7659
1966	14295	12907	12387	9668	8245
1967	14536	13158	12576	9831	8390
1968	15434	14002	13329	10435	8910
1969	16741	15221	14434	11317	9667
1970	18926	17243	16292	12798	10938
1971	21189	19343	18214	14338	12264
1972	23049	21074	19774	15582	13323
1973	26224	24007	22446	17697	15117
1974	28753	26350	24550	19358	16513
1975	31734	28643	25711	20468	17692
1976	33300	30298	27555	21700	18400
1977	35281	32355	29752	23241	19357
1978	36206	33277	30674	24368	20749
1979	37834	34892	32235	25956	22801
1980	40365	37261	34146	27323	23402
1981	42411	39207	35668	28339	23668
1982	43844	40482	36800	29118	24239

续表

年份	资格群体				
	1	2	3	4	5
1983	45303	41800	37954	29956	24887
1984	45724	42164	38803	30659	25661
1985	46451	42823	40159	31435	26989
1986	48009	44088	41618	32686	27463
1987	50234	46004	43611	34451	28424
1988	50657	46300	44172	34780	28828
1989	51518	47033	45114	35443	29517
1990/上	26681	24359	23364	18355	15287
1990/下	28100	25654	24607	19332	16100

年份	资格群体（最终数额）				
	1	2	3	4	5
1991	59516	54335	52118	40945	34100
1992	62730	57269	54932	43156	35941
1993	64549	58930	56525	44408	36983
1994	65840	60109	57656	45296	37723
1995	67881	61972	59443	46700	38892
1996	69239	63211	60632	47634	39670
1997	69862	63780	61178	48063	40027
1998	70910	64737	62096	48784	40627
1999	71690	65449	62779	49321	41074
2000	72694	66365	63658	50011	41649
2001	73981	67540	64785	50896	42386

年份	资格群体（临时数额）				
	1	2	3	4	5
1991	58841	53719	51527	40481	33713
1992	61483	56131	53840	42298	35227
1993	66539	60747	58268	45777	38124
1994	69505	63454	60865	47817	39823
1995	68293	62348	59803	46984	39128
1996	68474	62513	59962	47108	39232
1997	72090	65814	63128	49595	41303
1998	72009	65739	63057	49539	41257
1999	71120	64928	62279	48928	40747
2000	73037	66679	63959	50248	41846
2001	73267	66889	64160	50406	41978

表格 16

行业：邮政与远程通信行业

年份	资格群体				
	1	2	3	4	5
1950	4519	3514	3708	2762	2275
1951	4796	3827	4006	2997	2477
1952	4869	3966	4119	3095	2566
1953	4875	4038	4163	3140	2611
1954	4828	4055	4151	3142	2621
1955	4949	4205	4276	3248	2717
1956	5241	4497	4544	3463	2904
1957	5435	4703	4723	3610	3035
1958	5766	5027	5018	3847	3241
1959	6071	5327	5288	4065	3432
1960	6765	5970	5894	4543	3843
1961	8743	7754	7616	5884	4986
1962	9418	8389	8199	6349	5388
1963	10066	9002	8756	6794	5775
1964	10895	9778	9467	7361	6264
1965	11559	10406	10030	7814	6657
1966	12189	11005	10562	8243	7030
1967	12313	11145	10652	8327	7106
1968	12821	11632	11073	8669	7402
1969	13892	12631	11978	9391	8022
1970	15438	14065	13289	10439	8922
1971	17840	16286	15335	12072	10326
1972	19479	17810	16711	13169	11259
1973	21751	19912	18617	14678	12538
1974	24515	22466	20932	16505	14079
1975	26180	23630	21211	16886	14595
1976	27631	25139	22863	18005	15267
1977	28959	26557	24421	19077	15888
1978	29475	27091	24972	19838	16892
1979	30275	27921	25795	20770	18246
1980	33045	30504	27954	22368	19158
1981	34958	32317	29400	23359	19508
1982	35815	33069	30061	23785	19800

续表

年份	资格群体				
	1	2	3	4	5
1983	37775	34855	31648	24979	20752
1984	39127	36081	33204	26236	21958
1985	40066	36937	34638	27114	23279
1986	40394	37094	35016	27501	23107
1987	41001	37548	35596	28119	23200
1988	42496	38841	37056	29177	24184
1989	43068	39319	37715	29629	24675
1990/上	23690	21628	20745	16297	13573
1990/下	24566	22427	21512	16901	14074

年份	资格群体（最终数额）				
	1	2	3	4	5
1991	52031	47501	45563	35796	29809
1992	54841	50066	48023	37729	31419
1993	56431	51518	49416	38823	32330
1994	57560	52548	50404	39599	32977
1995	59344	54177	51967	40827	33999
1996	60531	55261	53006	41644	34679
1997	61076	55758	53483	42019	34991
1998	61992	56594	54285	42649	35516
1999	62674	57217	54882	43118	35907
2000	63551	58018	55650	43722	36410
2001	64676	59045	56635	44496	37054

年份	资格群体（临时数额）				
	1	2	3	4	5
1991	51441	46962	45046	35390	29471
1992	53750	49070	47068	36979	30794
1993	58171	53106	50940	40020	33327
1994	60764	55473	53209	41804	34812
1995	59704	54506	52282	41075	34205
1996	59862	54650	52420	41183	34296
1997	63023	57536	55189	43358	36107
1998	62952	57471	55126	43310	36066
1999	62175	56762	54446	42775	35621
2000	63852	58292	55946	43928	36581
2001	64053	58089	56089	44067	36697

表格 17

行业：商业

年份	资格群体				
	1	2	3	4	5
1950	4275	3315	3501	2597	2132
1951	4606	3667	3840	2862	2359
1952	4748	3860	4010	3003	2483
1953	4826	3991	4116	3095	2568
1954	4853	4070	4167	3146	2619
1955	5042	4279	4352	3298	2754
1956	5375	4608	4656	3541	2965
1957	5611	4853	4873	3719	3121
1958	5993	5222	5213	3991	3358
1959	6352	5571	5530	4246	3582
1960	7079	6244	6165	4747	4013
1961	7684	6813	6691	5167	4377
1962	8352	7439	7270	5628	4776
1963	8764	7838	7623	5917	5029
1964	9437	8471	8201	6380	5432
1965	10227	9209	8877	6920	5898
1966	10816	9767	9375	7322	6248
1967	11316	10246	9794	7663	6545
1968	12070	10954	10430	8174	6985
1969	13120	11935	11320	8889	7602
1970	14736	13432	12695	9987	8546
1971	16430	14997	14121	11112	9502
1972	17798	16263	15252	11994	10239
1973	20115	18423	17232	13609	11640
1974	22233	20392	19013	15035	12855
1975	24507	22142	19899	15889	13765
1976	25904	23593	21481	16974	14434
1977	27160	24931	22948	17988	15028
1978	27402	25204	23252	18520	15805
1979	28244	26064	24094	19441	17103
1980	30550	28215	25873	20740	17791
1981	31894	29501	26857	21384	17895
1982	33106	30588	27830	22076	18423

续表

年份	资格群体				
	1	2	3	4	5
1983	34363	31723	28824	22795	18974
1984	35081	32367	29805	23598	19789
1985	35909	33125	31079	24382	20969
1986	36826	33839	31958	25156	21178
1987	37198	34084	32323	25581	21144
1988	37761	34532	32955	25993	21582
1989	38777	35422	33986	26751	22317
1990/上	20799	18999	18229	14348	11971
1990/下	20651	18865	18100	14247	11885

年份	资格群体（最终数额）				
	1	2	3	4	5
1991	43739	39956	38336	30175	25173
1992	46101	42114	40406	31804	26532
1993	47438	43335	41578	32726	27301
1994	48387	44202	42410	33381	27847
1995	49887	45572	43725	34416	28710
1996	50885	46483	44600	35104	29284
1997	51343	46901	45001	35420	29548
1998	52113	47605	45676	35951	29991
1999	52686	48129	46178	36346	30321
2000	53424	48803	46824	36855	30745
2001	54370	49667	47653	37507	31289

年份	资格群体（临时数额）				
	1	2	3	4	5
1991	43243	39503	37901	29833	24887
1992	45184	41277	39603	31172	26004
1993	48901	44671	42860	33736	28144
1994	51080	46662	44770	35239	29397
1995	50189	45848	43990	34624	28884
1996	50322	45970	44106	34716	28961
1997	52980	48397	46436	36550	30490
1998	52920	48342	46384	36508	30455
1999	52267	47745	45811	36058	30080
2000	53676	49033	47046	37030	30891
2001	53845	49188	47194	37146	30988

表格 18

年份	行业：教育、文化、健康与社会行业					
	资格群体				
	1	2	3	4	5
1950	4635	3521	3737	2687	2148
1951	4971	3888	4088	2960	2380
1952	5102	4085	4257	3103	2507
1953	5166	4214	4356	3193	2593
1954	5168	4282	4392	3236	2639
1955	5366	4504	4586	3396	2780
1956	5719	4854	4908	3651	3000
1957	5964	5111	5133	3834	3162
1958	6271	5417	5407	4055	3355
1959	6615	5756	5711	4298	3567
1960	7396	6476	6389	4825	4015
1961	8021	7063	6929	5251	4381
1962	8677	7675	7489	5686	4749
1963	9152	8127	7889	6000	5017
1964	9890	8813	8513	6484	5427
1965	10682	9550	9180	7002	5866
1966	11351	10177	9737	7437	6234
1967	11785	10593	10090	7716	6470
1968	12367	11142	10566	8089	6784
1969	13298	12006	11338	8689	7287
1970	15024	13591	12781	9805	8221
1971	17448	15809	14805	11363	9520
1972	18719	16986	15845	12169	10187
1973	20726	18828	17491	13424	11214
1974	22914	20837	19282	14796	12337
1975	24323	22116	20473	15668	13044
1976	24451	22237	20583	15717	13065
1977	25682	23361	21645	16474	13673
1978	26234	23869	22115	16777	13905
1979	27285	24833	23007	17399	14399
1980	28301	25764	23869	17995	14871
1981	30672	27930	25874	19448	16050
1982	32514	29615	27434	20560	16974

续表

年份	资格群体				
	1	2	3	4	5
1983	33283	30326	28093	20971	17320
1984	33911	30881	28608	21304	17577
1985	34265	31181	28916	21499	17720
1986	35036	31750	29680	22193	17816
1987	35667	32229	30285	22840	17942
1988	36969	33332	31556	23715	18746
1989	39802	35844	34150	25612	20381
1990/上	21302	19184	18276	13707	10908
1990/下	20441	18409	17539	13155	10468

年份	资格群体（最终数额）				
	1	2	3	4	5
1991	43294	38990	37148	27862	22171
1992	45632	41095	39154	29367	23368
1993	46955	42287	40289	30219	24046
1994	47894	43133	41095	30823	24527
1995	49379	44470	42369	31779	25287
1996	50367	45359	43216	32415	25793
1997	50820	45767	43605	32707	26025
1998	51582	46454	44259	33198	26415
1999	52149	46965	44746	33563	26706
2000	52879	47623	45372	34033	27080
2001	53815	48466	46175	34635	27559

年份	资格群体（临时数额）				
	1	2	3	4	5
1991	42803	38548	36726	27546	21920
1992	44725	40279	38375	28783	22904
1993	48403	43591	41532	31150	24787
1994	50560	45533	43383	32539	25892
1995	49678	44740	42626	31972	25441
1996	49810	44858	42739	32056	25508
1997	52440	47227	44996	33749	26855
1998	52382	47173	44945	33712	26825
1999	51735	46591	44390	33296	26493
2000	53129	47848	45587	34194	27207
2001	53296	47998	45730	34301	27294

表格 19

年份	行业：科学、高等学校与职业学校行业				
	资格群体				
	1	2	3	4	5
1950	5988	4548	4827	3471	2774
1951	6433	5031	5290	3831	3080
1952	6624	5302	5526	4027	3255
1953	6715	5477	5662	4150	3370
1954	6733	5578	5722	4216	3438
1955	7012	5885	5993	4437	3633
1956	7474	6343	6414	4770	3921
1957	7778	6665	6694	5000	4123
1958	8220	7101	7088	5315	4397
1959	8626	7506	7446	5605	4651
1960	9607	8412	8298	6268	5216
1961	10495	9241	9065	6870	5731
1962	11468	10143	9897	7514	6277
1963	12140	10780	10465	7959	6655
1964	13145	11714	11315	8618	7214
1965	14172	12669	12179	9290	7782
1966	14963	13415	12835	9804	8217
1967	15635	14054	13386	10237	8584
1968	16290	14677	13918	10656	8937
1969	17535	15832	14950	11458	9609
1970	19661	17785	16725	12831	10758
1971	22177	20093	18818	14442	12100
1972	23995	21774	20312	15599	13059
1973	26534	24104	22393	17185	14357
1974	29551	26873	24867	19081	15911
1975	31589	28723	26590	20348	16941
1976	32116	29208	27035	20644	17160
1977	33602	30566	28321	21554	17890
1978	34639	31518	29202	22153	18360
1979	36058	32818	30405	22993	19029
1980	37660	34285	31763	23946	19790
1981	40619	36988	34265	25756	21255
1982	42164	38405	35576	26662	22012

续表

年份	资格群体				
	1	2	3	4	5
1983	43642	39765	36837	27499	22711
1984	44824	40818	37814	28160	23233
1985	45326	41247	38251	28440	23441
1986	45981	41668	38951	29126	23381
1987	46815	42302	39751	29979	23550
1988	48100	43368	41057	30855	24390
1989	50524	45499	43349	32512	25872
1990/上	24512	22074	21032	15773	12552
1990/下	21863	19688	18757	14069	11195

年份	资格群体（最终数额）				
	1	2	3	4	5
1991	46306	41699	39727	29798	23711
1992	48807	43951	41872	31407	24991
1993	50222	45226	43086	32318	25716
1994	51226	46131	43948	32964	26230
1995	52814	47561	45310	33986	27043
1996	53870	48512	46216	34666	27584
1997	54355	48949	46632	34978	27832
1998	55170	49683	47331	35503	28249
1999	55777	50230	47852	35894	28560
2000	56558	50933	48522	36397	28960
2001	57559	51835	49381	37041	29473

年份	资格群体（临时数额）				
	1	2	3	4	5
1991	45781	41226	39277	29460	23442
1992	47836	43077	41040	30783	24495
1993	51770	46620	44415	33314	26509
1994	54078	48698	46394	34799	27690
1995	53135	47849	45585	34192	27208
1996	53275	47976	45706	34283	27279
1997	56088	50510	48119	36093	28720
1998	56025	50452	48065	36053	28687
1999	55333	49830	47471	35608	28333
2000	56825	51173	48751	36568	29096
2001	57004	51335	48905	36684	29188

表格 20

行业：国家机关与社会组织

年份	资格群体				
	1	2	3	4	5
1950	5248	3972	4219	3018	2401
1951	5629	4384	4614	3317	2649
1952	5755	4584	4783	3455	2770
1953	5813	4716	4880	3540	2849
1954	5802	4780	4907	3574	2886
1955	6001	5007	5102	3730	3021
1956	6358	5364	5426	3981	3233
1957	6607	5626	5653	4160	3388
1958	6926	5946	5934	4381	3577
1959	7296	6308	6256	4631	3790
1960	8072	7022	6922	5137	4213
1961	8820	7714	7560	5625	4622
1962	9601	8439	8223	6133	5047
1963	10217	9019	8741	6532	5384
1964	11022	9767	9417	7052	5820
1965	11904	10585	10155	7618	6295
1966	12767	11387	10871	8170	6756
1967	13252	11854	11263	8478	7016
1968	14207	12741	12051	9085	7522
1969	15568	13993	13178	9948	8239
1970	17491	15754	14773	11167	9248
1971	19745	17818	16639	12593	10427
1972	21509	19444	18085	13702	11340
1973	23706	21464	19886	15083	12473
1974	26081	23648	21826	16570	13690
1975	27517	24968	23068	17495	14446
1976	29238	26532	24555	18625	15347
1977	30949	28091	26016	19734	16229
1978	31630	28716	26637	20187	16571
1979	32960	29931	27783	21064	17265
1980	34142	31013	28833	21849	17881
1981	35161	31949	29723	22511	18398
1982	35861	32570	30348	22979	18732

续表

年份	资格群体				
	1	2	3	4	5
1983	37041	33656	31380	23755	19346
1984	37939	34459	32177	24361	19797
1985	40702	36956	34588	26166	21220
1986	43209	39259	36770	27773	22511
1987	43506	39401	37079	28191	22342
1988	43661	39454	37399	28328	22580
1989	44328	39997	38144	28804	23082
1990/上	21909	19769	18854	14237	11409
1990/下	19304	17418	16611	12544	10052

年份	资格群体（最终数额）				
	1	2	3	4	5
1991	40886	36891	35182	26568	21290
1992	43094	38883	37082	28003	22440
1993	44344	40011	38157	28815	23091
1994	45231	40811	38920	29391	23553
1995	46633	42076	40127	30302	24283
1996	47566	42918	40930	30908	24769
1997	47994	43304	41298	31186	24992
1998	48714	43954	41917	31654	25367
1999	49250	44437	42378	32002	25646
2000	49940	45059	42971	32450	26005
2001	50824	45857	43732	33024	26465

年份	资格群体（临时数额）				
	1	2	3	4	5
1991	40422	36473	34783	26267	21049
1992	42237	38111	36345	27446	21994
1993	45711	41244	39334	29703	23802
1994	47748	43082	41087	31027	24864
1995	46916	42332	40370	30486	24430
1996	47040	42443	40477	30567	24495
1997	49524	44685	42615	32181	25789
1998	49469	44635	42567	32144	25760
1999	48858	44083	42041	31747	25442
2000	50175	45273	43175	32604	26128
2001	50334	45415	43310	32706	26210

表格 21

行业：其他非生产性行业

年份	资格群体				
	1	2	3	4	5
1950	6199	4795	5067	3745	3066
1951	6621	5260	5511	4094	3364
1952	6781	5502	5719	4268	3520
1953	6843	5648	5827	4367	3614
1954	6820	5710	5848	4402	3654
1955	7135	6046	6150	4647	3870
1956	7601	6508	6576	4987	4165
1957	7809	6745	6773	5154	4316
1958	8078	7031	7018	5358	4499
1959	8496	7444	7388	5658	4762
1960	9364	8252	8146	6257	5278
1961	10147	8989	8827	6799	5748
1962	10934	9730	9507	7343	6219
1963	11458	10238	9956	7709	6541
1964	12433	11151	10794	8378	7120
1965	13446	12100	11661	9072	7721
1966	14332	12936	12413	9679	8248
1967	14633	13241	12653	9881	8425
1968	15209	13793	13128	10266	8757
1969	16152	14679	13917	10897	9299
1970	17894	16293	15388	12065	10296
1971	19885	18138	17068	13397	11432
1972	21185	19354	18140	14260	12165
1973	23449	21453	20047	15769	13446
1974	25532	23389	21783	17152	14614
1975	28085	25731	23986	18855	16079
1976	27807	25490	23771	18668	15934
1977	28271	25904	24195	18988	16200
1978	28078	25742	24056	18866	16089
1979	29597	27176	25408	19913	16975
1980	31343	28795	26935	21095	17976
1981	32602	29969	28046	21952	18697
1982	33536	30844	28879	22589	19263

续表

年份	资格群体				
	1	2	3	4	5
1983	34254	31522	29527	23082	19705
1984	34409	31682	29691	23195	19824
1985	35305	32525	30483	23798	20392
1986	35811	32864	31007	24293	20367
1987	36389	33299	31552	24861	20459
1988	36565	33394	31845	25007	20674
1989	39454	35991	34509	27039	22462
1990/上	21533	19643	18834	14757	12259
1990/下	21356	19481	18678	14635	12158

年份	资格群体（最终数额）				
	1	2	3	4	5
1991	45232	41261	39560	30997	25751
1992	47675	43489	41696	32671	27142
1993	49058	44750	42905	33618	27929
1994	50039	45645	43763	34290	28488
1995	51590	47060	45120	35353	29371
1996	52622	48001	46022	36060	29958
1997	53096	48433	46436	36385	30228
1998	53892	49159	47133	36931	30681
1999	54485	49700	47651	37337	31018
2000	55248	50396	48318	37860	31452
2001	56226	51288	49173	38530	32009

年份	资格群体（临时数额）				
	1	2	3	4	5
1991	44719	40793	39111	30645	25459
1992	46727	42624	40868	32021	26602
1993	50570	46130	44228	34655	28790
1994	52824	48186	46199	36199	30073
1995	51903	47346	45393	35568	29549
1996	52041	47471	45514	35662	29628
1997	54789	49978	47917	37545	31192
1998	54727	49921	47963	37502	31156
1999	54052	49305	47272	37040	30772
2000	55509	50634	48547	38039	31601
2001	55684	50793	48699	38158	31700

表格 22

行业：农业生产合作组织

年份	资格群体				
	1	2	3	4	5
1952	3954	3205	3332	2482	2044
1953	4060	3347	3454	2584	2134
1954	4207	3519	3604	2706	2243
1955	4415	3737	3802	2865	2381
1956	4636	3964	4006	3030	2525
1957	4773	4117	4134	3137	2621
1958	5040	4380	4373	3328	2787
1959	5262	4604	4569	3487	2927
1960	5782	5088	5022	3844	3233
1961	6389	5651	5548	4257	3588
1962	6961	6185	6042	4647	3922
1963	7420	6620	6435	4960	4193
1964	8091	7245	7009	5414	4583
1965	8819	7923	7630	5905	5005
1966	9479	8541	8190	6353	5392
1967	9757	8816	8419	6545	5561
1968	10406	9426	8966	6984	5940
1969	11410	10359	9815	7660	6520
1970	12941	11774	11115	8693	7404
1971	14976	13656	12848	10076	8592
1972	16789	15328	14366	11265	9594
1973	19339	17678	16509	12951	11018
1974	22016	20146	18746	14706	12493
1975	25008	22539	20197	16008	13790
1976	26381	23969	21765	17062	14411
1977	27543	25220	23153	17982	14896
1978	28124	25811	23756	18777	15919
1979	28961	26672	24606	19722	17269
1980	31652	29174	26687	21239	18108
1981	33309	30751	27925	22074	18345
1982	34388	31713	28784	22671	18790

续表

年份	资格群体					
	1	2	3	4	5
1983	35978	33157	30059	23618	19535
1984	37157	34229	31465	24768	20657
1985	37591	34626	32449	25320	21687
1986	37890	34767	32799	25686	21526
1987	38080	34842	33012	26002	21390
1988	38688	35333	33695	26463	21879
1989	39880	36383	34886	27344	22723
1990/上	25887	23618	22645	17750	14750
1990/下	19249	17561	16839	13199	10968

年份	资格群体（最终数额）				
	1	2	3	4	5
1991	40770	37194	35665	27956	23230
1992	42972	39202	37591	29466	24484
1993	44218	40339	38681	30321	25194
1994	45102	41146	39455	30927	25698
1995	46500	42422	40678	31886	26495
1996	47430	43270	41492	32524	27025
1997	47857	43659	41865	32817	27268
1998	48575	44314	42493	33309	27677
1999	49109	44801	42960	33675	27981
2000	49797	45428	43561	34146	28373
2001	50678	46232	44332	34750	28875

年份	资格群体（临时数额）				
	1	2	3	4	5
1991	40307	36772	35260	27638	22967
1992	42117	38424	36844	28879	23998
1993	45581	41583	39874	31255	25971
1994	47613	43436	41651	32648	27128
1995	46783	42679	40924	32080	26655
1996	46906	42792	41033	32164	26726
1997	49383	45052	43200	33863	28138
1998	49327	45001	43152	33825	28106
1999	48718	44445	42619	33408	27759
2000	50032	45643	43768	34308	28507
2001	50189	45787	43905	34416	28597

表格 23

年份	行业：手工生产合作组织					
	资格群体				
	1	2	3	4	5
1953	7062	5810	5997	4467	3678
1954	6832	5703	5843	4370	3609
1955	6838	5777	5878	4412	3654
1956	7306	6236	6303	4748	3943
1957	7559	6509	6537	4940	4114
1958	7885	6842	6830	5177	4322
1959	8256	7212	7157	5441	4553
1960	9097	7993	7888	6014	5042
1961	10146	8962	8797	6724	5649
1962	11163	9906	9673	7412	6238
1963	12013	10704	10401	7989	6735
1964	13201	11806	11417	8789	7420
1965	14496	13008	12522	9660	8166
1966	15494	13945	13365	10331	8743
1967	15865	14318	13664	10583	8965
1968	16805	15204	14450	11212	9505
1969	18289	16583	15700	12202	10351
1970	20574	18693	17630	13726	11648
1971	21659	19716	18527	14446	12262
1972	23181	21138	19793	15457	13120
1973	24677	22538	21031	16448	13958
1974	26952	24650	22927	17955	15230
1975	29219	26321	23572	18657	16055
1976	30487	27693	25140	19692	16621
1977	32303	29582	27161	21106	17492
1978	33193	30464	28039	22162	18790
1979	33044	30429	28068	22487	19684
1980	35638	32851	30055	23928	20407
1981	37518	34646	31473	24903	20715
1982	38991	35964	32648	25730	21337

续表

年份	资格群体				
	1	2	3	4	5
1983	40942	37731	34207	26876	22230
1984	40778	37557	34515	27147	22624
1985	39130	36027	33748	26286	22484
1986	39152	35907	33864	26474	22153
1987	39704	36311	34392	27044	2221
1988	40679	37130	35397	27747	22899
1989	41776	38091	36514	28567	23698
1990/上	24606	22435	21507	16826	13959
1990/下	22228	20268	19428	15201	12610

年份	资格群体（最终数额）				
	1	2	3	4	5
1991	47079	42928	41149	32196	26708
1992	49621	45246	43371	33935	28150
1993	51060	46558	44629	34919	28966
1994	52081	47489	45522	35617	29545
1995	53696	48961	46933	36721	30461
1996	54770	49940	47872	37455	31070
1997	55263	50389	48303	37792	31350
1998	56092	51145	49028	38359	31820
1999	56709	51708	49567	38781	32170
2000	57503	52432	50261	39324	32620
2001	58521	53360	51151	40020	33197

年份	资格群体（临时数额）				
	1	2	3	4	5
1991	46545	42441	40682	31831	26405
1992	48635	44346	20509	33260	27591
1993	52635	47994	46005	35995	29860
1994	54980	50133	48055	37600	31190
1995	54021	49258	47217	36944	30646
1996	54164	49389	47343	37042	30727
1997	57025	51997	49843	38998	32350
1998	56961	51938	49787	38953	32313
1999	56258	51296	49172	38472	31914
2000	57775	52679	50499	39510	32775
2001	57957	52846	50657	39634	32878

附件 15　包含自愿缴纳保费的已释明保费缴纳期间的收入指数

(原始文件来源：《联邦法律公报》2002 年第 1 卷第 914 页)

时间段	劳动者年金保险·周保费
1942.6.27 及之前	0.0038
1942.6.28—1949.5.29	0.0036
1949.5.30—1954.12.31	0.0020
1955.1.1—1955.12.31	0.0017
1956.1.1—1956.12.31	0.0016
1957.1.1—1957.2.28	0.0015

时间段	非劳动者雇员年金保险·月保费
1942.6.30 及之前	0.0324
1942.7.1—1949.5.31	0.0300
1949.6.1—1954.12.31	0.0085
1955.1.1—1955.12.31	0.0068
1956.1.1—1956.12.31	0.0064
1957.1.1—1957.2.28	0.0062

时间段	矿工年金保险·月保费			
	继续实施的		不再实施的	
	矿业从业人员种类			
	技术类雇员	商务类雇员	劳动者	非劳动者雇员
1943 年及之前	0.1434	0.1434	0.0269	0.0359
1944	0.1454	0.1454	0.0273	0.0364
1945	0.1875	0.1762	0.0352	0.0469
1946	0.1875	0.1762	0.0352	0.0469
1947	0.1819	0.1759	0.0341	0.0455
1948	0.1502	0.1502	0.0282	0.0376
1949	0.1688	0.1688	0.0220	0.0294

续表

时间段	矿工年金保险·月保费			
	继续实施的		不再实施的	
	矿业从业人员种类			
	技术类雇员	商务类雇员	劳动者	非劳动者雇员
1950	0.1845	0.1764	0.0198	0.0264
1951	0.1630	0.1630	0.0175	0.0233
1952	0.1731	0.1731	0.0162	0.0216
1953	0.2052	0.1765	0.0154	0.0205
1954	0.1968	0.1765	0.0148	0.0197
1955	0.1832	0.1763	0.0137	0.0183
1956	0.1720	0.1720	0.0129	0.0172
直至1957.2.28	0.1652	0.1652	0.0124	0.0165

附件16　不包括自愿附加年金保险的已释明保费缴纳期间内的最高收入

（原始文件来源：《联邦法律公报》2002年第1卷第915页）

日历年份	金额（德国马克）
1971	12293.95
1972	13022.85
1973	14182.17
1974	15270.48
1975	15762.92
1976	16406.14
1977	17006.02
1978	17353.91
1979	17840.19
1980	18724.60
1981	18980.34
1982	19287.94

续表

日历年份	金额（德国马克）
1983	19576.44
1984	19730.72
1985	19877.57
1986	19780.56
1987	19528.60
1988	19428.57
1989	19397.84
1990.1.1—1990.6.30	9212.10

附件 17

（已废止）

附件 18

（已废止）

附件 19　失业养老金或老年兼职工作养老金的退休年龄之提高

（原始文件来源：《联邦法律公报》2002年第1卷第917页，有关个别变动参见脚注）

参保人出生年月	提高月数	普通领取年龄		可提前领取最早年龄	
		年龄	月份	年龄	月份
1937					
1月	1	60	1	60	0
2月	2	60	2	60	0
3月	3	60	3	60	0

续表

参保人出生年月	提高月数	普通领取年龄 年龄	普通领取年龄 月份	可提前领取最早年龄 年龄	可提前领取最早年龄 月份
4月	4	60	4	60	0
5月	5	60	5	60	0
6月	6	60	6	60	0
7月	7	60	7	60	0
8月	8	60	8	60	0
9月	9	60	9	60	0
10月	10	60	10	60	0
11月	11	60	11	60	0
12月	12	61	0	60	0
1938					
1月	13	61	1	60	0
2月	14	61	2	60	0
3月	15	61	3	60	0
4月	16	61	4	60	0
5月	17	61	5	60	0
6月	18	61	6	60	0
7月	19	61	7	60	0
8月	20	61	8	60	0
9月	21	61	9	60	0
10月	22	61	10	60	0
11月	23	61	11	60	0
12月	24	62	0	60	0
1939					
1月	25	62	1	60	0
2月	26	62	2	60	0
3月	27	62	3	60	0
4月	28	62	4	60	0
5月	29	62	5	60	0
6月	30	62	6	60	0
7月	31	62	7	60	0
8月	32	62	8	60	0

续表

参保人出生年月	提高月数	普通领取年龄 年龄	普通领取年龄 月份	可提前领取最早年龄 年龄	可提前领取最早年龄 月份
9月	33	62	9	60	0
10月	34	62	10	60	0
11月	35	62	11	60	0
12月	36	63	0	60	0
1940					
1月	37	63	1	60	0
2月	38	63	2	60	0
3月	39	63	3	60	0
4月	40	63	4	60	0
5月	41	63	5	60	0
6月	42	63	6	60	0
7月	43	63	7	60	0
8月	44	63	8	60	0
9月	45	63	9	60	0
10月	46	63	10	60	0
11月	47	63	11	60	0
12月	48	64	0	60	0
1941					
1月	49	64	1	60	0
2月	50	64	2	60	0
3月	51	64	3	60	0
4月	52	64	4	60	0
5月	53	64	5	60	0
6月	54	64	6	60	0
7月	55	64	7	60	0
8月	56	64	8	60	0
9月	57	64	9	60	0
10月	58	64	10	60	0
11月	59	64	11	60	0
12月	60	65	0	60	0
1942—1945	60	65	0	60	0

续表

参保人出生年月	提高月数	普通领取年龄 年龄	普通领取年龄 月份	可提前领取最早年龄 年龄	可提前领取最早年龄 月份
1946					
1月		65	0	60	1
2月		65	0	60	2
3月		65	0	60	3
4月		65	0	60	4
5月		65	0	60	5
6月		65	0	60	6
7月		65	0	60	7
8月		65	0	60	8
9月		65	0	60	9
10月		65	0	60	10
11月		65	0	60	11
12月		65	0	61	0
1947					
1月		65	0	61	1
2月		65	0	61	2
3月		65	0	61	3
4月		65	0	61	4
5月		65	0	61	5
6月		65	0	61	6
7月		65	0	61	7
8月		65	0	61	8
9月		65	0	61	9
10月		65	0	61	10
11月		65	0	61	11
12月		65	0	62	0
1948					
1月		65	0	62	1
2月		65	0	62	2
3月		65	0	62	3
4月		65	0	62	4

续表

参保人 出生年月	提高月数	普通领取年龄		可提前领取最早年龄	
		年龄	月份	年龄	月份
5月		65	0	62	5
6月		65	0	62	6
7月		65	0	62	7
8月		65	0	62	8
9月		65	0	62	9
10月		65	0	62	10
11月		65	0	62	11
12月		65	0	63	0
1949—1951		65	0	63	0

附件20 妇女养老金退休年龄的提高

(原始文件来源:《联邦法律公报》2002年第1卷第918页)

参保人 出生年月	提高月数	普通领取年龄		可提前领取最早年龄	
		年龄	月份	年龄	月份
1940					
1月	1	60	1	60	0
2月	2	60	2	60	0
3月	3	60	3	60	0
4月	4	60	4	60	0
5月	5	60	5	60	0
6月	6	60	6	60	0
7月	7	60	7	60	0
8月	8	60	8	60	0
9月	9	60	9	60	0
10月	10	60	10	60	0
11月	11	60	11	60	0

续表

参保人出生年月	提高月数	普通领取年龄		可提前领取最早年龄	
		年龄	月份	年龄	月份
12月	12	61	0	60	0
1941					
1月	13	61	1	60	0
2月	14	61	2	60	0
3月	15	61	3	60	0
4月	16	61	4	60	0
5月	17	61	5	60	0
6月	18	61	6	60	0
7月	19	61	7	60	0
8月	20	61	8	60	0
9月	21	61	9	60	0
10月	22	61	10	60	0
11月	23	61	11	60	0
12月	24	62	0	60	0
1942					
1月	25	62	1	60	0
2月	26	62	2	60	0
3月	27	62	3	60	0
4月	28	62	4	60	0
5月	29	62	5	60	0
6月	30	62	6	60	0
7月	31	62	7	60	0
8月	32	62	8	60	0
9月	33	62	9	60	0
10月	34	62	10	60	0
11月	35	62	11	60	0
12月	36	63	0	60	0

续表

参保人出生年月	提高月数	普通领取年龄		可提前领取最早年龄	
		年龄	月份	年龄	月份
1943					
1月	37	63	1	60	0
2月	38	63	2	60	0
3月	39	63	3	60	0
4月	40	63	4	60	0
5月	41	63	5	60	0
6月	42	63	6	60	0
7月	43	63	7	60	0
8月	44	63	8	60	0
9月	45	63	9	60	0
10月	46	63	10	60	0
11月	47	63	11	60	0
12月	48	64	0	60	0
1944					
1月	49	64	1	60	0
2月	50	64	2	60	0
3月	51	64	3	60	0
4月	52	64	4	60	0
5月	53	64	5	60	0
6月	54	64	6	60	0
7月	55	64	7	60	0
8月	56	64	8	60	0
9月	57	64	9	60	0
10月	58	64	10	60	0
11月	59	64	11	60	0
12月	60	65	0	60	0
1945—1951	60	65	0	60	0

附件 21（已废止）

附件 22（已废止）

附件 23（已废止）

附录《统一条约》节录自《统一条约》附件一第八章专业领域 H 第三节（《联邦法律公报》1990 年第 2 卷第 889 页起，第 1060 页可见）

新加入地区（《统一条约》第 3 条）的适用条件

第三节

联邦法律在《统一条约》第 3 条规定的地区按如下条件发生效力：

1. 于 1989 年 12 月 18 日颁布、为 1989 年 12 月 22 日颁布的《1990 年职业支持法》（《联邦法律公报》第 1 卷第 2406 页）所修订的《1992 年年金改革法》（《联邦法律公报》1989 年第 1 卷，第 2261 页，及 1990 年第 1 卷，第 1337 页），按如下条件适用：

a）第 85 条第 2—6 款不适用。

b）第 1 条之下的第 3 条第 1 句第 2 项，第 5 条第 1 款第 1 句第 1 项及第 2 项，第 6 条第 1 款第 1 项、第 2—5 款，第 8 条第 2 款第 1 句第 1 项和第 2 项、第 2 句及第 3 句，第 146 条及第 149 条，第 166 条第 1 项，第 170 条第 1 款第 1 项，第 181、182、184—186 条及第 192 条业已随加入的生效而发生效力。

c）在适用第 1 条之下的第 166 条第 1 项时，直到 1991 年 12 月 31 日为止，在《条约》第 3 条规定的地区内，强制缴纳保费的收入数额为该地区相关参考数值的 70%。

d）第 1 条之下的下列规定于 1991 年 1 月 1 日按如下条件发生效力：

第 5 条第 3 款，第 9 条及第 10 条，第 11 条第 1 款及第 2 款，第 12—19 条，第 20 条第 1 款及第 2 款，第 21—23 条，第 24 条第 1—3 款，第 25 条第 1、3、4 款，第 26 条第 2 款及第 3 款，第 27 条第 1 款第 1 句第 1—

3、5和6项及第2款，第28—30条，第31条第1款第1句第1、3—5项和第2句、第2款第1句及第3款，第164、215、235条及第301条第1款：

aa）在适用这些规定时，在1991年12月31日及之前，以如下概念代替有关概念：

1. 以"残疾"代替"丧失职业能力"或"丧失劳动能力"，
2. 以"伤残年金"代替"劳动能力减损年金"，
3. 以"15年的保费缴纳期间"代替"15年的等待期"，
4. 以"5年的强制缴费期间"代替"一般等待期"，
5. 以"工伤年金"代替"伤害年金"和，
6. 以"子女补贴"代替"子女补助"或"子女津贴"。

过渡津贴按疾病津贴的额度支付，如果疾病津贴先被领取。

过渡津贴在评估期间结束后直至1991年12月31日，以与《统一条约》第3条规定地区之年金相同的时间间隔和相同的百分比增长。

在1991年12月31日及之前，只就一次家庭返乡行程或一位家庭成员的一次行程负担第30条第2款规定的旅行费用。

bb）在1990年12月31日及之前，在《统一条约》第3条规定的地区，可以依据在加入生效时适用的规则办理相关事项。

e）在适用字母b）和字母d）列举的规定时，保费计算上限和参考数值应采用专门为《条约》第3条规定之地区设定的数值。

f）第1条之下的第125—145条自1991年1月1日起在《统一条约》第3条规定的地区按如下条件适用：

aa）在《统一条约》第1条第1款所规定的的各州，于1991年1月1日各建立一所作为劳动者年金保险承担者的州保险机构。各州决定州保险机构的住所地并批准其章程。

bb）联邦受薪雇员保险机构、联邦矿工保险机构、联邦铁路职工保险机构和海事保险公司的责任范围从1991年1月1日起扩展到《统一条约》第3条规定的地区。联邦铁路职工保险机构的责任范围亦包括曾经在德国帝国铁路公司作为劳动者工作过的参保人；联邦铁路职工保险机构的职工亦可以是德国帝国铁路公司的职工。柏林州保险机构的责任范围扩展到柏林州中过去《基本法》未曾适用的地区。

联邦矿工保险机构的责任范围亦扩展到 1990 年 12 月 31 日在矿业企业中工作的职工或受此待遇的职工，只要其从事此项工作且适用矿业参保人的保险费率。

cc）在 1990 年 12 月 31 日及之前，在《统一条约》第 3 条规定的地区，可以依据在加入生效时适用的规则办理相关事项。

g）第 1 条下的第 168 条第 1 款第 1 项和第 2 项、第 2 款和第 3 款、第 169 条第 3 项随加入的生效按如下条件发生效力：

aa）以一项金额替换 610 或 750 德国马克之金额，该金额与在《条约》第 3 条规定地区适用的月度参考数值之 1/7 的比例，须等同于 610 或 750 德国马克之金额与依据《社会法典》第四编第 18 条在其他州适用的月度参考数值之 1/7 的比例，计算时四舍五入至整十德国马克。

bb）在适用第 168 条第 1 款第 2 项时，就 1990 年和 1991 年，在《统一条约》第 3 条规定的地区，将"参考数值的 80%"之表述替换为"在《统一条约》第 3 条规定地区应适用的参考数值的 70%"。

h）第 80、81、82 条自 1992 年 1 月 1 日起生效。

i）第 85 条第 7 款按如下条件适用：

aa）第 1 条之下的第 287 条第 4 款和第 310 条暂不引入新加入地区。

bb）第 1 条之下的第 69 条第 2 款，第 160、275、292 条在《统一条约》第 3 条规定的地区自 1992 年 1 月 1 日起生效。

cc）在 1990 年 12 月 31 日及之前，在《统一条约》第 3 条规定的地区，可以依据在加入生效时适用的规则办理相关事项。

……

附录　术语列表

Abänderung　修正

Abfindung　补偿金

Abkommen über den Europäischen Wirtschaftsraum　《欧洲经济区协定》

Abschläge　扣除值

Aktueller Rentenwert　当前年金价值

allgemeine Rentenversicherung　普通年金保险

allgemeine Wartezeit　一般等待期

Altersrente　养老金

Altersteilzeitarbeit　老年兼职工作

Altersteilzeitgesetz　《老年兼职法》

Altersversorgeanteil　老年供给份额

Altersversorgung der Landwirte und mithelfenden Familienangehörigen　农民和帮扶家庭成员养老保险公司

angelernt　受过短期训练的

Anhebung　提高

Anlagevermögen　固定资产

Anpassung　调整

anpassungsfähige Rente　可转化年金

Anpassungsgeld　调整津贴

Anpassungsmitteilung　调整通知

anrechenbare Zeiten　可计入的期间

Anrechnung　计入，抵消

anrechnungsfrei　免于计入

Anrechnungszeiten　视同缴费期间

Anspruchs-und Anwartschaftsüberführungsgesetz　《既得权和期待权转化法》

Antragstellung　提出申请

Anwartschaft　期待权

Anwartschaftserhaltungszeiten　期待权保留期间

Arbeitnehmerüberlassungsgesetz　《劳务派遣法》

Arbeitseinkommen　自雇收入

Arbeitsentgelt（e）　劳动报酬

Arbeitslosengeld　失业津贴

Arbeitslosengeld II　失业津贴II

Arbeitsmarktlagen　就业形势

Aufbau-und Ablauforganisation　组织结构和流程

Auffüllbetrag　补足金额

Aufsichtsbehörde　监管部门

Aufstockungsbeträge　增长（加）金额，增资

Ausgangsbetrag　基准金额

Ausgleichsbedarf　补偿需求

Ausgleichsfaktor　补偿系数

ausgleichspflichtige Person　有权得到补偿的人

Ausgleichszahlung　缴费补偿

Auslandsverwendung　国外派遣

Äquivalenzrentnern　等效年金领取者

Beamtenstatusgesetz　《公务员身份法》

Beamtenversorgung　公务员供给

Beamtenversorgungsgesetz　《公务员供给法》

Beitrag　保费

Beitragsbemessungsgrenze　保费计算上限

Beitragsbemessungsgrundlage　保费计算基准

Beitragsgeminderte Zeiten　保费减少期间

Beitragserstattung　保费退还

Beitragsmarken 保费缴纳凭证
Beitragssatz 保险费率
Beitragszeit 保费缴纳期间
Beitrittsgebiet 新加入地区
Bemessungszeitraum 评估期间
Bergmannsvollrenten 矿工全额年金
Berücksichtigungszeiten 抚育期间
Berufliches Rehabilitierungsgesetz 《职业康复法》
Berufsausbildung 职业教育
Berufsbezeichnung 职称
Berufsbildungsgesetz 《职业教育法》
Berufsfähigkeit 职业能力
Berufskrankheit 职业病
berufsständischer Kammer 职业等级协会
Beschäftigte 雇员
Beschäftigung 雇佣工作
besitzgeschützte Zahlbetrag 受保护的（年金）支付金额
Bestandsrenten 既有年金
Beteiligungsvermögen 投资资产
Beweismittel 证据
Bezugsgröße 参考数值
Bruttolöhne und -gehälter 毛收入
Bundesagentur für Arbeit 联邦劳动局
Bundesausbildungsförderungsgesetz 《联邦教育促进法》
Bundesbahn-Versicherungsanstalt 联邦铁路职工保险机构
Bundesevakuiertengesetzes 《联邦被疏散人员法》
Bundesknappschaft 联邦矿工保险机构
Bundesrechtsanwaltsordnung 《联邦律师条例》
Bundesversorgungsgesetz 《联邦供给法》
Bundesvertreterversammlung 联邦代表大会
Bundesvertriebenengesetz 《联邦被驱逐者和难民事务法》

Bundesvorstand　联邦理事会

Bundeswehrbeamtinnen-und Bundeswehrbeamten-Ausgliederungsgesetz　《联邦国防军公务员退出法》

Bundeszuschuss　联邦补助金

das Bundesministerium für Arbeit und Soziales　联邦劳动和社会事务部

das Gesetzes über das Verfahren in Familiensachen und in den Angelegenheiten der freiwilligen Gerichtsbarkeit　《家庭事务和自愿管辖权事项程序法》

Dateisystem　数据系统

Datenstelle　数据部门

Dauerauftrag　持续性委托

Demografiekomponente　人口统计因素

der knappschaftlichen Rentenversicherung zugeordnete Ersatzzeiten　归类于矿工年金保险的替换期

der Spitzenverband Bund der Krankenkassen　健康保险公司联邦最高协会

der Spitzenverbänden der Krankenkassen　健康保险公司最高协会

Deutsche Rentenversicherung Knappschaft-Bahn-See　德国"矿工—铁路职工—海员"年金保险公司

Deutsche Rentenversicherung Knappschaft-Bahn-See als Träger der knappschaftlichen Rentenversicherung　作为矿工年金保险承担者的德国"矿工—铁路职工—海员"年金保险公司

Diakonissen　教会中的女护士

die deutsche Auslandsvertretung　德国驻外代表机构

die Deutsche Post AG　德国邮政股份公司

die Deutsche Rentenversicherung Bund　德国联邦年金保险公司

Durchschnittsentgelt　平均收入

eidesstattliche Versicherungen　法定声明

eigener Beschäftigung oder selbständiger Tätigkeit　自雇工作或独立工作

Einführungsgesetzes zum Bürgerlichen Gesetzbuche　《民法典施行法》

Einkommensanrechnung　收入折算/抵销

Einkommensanrechnung auf Renten wegen Todes　死亡抚恤金中的收入折算

Einkommensteuerbescheid　所得税通知

Einkommensteuergesetz　《所得税法》

Einmalzahlungs-Neuregelungsgesetz　《一次性劳动收入的新社会保险地位法》

Einsatz-Weiterverwendungsgesetz　《国外受伤部署人员复原法》

Einzelnsplitting　单独年金分割

Entbindungspflege　产妇护理人员

Entgeltersatzleistungen　收入补偿给付

Entgeltpunkt　收入指数

Entgeltpunkte für Beiträge　保费缴纳收入指数

Entwicklungshelfer　发展援助人员

Entwicklungshelfer-Gesetz　《发展援助人员法》

Ertragswertverfahren　收益价值确定程序

Erwerbsfähigkeit　劳动能力

Erwerbsminderung　劳动能力减损

Erziehungsrente　育儿年金

Fachausschuss　专门委员会

Fachschuleausbildung　技术学校教育

Folgerenten　后续年金

Fremdrentenrecht　《外国人年金法》

geistlicher Genossenschaften　精神合作社

Gerätewarte　设备维护员

Geringfügige Beschäftigung　迷你雇佣工作

Gesamtleistungsbewertung　整体给付估值

Gesamtpersonalrat　全体职工委员会

Geschäftsanforderung　工作要求

Gesetzes über das Verfahren in Familiensachen und in den Angelegenheiten der freiwilligen Gerichtsbarkeit　《家庭事务和自愿管辖事项诉讼法》

Gesetz über die Entschädigung für Strafverfolgungsmaßnahmen　《刑事追

诉措施赔偿法》

Gesetz zu dem Vertrag vom 18. Mai 1990 über die Schaffung einer Währungs-, Wirtschafts- und Sozialunion zwischen der Bundesrepublik Deutschland und der Deutschen Demokratischen Republik 《关于在德意志联邦共和国和德意志民主共和国之间建立货币、经济和社会联盟的条约法》

Gesetz zur Fortführung der ökologischen Steuerreform 《继续生态税改革法》

Gesetzes zur Regelung der Wiedergutmachung nationalsozialistischen Unrechts in der Sozialversicherung 《纳粹社会保险不法行为补偿规范法》

Gesetzes zur Verbesserung rehabilitierungsrechtlicher Vorschriften für Opfer der politischen Verfolgung in der ehemaligen DDR 《前民主德国政治迫害受害人康复法规完善法》

Gewerbetreibende 手工业经营者

glaubhaft gemachte Beitragszeiten 被释明的保费缴纳期间

größe Witwenrente 大额遗孀抚恤金

Häftlingshilfegesetz 《囚犯帮助法》

Handwerksordnung 《手工业条例》

Hauptpersonalrat 主要职工委员会

Hausgewerbetreibenden 家庭企业经营者

Hebamme 助产士

Heiratserstattung 婚姻补偿

Hemmung 妨碍、不完成

Hinterbliebenenrente 遗属抚恤金

Hinterbliebenenversorgung 遗属供给

Hinzuverdienst 额外收入

Hinzuverdienstgrenze 额外收入限额

Inklusionsbetrieb 残疾人参与企业

Invalidenrente 残疾年金

Jahresarbeitsverdienst 年劳动收入

Jugendhilfe 青年帮助

Kindererziehungspauschale　育儿总时长

Kindererziehungszeiten　育儿期间

kleine Mitwerrente　小额鳏夫抚恤金

Knappschaftsausgleichsleistung　矿工补偿给付

Kohleverstromungsbeendigungsgesetzes　《燃煤发电终止法》

Kombinationsleistung　综合给付

Konzernunternehmen　集团企业

Krankengeld　疾病津贴

Krankentagegeld　每日疾病津贴

Krankenversicherungszuschuss　健康保险补贴

Kriegsbeschädigtenrenten　战争伤残年金

Kündigungsschutzgesetz　《解雇保护法》

Künstlersozialversicherungsgesetz　《艺术家社会保险法》

Kurzarbeitergeld　短期工作津贴

Lastschrifteinzug　存款账户直接借记法

Lebenspartner　同性生活伴侣

Lebenspartnerschaft　同性生活伴侣关系

Leistungen für Kindererziehung　育儿给付

Leistungen zur Teilhabe　参与给付

Leistungszuschlag　给付附加值

Lehrlinge, Ehegatten oder Verwandten ersten Grades　学徒、配偶或一级亲属

letzter wirtschaftlicher Dauerzustand　最后一个经济上的持续稳定状态期间

Lohn-und Gehaltsabrechnungszeiträume　收入结算期

Lohn-, Beitrags-oder Gehaltsklassen　工资、保费或收入等级

Lotsenbrüderschaft　领航员协会

Mindestgrenzbetrag　最低限度金额

Monatsbetrag　月度金额

Monatsteilbeträge　月度金额的一部分

Mutterschaftsgeld　生育津贴

Mutterschutzgesetz　《孕产妇保护法》
Nachhaltigkeitsfaktor　可持续发展系数
Nachhaltigkeitsrücklage　可持续发展储备金
Nachsorge　愈后护理
Nachversicherung　补充保险
nachversicherungspflichtigen Beschäftigung　强制参与补充保险的工作
Nachzahlung　补充支付
Namensbestandteilen　姓名后缀
Patentanwaltsordnung　《专利律师条例》
Personalvertretung　职工代表协会
Pflegegeld　护理津贴
Pflegesachleistung　护理实物给付
Pflichtbeiträge　强制保费
Pflichtbeitragszeiten　强制保费缴纳期间
Querschnittsaufgaben　交叉任务
Rechtsbehelfsverfahren　上诉程序
Rechtsverordnung　法规性命令
Regelaltersgrenze　标准退休年龄
Regelaltersrente　标准养老金
Rehabilitationsleistungen　康复给付
Rehabilitierung　恢复名誉
Reichsversicherungsgesetz　《帝国保险法》
Rente　年金
Rente aus eigener Versicherung　来源于本人保险的年金
Rente wegen Berufsunfähigkeit　职业能力丧失年金
Rente wegen Erwerbsunfähigkeit　劳动能力丧失年金
Renten wegen teilweiser Erwerbsminderung　部分劳动能力减损年金
Rente wegen verminderter Erwerbsfähigkeit　劳动能力减损年金
Rente wegen voller Erwerbsminderung　完全劳动能力减损年金
Renten für Bergleute　矿工年金
Rentenabfindung　年金补贴

Rentenangleichungsgesetz 《年金统一法》

Rentenanwartschaft 年金期待权

Rentenartfaktor 年金类型系数

Rentenauskunft 年金报表

Rentenbescheid 年金发放决定

Rentenbeginn 开始领取年金

Rentenberechnung 年金计算

rentenrechtliche Zeiten 年金法定期间

Rentensplitting 年金分割

Rentenverfahren 年金诉讼

Rentenversicherung 年金保险

Rentenversicherung der Angestellten 非劳动者雇员年金保险

Rentenversicherung der Arbeiter 劳动者年金保险

Rentnerquotient 年金领取者比率

Sachbezug 实物福利

Schlechtwettergeld 恶劣天气误工津贴

Seekasse 海事保险公司

Seelotsen 海上领航员

Seemannskasse 海员保险公司

Selbstandige 独立从业者

selbständig Tätiger 独立从业者

Sekundierungsgesetz 《社会保障辅助法》

Sicherungsniveau vor Steuern 税前保障水平

Soldatenversorgungsgesetz 《士兵供给法》

Sozialbeirat 社会咨询委员会

Sozialdate 社会数据

Sozialhilfe 社会援助

Sozialleistungen 社会给付

Splittingzeit 分割期

Standardrente 标准年金

"ständige Arbeiten unter Tage" 井下连续工作

Steiger　工长

Steigerungsbeträge　递增保费

Strafverfolgungsmaßnahme 刑事追诉措施

Streitkräftepersonalstruktur-Anpassungsgesetz　《武装部队人事结构调整法》

Tätigkeit　自雇工作

Träger der Versorgungslast　供给负担承担者

Transfusionsgesetz　《输血法》

Transplantationsgesetz　《器官移植法》

Überführte Renten　已转化养老金

Übergangsbereich　过渡地区

Übergangsgeld　过渡津贴

Übergangsrecht für Renten nach den Vorschriften des Beitrittsgebiets　《新加入地区法定年金过渡法》

Unfallversicherung　工伤保险

Unfallrente　工伤年金

Unterhaltsgeld　抚养津贴

Unterhaltssicherungsgesetz　《预备役军人保障法》

Unterhaltszahlungen　抚养费

Unterschiedsbetrag　差额

Verdienstausfallentschädigung　收入损失补偿

Vereinigung　协会

Vergleichsbewertung　比较估值

Verjährung von Ansprüchen　请求权的消灭时效

Verletztengeld　工伤津贴

Verletztenrente　工伤年金

Vermittlungsstelle　中介机构

Vermögensanlage　长期投资

Verfolgungszeit　迫害期间

Verordnung über die freiwillige Versicherung auf Zusatzrente bei der Sozialversicherung　《社会保险附加年金自愿参保条例》

Verordnungsermächtigung　行政立法授权

Versicherten　参保人

Versicherungen an Eides statt　法定声明

Versicherungslastregelung　保险负担

Versicherungsamt　保险局

Versicherungskonto　保险账户

Versicherungsnummer　法定年金保险号

Versorgungsausgleich　供养补偿

Versorgungsausgleichsgesetz　《供养补偿法》

Versorgungskrankengeld　疾病供给津贴

Verwaltungsakt　行政行为

Verwaltungsvermögen　国有资产

Vollwaisenrente　全额孤儿抚恤金

Vorjahrswert　上一年的价值

Vorruhestandsgeld　提前退休津贴

Waisenrente　孤儿抚恤金

Wanderungsausgleich　迁徙补偿

Wanderversicherung　保险变更

Wanderversicherungsausgleich　迁徙保险补偿

Wartezeit　等待期

Wartezeiterfüllung durch Zuschläge an Entgeltpunkten für Arbeitsentgelt aus geringfügiger versicherungsfreier Beschäftigung　通过迷你自愿参保雇佣工作劳动报酬收入指数的附加值满足等待期

Wertguthaben　时间账户

Wertunterschied　价值差异

Witwenrente　遗孀抚恤金

Witwenrente oder Witwerrente nach dem letzten Ehegatten　现配偶死亡后的遗孀或鳏夫抚恤金

Witwerrente　鳏夫抚恤金

Zeitpunkt　时点

Zivildienst　民事服役

Zivildienstbeschädigung　民事服役伤害

Zivildienstgesetz　《民事服役法》

Zivildienstleistender　民事服役者

Zugangsfaktor　准入系数

Zurechnungszeit　补算期间

Zusatzversicherung　附加险

Zuschlag an persönlichen Entgeltpunkten　个人收入指数附加值

Zuschläge　附加值

Zuständigkeit　管辖权

Zweiten Gesetzes über die Krankenversicherung der Landwirte　《第二农业经营者健康保险法》